Ferdinand Reisner

**Die büßende Seele**

Vorgestellt in einer Betrachtung über das Klaglied des Propheten Jeremias

Ferdinand Reisner

**Die büßende Seele**

*Vorgestellt in einer Betrachtung über das Klaglied des Propheten Jeremias*

ISBN/EAN: 9783743623651

Hergestellt in Europa, USA, Kanada, Australien, Japan

Cover: Foto ©Lupo / pixelio.de

Weitere Bücher finden Sie auf **www.hansebooks.com**

# Die büßende Seele

vorgestellt
in einer Betrachtung
über das
# Klaglied
des
# Propheten Jeremias
in
theatralischer Handlung
herausgegeben
von Ferdinand Reisner
der Gesellschaft JEsu Priester
zu Innsbruck im Jahre 1767.

Mit Erlaubniß der Obern.

Gedruckt und zu finden bey den Wagnerischen Erben.

# Innhalt und Einrichtung der Betrachtung.

## Auftritte

I. Der Brauch bringt es mit sich; je mehr man Fehler zählet:
 Je kecker spricht der Witz: ich hab es nicht gethan.
Wenn sich der Will vergeht; weil er so boshaft wählet;
II. So heißt es: ach! der Leib fängt so viel Uebel an!
Kaum hat das Glaubenslicht das Blendwerk weggenommen
 Erkennt die Seele selbst, wie groß die Bosheit sey.
Und wenn bey Tag und Nacht die bangen Stunden kommen
III. Da ächzet man, man seufzt: o Lust! du bist vorbey!
Dieß hat Jerusalem in ihrer Sünd erfahren,
 Als der Chaldäer Wuth in Sions Mauern drang.
Willst du mit ihr die Buß auf langes Leben sparen:
IV. So fällt die Straf auf dich, die Jeremias sang.
Was äffet dich dann so? darf ich die Wahrheit sagen?
 Du trauest dir zu viel; du zärtelst Fleisch und Blut.
Inzwischen wächst die Schuld, man stillt das bange Nagen
V. Mit neuer Lüsternheit, man nährt so gar die Glut.
Der Vorwitz blendet dich, du willst nur Bücher lesen,
 Wo nichts, dann Eitelkeit, und Lust zu lernen sind.
Wie kann der kranke Geist, das schwache Herz genesen?
VI. Wie oft wird man so gar mit offnen Augen blind?
Der Papst, die Geistlichkeit, der Glaub, und gutte Sitt
 Sind itzt der ächte Stoff, den Leipzig hecheln kann:

Der

Der Spötter frecher Muth, die Dreistigkeit der Britten
VII. Stehn einem deutschen Kiel in hübschen Reimen an.
Die Gottesfurcht verwelkt, die sonst der Glaube nähret,
Die geile Lust senkt sich in Junger Adern ein;
Die Ehrbarkeit verraucht; weil sich die Freyheit mehret,
Man will der Sünde Sclav auf eigne Kosten seyn.
VIII. O Christ! laufst du mit Fleiß in so verworrne Maschen?
Betrachte Sions Burg; sie liegt im Netz verstrickt.
Der starke Gottes Arm kann dich beym Kopf erhaschen,
IX. Wenn sich dein starrer Geist nicht zu der Buße schickt.
Die Bosheit thürmet sich; die Ruthe Gottes wachet;
Folgst du dem Vater nicht, so wird er Richter seyn.
Wer über seinen Grimm zum Hohn des Schöpfers lachet,
X. Dem schenkt er hier und dort den Rache Becher ein.
Wohlan! so schrei zur Buß, und strafe deine Sünden,
Sey du dein Rächer selbst: der Hirt umarmet dich,
Wenn dich die Furcht nicht rührt, soll dich die Lieb entzünden,
XI. Der Heiland liebet dich; so sprich: es reuet mich.
Es schmerzet mich, o Gott! mein fleischig weiches Leben,
Fort mit der blinden Lust; fort mit der Tändlerey:
Nur Gottes Lieb und Furcht kann mir Vergnügen geben;
O Gott! gib, daß die Reu und Lieb im Herzen sey.

## Spielende Personen.

Der Glaube.

Der Geist, oder die büßende Seele.

Der Leib.

Die Bangigkeit des Gewissens.

Jerusalem, oder die Burg Sion.

Die Liebe des Heilands.

Die Buße.

Der Prophet Jeremias.

Kosmus der Vorwitz.

Die schnöde Liebe.

Die bey dem Kreuz ruhende Hoffnung.

# Erster Theil
## Die Bosheit der Sünde.

### Erster Auftritt.
### Der Leib. Der Geist.

Leib! du arger Knecht! du hast mich so betrogen.

**Leib.**

Wie so; hab ich die Schuld?

**Geist.**

Du hast mir vorgelogen.
Ich folgte deiner Lust. Nun klemmet mich die Reu.

**Leib.**

Was gute Knechte thun nach ihrer Pflicht und Treu,
Das hab ich ja erfüllt?

**Geist.**

Die Lust ist itzt verschwunden;
Nun fühl ich nichts als Angst sammt tausend Jammerstunden.
Du hast mich so bethört.

**Leib.**

### Leib.

Warst du nicht Herr im Haus?
Ich hoffte Lob und Lohn; du filzest mich noch aus!

### Geist.

Vernunft und Glaube sind durch deine List verstossen,
So gar die Hoffnung selbst, die sonst so unverdrossen
Den Sünder noch bedient, hat sich vor mir verhehlt.
Wir haben itzt das Ziel, die Scheibe selbst verfehlt.

### Leib.

Ey doch! was schaffst du dann?

### Geist.

Es kömmt die Zeit zu büssen:
Ich werde Rechenschaft von beyden geben müssen.
Die Bosheit ist vollbracht; die Lust ist nun vorbey.
Die Fasten neiget sich.

### Leib.

Ey Possen! Phantasey!
Ists dann so bös gemeynt? wie magst du dich betrüben?
Wir können dieß Geschäft aufs Osternfest verschieben.

### Geist.

Nein, nein: heut muß es seyn. Es naget mich der Wurm;
Er zwicket Tag und Nacht, er schlägt im Herzen Sturm:
Wirf deine Sünden weg; versöhne dich mit Gott.
Was nützt das Zauderen? es wächst nur an der Spott.

### Leib.

Ich bin fürwahr zu müd vom Essen, Tanzen, Springen.
Ich kann aus Mattigkeit zur Buß mich nicht erschwingen.

Der

Der Magen ist geschwächt: der Kopf nicht aufgeklärt,
Die Speisen, das Getrank sind ja noch nicht verzehrt?
Kurzum: ich muß zuvor zum Arzte mich verfügen.
Die Glieder sind zu schlank.

### Geist.
Willst du mich noch betrügen

### Leib.
Nur diese Woche nicht. Ich bin ja Fleisch und Blut.
Ich muß gelabet seyn. Das Eilen thut nicht gut.

### Geist.
Acht Tage sind zu viel.

### Leib.
Ey doch bis Uebermorgen!

### Geist.
O Leib! wie zwingst du mich fast mehr für dich zu sorgen;
Als für mein eigen Heil... So seys: ich geb es zu;
Geh hin ... was red ich doch? ... Geh, und genieß die Ru
Die Klugheit fodert es. Man muß viel übersehen.

### Leib.
Izt hab ich obgesiegt.

## Zweyter Auftritt.
### Der Glaube.

Halt inn! bleib Miedling stehen.
Wo aus? wohin?

### Leib.
Der Herr hat mirs ja selbst erlaubt.

A 4                     Glaube.

### Glaube.
Hat dir dein eigner Knecht die Freyheit weggeraubt?
### Geist.
Er weint... ich gab ihm nach.
### Glaube.
Willst du zum Sclaven werden? Steh still.
### Leib.
Ich gehe fort.
### Glaube.
Merkst du nicht die Gefährden? Es ist nichts, dann Betrug.
### Geist.
So halt und bleib zurück. Der Glaube will es so.
### Glaube.
Dein bösgesinnter Tück Soll heut bezahlet seyn.
### Leib.
Wie so? was schaffst du doch In fremder Wohnung an?
### Glaube.
Heut mußt du noch zum Joch, Zum Kreuz, zur Reu und Leid, zur Buße dich bequemen; Ich werde dir den Muth zur eiteln Lust benehmen.
### Leib.
Was hab ich dann verwirkt?
### Glaube.
Ich balge nicht mit dir.

Um

Um Knechte weiß ich nichts. Du Geist! du sprich mit mir.
Die Schandthat ist verübt, die Sünde schreyt gen Himmel.
Du hörst in dir ja selbst das scheuzliche Getümmel;
Du säumest für und für? Gott ruft; du hörst es nicht,
Was Glauben, was Vernunft so oft, so deutlich spricht.
Du bist dir selbst zur Last: du fühlest deinen Kummer.
Und dennoch schläffst du noch im tiefen Sündenschlummer.
Nun sind die Täg des Heils. Heut, heut ertönt die Stimm
Verweilst du immer zu; so zieht dich Gottes Grimm
Zum strengen Richterstuhl.

### Geist.
Wie soll ich mich verhalten?

### Glaube.
Thu Buß, und laß die Hitz im Herzen nicht erkalten.
Die Lieb ist außerm Haus, und weinet jämmerlich;
Die Hoffnung ächzet sehr: die Gnad erbarmet sich.
So greif behend zur Buß.

### Geist.
Und wie?

### Glaube.
Ich will dich lehren,
Wie sehr diejenigen den Untergang vermehren,
Bey welchen weder Furcht, noch Liebe Gottes glimmt,
Bey welchen nur der Stolz, die Hofart Wohnung nimmt.
Jerusalem, die sonst so hoh gepriesen worden,
Empfand in ihrem Rund durch Sengen, Brennen, Morden,
Was die Treulosigkeit, der Eigensinn, der Stolz
(Da sie vor Angst und Noth in Bitterkeit zerschmolz)

Was Qualm, was herbe Pein ein weiches Leben stifte.
Sieh! dort eröffnen sich die unbeglückten Klüfte:
Sie sitzt im Trauerkleid als eine Wittwe da;
Weil sich die freche Stadt von Gott verlassen sah.

### Vorstellung.

#### Geist.

O Himmel! träumt mir dann? betrügen mich dich Augen?

#### Glaube.

Hab acht; denn dieser Sturz kann dir zur Lehre taugen.
Betrachte dieses Bild: vernimm den Herzensstoß,
Bey welchem der Prophet ein Thränenmeer vergoß.
Und sporne deinen Knecht, der dich zu Eitelkeiten
Viel tausendmal gebracht; kann er zur Sünde leiten;
So helf er auch zur Buß: er muß der Werkzeug seyn.
Schenk ihm den ganzen Kelch mit Bußezähren ein.

#### Geist.

So beuge dich, o Knecht! und wirf dich itzt zu Füßen;
Denn, der gesündiget, muß auch die Sünde büßen.
Ach Glaub! erleuchte mich; Vernunft ist hier zu schwach.

#### Glaube.

Ich stehe dir zu Dienst.

#### Leib.

    Mir ist schon Weh und Ach.

#### Glaube.

Die Gnade stärket euch.

#### Geist.

    O Gott! du Schild der Herzen!
Gib beyden wahre Reu; verleih uns jenen Schmerzen,

Aus welchem ächter Trost mit wahrer Reue quillt,
Die mich und meinen Knecht mit Leid und Lieb erfüllt.
### Glaube.
Nun höre Sions Straf, und lies dein eigen Leben.
Gott pflegt auch, da er straft, das ächte Heil zu geben.

## Dritter Auftritt.
### Sion. Die Bangigkeit des Gewissens. Jeremia.
Quomodo sedet sola civitas plena populo?
Facta est quasi vidua domina gentium!
### Bangigkeit.
Wie seh ich dich bestürzt? Liegst du in Bitterkeit?
Du edle Gottes Burg! du warst ja eingeweiht
Zum wahren Gottesdienst? wo sind nun deine Kinder?
Hat sie des Feindes Schwert, als wie die dummen Rinder,
So gräßlich aufgezehrt? Itzt traurest du allein.
Kann doch die schöne Stadt so sehr verwüstet seyn?
Ist sie durch Quaal und Mord zur Wittwe heut geworden?
Des Feindes derbe Wuth, des blanken Eisens Morden
Hat dich in Bangigkeit, in Weh und Ach versenkt;
Da der Chaldäer Grimm von Gottes Zorn getränkt
In deinen Busen drang. Dein König ist gefangen,
Die Herrschaft ganz zerstreut; auf die betrübten Wangen
Rollt mit dem Zährenbach das theure Blut hinab;
Weil dir den letzten Stoß dein eigne Bosheit gab.
Du nahmst die Steuern ein; heut mußt du selbst bezahlen,
Wer kann den gähen Sturz mit ächten Farben malen?
Die Stadt des Heiligthums, der Syrer Handelsplatz,
Der

Der Lustort Asiens, des Davids reicher Schatz,
Die Königinn der Welt, der Menschen Lust und Wonne,
Der Wohnsitz Gottes selbst, die heitre Himmelssonne,
Ist mit dem Trauerflor so jämmerlich bedeckt;
Daß sich dein Ach und Weh auch in die Lüft erstreckt.
So scheuzlich eine Braut im Angesicht erblasset,
Wenn sie der Gegenwurf mit schiefen Blicken hasset;
Wenn sie in Ohnmacht sinkt, da ihr der Bräutigam,
Der ihr aus Liebeshitz allein zu Sinne kam,
Vom Tod entrissen wird: so tief liegst du begraben
In Drangsal und im Kreuz; es kann dich Niemand laben;
Weil König und Prophet zugleich geraubet sind.

### Jeremias.

Plorans ploravit in nocte & lacrymæ ejus in maxillis
 ejus. Non est, qui consoletur eam ex omnibus ca-
 ris ejus.

### Bangigkeit.

Jerusalem! wie lang, boshaftes, taubes Kind!
Bleibst du in deinem Wust, im Koth der Sünden liegen?
Du mußt dich unterm Joch des wilden Assur schmiegen.
Thu doch die Augen auf; es lebt ja noch dein Gott?
Er sehnt sich nach der Buß, er suchet nicht den Spott.
Die wahre Reu zwingt ihn zum gütigen Erbarmen.
Er hält die Büßerinn als Vater in den Armen.
Doch du willst Sclavinn seyn, und unter Menschen stehn!
Die erste Sclaverey soll dir zum Herzen gehn,
Als dich ein Pharao mit hundert tausend Plagen,
So lang des Abrams Stamm das herbe Joch getragen,
Zur Arbeit und zum Last, als wie das Vieh gebeugt;

Weil deine Väter selbst den starren Kopf gezeigt.
Wie? bist du noch nicht zahm? so weine, Sion! weine.
### Sion.
Omnes amici *mei* spreverunt *me*, & facti sunt inimici *me*
    Migravit Judas propter afflictionem & multitudine
    servitutis, habitavit inter gentes, nec invenit re
    quiem.

Ich schmachte für Verdruß: erbarmet euch ihr Steine!
Die Fluth schlägt über mich. Mein Tempel ist entweiht;
Weil meine Bosheit selbst um Straf und Rache schreyt.
Verläßt mich dann auch Gott! Die Freunde meiner Horden
Sind mir vom Herzen Gramm. Ich bin zum Hohn geworden
Sie treiben nur Gespött, und lieben meinen Hohn:
Die starre Dreistigkeit trägt itzt den Lohn davon.
Ihr Bürger sammelt euch; könnt ihr die Bürde tragen?
Könnt ihr am Hungertuch mit morschen Zähnen nagen?
Fort mit dem Gottesdienst, weiht euch den Göttern ein.
Der Ammoniter Gott muß unser Retter seyn.
Aegypten nimmt uns an, und Moab will uns schützen,
Nur derer Götter Macht kann unsre Schwachheit stützen.

### Jeremias.
Allein du irrest weit, du bist nun eingeklemmt,
Und zwischen Luck und Truck. Dein Brüsten ist gehemmt.

## Vierter Auftritt.
### Glaube. Geist.

Von wem redt der Prophet?
### Glaube.
      Von dir, und deines gleichen,

Die

Die mit gekräuster Stirn die Sterne selbst erreichen,
Bey welchen noch Vernunft, noch Glauben was vermag,
So lang der freche Stolz auf ihrer Stirne lag.

#### Geist.
Wie? bin ich dann so klar in diesem Bild gebildet?

#### Glaube.
Ja, weil du in dem Schlamm der Sünde ganz verwildet.

#### Geist.
Was hab ich dann gethan?

#### Glaube.
     Was einstens Sion that.
Thust du nicht itzo Buß, so kömmt die Reu zu spat.
Die Welt, der Hofartgeist, die Lüsternheit im Leben
Kann dir noch Fried, noch Rast, noch Herzens Ruhe geben.

#### Geist.
Wie hat Jerusalem sich wider Gott verfehlt,
Daß sie der Jammerqualm mit tausend Aengsten quält?

#### Glaube.
Durch Pracht und Weichlichkeit, durch schnöde Lüsternheiten
Ließ sich die blinde Stadt zu allem Frevel leiten.
Sie pochte wider Gott, es half kein Drohen mehr;
Sie schlug Propheten todt; sie schweifte hin und her;
Sie fuhr ganz dreiste fort vor Göttern sich zu beugen;
Sie dürft auch ihrem Gott den losen Rücken zeigen;
Nun hat sie Gott gestraft. Ihr Aufputz liegt im Staub,
Was ehmal prächtig war, das ist des Feindes Raub.

#### Bangigkeit.
Die Angst umzingelt dich, die völkerreichen Gassen,

Die Mauern deiner Burg sind allgemach 'verlassen,
Und stehn ganz öde da.
### Jeremias.
Omnes perfecutores ejus apprehenderunt eam inter a
 guſtias. Viæ Sion lugent, eoquod non ſint, q
 veniant ad folennitatem, omnes portæ ejus deſtr
 ctæ; Sacerdotes ejus gementes, Virgines ejus ſqua
 lidæ, & ipſa oppreſſa amaritudine.
### Bangigkeit.
Das öſterliche Feſt,
Der Lauberhütten Zier bekömmt den letzten Reſt.
Die Pforten deines Runds, die deinen Namen zierten,
Die ganze Königreich in ihrem Reichthum führten,
Sind ohne Richterſtuhl: man hört nur Ach und Weh.
Die kahlen Säulen deckt ein ſchon verjährter Schnee.
Die Prieſter ſind verjagt, und ſtatt der Freudenlieder
Erſchallen Berge nur, und rufen kläglich wieder.
### Sion.
Facti funt hoſtes *mei* in capite, inimici *mei* locupletati fun
 quia Dominus locutus eſt ſuper *me*, propter mu
 titudinem iniquitatum *mearum*.
Es iſt mit mir gethan. Des Aſſurs Eiſen blitzt
In meinem Heiligthum, wo GOttes Hoheit ſitzt,
Dringt meiner Kinder Blut bis zu dem Bundeskaſten,
Sie werden fortgeſchleppt. Ich ſchmachte ſonder Raſten.
### Bangigkeit.
O Stadt! du haſts verſchuldt: der ſchweren Sünden Zahl
Zwang den gerechten Gott zum Strafen tauſendmal.
Der Kinder Unſchuld muß der Mutter Strafe tragen.
Wie

Wie kannst du wider Gott, und seine Ruthe klagen?
### Jeremias.
Parvuli tui ducti sunt in captivitatem ante faciem tribu-
  lantis, & egressus est a filia Sion omnis decor ejus.
### Bangigkeit.
Der Feind führt sie nun weg in rauhe Sclaverey.
O daß doch endlich dieß zur letzten Warnung sey!
Der Schmuck und edle Zier, die einstens Sion zierte,
So lang sie Frömmigkeit in ihren Wappen führte,
Fällt nun vom Angesicht. Du schmachtest in der Noth.
### Sion.
Es drückt mich zentnerschwer der Herscher Zebaoth.
So wie ein schüchtrer Hirsch umsonst nach Nahrung trachtet,
Und in dem magern Wald vor Durst und Hunger schmachtet;
So wie ein schlankes Schaf in welken Fluren irrt,
Und sich in dem Gebüsch aus Mattigkeit verwirrt:
So ist mein eigner Fürst in Noth und Zwang gefallen,
Daß Berg und Thäler schon von meiner Angst erschallen.
Die Kinder zieht der Feind vor sich wie Lastvieh her:
Das Hohngelächter macht das Herz und Athmen schwer.
Facti sunt principes *mei* velut arietes non invenientes pa-
  scua, & abierunt absque fortitudine ante faciem sub-
  sequentis.

## Fünfter Auftritt.
### Glaube. Leib. Geist.
O dieß ist fürchterlich. Ist das der Lohn der Sünden?
Erbärmnißvolle Stadt! wo wirst du Labung finden?
### Glaube.

### Glaube.

Bist du um sie besorgt? sieh nur auf dich zurück;
Sie ist das Bild von dir: so wirf doch einen Blick
Auf eigne Bosheit hin. Die Jahre sind verstrichen:
Du bist von deinem Gott mit Aergerniß gewichen.

### Geist.

Der Geist ist ja bereit; der Leib, der Leib ist schwach.

### Leib.

Man giebt dem Knecht die Schuld, der Herr tritt Blinden nach.

### Glaube.

Die Bosheit äffet euch. Ein redliches Bekennen
Muß seiner Sünde Frucht mit wahrem Namen nennen.
Sprich nur: **Es reuet mich.** Verwirf die Heichelen.

### Geist.

Ach ich bekenn, o Gott! daß ich das Laster sey.

### Jeremias.

Recordata est Jerusalem dierum afflictionis suæ, & prævaricationis omnium desiderabilium suorum, quæ habuerat a diebus antiquis, cum caderet populus ejus in manu hostili, & non esset auxiliator. Viderunt hostes, & deriserunt Sabbata ejus. Peccatum peccavit Jerusalem, propterea instabilis facta est.

### Bangigkeit.

Jerusalem! gedenk an deine freche Sünden.
Die Unbußfertigkeit wird dich mit Ketten binden,
Die Niemand lösen kann. Dein stolzer Eigensinn
Hat deine Heerd zerstreut. Dieß hast du zum Gewinn,
Daß sich die falsche Ruh itzt ins Verzweifeln wende.

Steh auf, und geh zu Gott, und schling nun beyde Hände
Um deine böse Brust. Der dich geschlagen hat,
Giebt dir zur Buße Raum; er ist die Zufluchtstadt.
Du hast noch Hülf, noch Rath von Feinden abzuborgen,
Der Schlummer mehret sich von heute bis auf Morgen.
Erwache von dem Schlaf, und greif itzt nach der Buß,
Die Rache Gottes wacht, und folgt dir Fuß für Fuß.
Die Sabbatstage sind nur eitle Blendereyen,
Du mußt das Werk und Herz mit reiner Absicht weihen
Dem ächten Gottesdienst. Gott sieht die Herzen ein;
Er kann durch Feindes Hand dein scharfer Richter seyn.
Du trügst dich ja nur selbst: so gar die blinden Heyden
Verfluchen falschen Dienst, und heissen selben meiden;
Weil er gekleistert ist. Ein Haus hat nicht Bestand;
Wenns nur im Luft gebaut. Du ruhst nur auf dem Sand.

### Sion.

Omnes, qui glorificabant *me*, spreverunt *me*; quia viderunt ignominiam *meam*: ipsa autem gemens conversa *sum* retrorsum.

Ach was Veränderung, was ungereimtes Wesen
Kann man auf meiner Stirn, aus meinem Aechzen lesen!
Wo ist nun jener Glanz, der kaum den Sternen wich?
Itzt läßt der Schmeichler Schaar mich ganz und gar im Sti
So wie ein Sclav im Stock, in engen Fesseln wachet,
Um den ein freches Rund der Lotterbuben lachet,
Und itzt die Nase rümpft, und itzt den Esel sticht;
So schnalzet mir der Feind verwägen ins Gesicht.
Er spottet über mich. Ich muß den Hohn erfahren,
Den etwa dort ein Knecht mit abgeschornen Haaren

Wo

Von seinem Wütterich mit Gram erdulden muß.

### Jeremias.

Sordes ejus in pedibus ejus, nec recordata est finis sui;
deposita est vehementer non habens consolatorem.

### Bangigkeit.

Und dennoch greifst du nicht nach ächter Thränenbuß?
Das Blasse deiner Stirn, die Angst, das schlimme Leben
Soll doch dem Herzen Reu; den Augen Zähren geben.
Und du, statt Reu und Leid, fühlst annoch blinde Lust
In toller Raserey; in deinem Sündenwust?
Vom Scheitel deines Haupts bis zu der Füße Sole;
Wenn ich auf einem Blick dein Leben wiederhole,
Stellt sich der Gräuel bar. Ein ausgeschämtes Weib
Bedecket doch vor Scham und Spott den argen Leib.
Du hast noch Scheu noch Furcht. Willst du mit Gott noch trotzen?
Da deine Lebenstäg vom Schlamm der Sünden strotzen?
Du pochest für und für? der starre Hofartgeist
Giebt deinen Feinden Kraft. Ihr Feinde! wüthet dreist!
Die Stadt ist mehr von sich, als ihrem Gott verlassen.
Kannst du dein eignes Heil so widersinnig hassen?
Ach Sion! thu doch Buß.

### Sion.

Vide Domine afflictionem meam, quoniam erectus est
inimicus. Manum suam misit hostis ad omnia desiderabilia mea. Quia vidi gentes ingressas Sanctuarium tuum.
De quibus præceperas, ne intrarent ecclesiam tuam.

Ach Herr! verzeih es mir!
Wie lange zörnst du noch? der Feind ist vor der Thür:
Sogar im Heiligthum: er flucht, er stiehlt, er raubet.

Ach Gottes Grimm hat mich so wacker abgeklaubet,
Daß weder Reu noch Schmerz bis in die Wolken dringt;
Obgleich der Kinder Weh in aller Luft erklingt.
Ich bin die Mörderinn, ich gebe dir die Waffen.

### Bangigkeit.

Nur wahre Herzensreu kann dir Versöhnung schaffen.

### Sion.

Der Pers, der Ammonit verwühlt dein heiligs Haus;
Er stört bein eignes Reich, er leert die Güter aus,
Die dir gewidmet sind; er läßt von deinen Zinnen
Und Blut, und Wein gemengt auf deine Tochter rinnen.
Das Gold, der Kirche Zier ernährt des Assurs Wuth.
So viel er Kinder sieht: so viel verspritzt er Blut.
Du gabst ja das Verboth: kein Heyde soll betreten
Die Schwelle deiner Burg, nun trennen sich die Ketten
Von jenem engen Bund, den du, o HErr! gemacht;
Weil der Chaldäer Stolz dein Heiligthum verlacht.

# Zweyter Theil.
## Die Bitterkeit der Strafe.
### Erster Auftritt.
### Geist. Leib.

Ach HErr! wie lang dann noch? Ey laß mich endlich rasten!
In einem Tag zugleich betrachten, büßen, fasten,
Kann nicht ersprießlich seyn. Die Brust ist abgeschwächt;
                                                Die

Die Kräften ausgedorrt. Du handelst wider Recht.
Die Klugheit fodert ja, daß wir noch länger bauren.
Man kann von Zeit zu Zeit mit größerm Eifer trauren.
Was nützt denn dieß Gedresch? die Klagen mischen sich,
Noch Sion, noch Prophet gedenken ordentlich:
Ich dachte doch bey mir: Was will das Plauberwesen?
Ich kann in solcher Wäsch ein Duzent Mängel lesen.
Es kömmt ja immerzu der alte Schlendrian?
Was taugt dann dieß Geschwatz?.. wenn ers nicht besser kann.

### Geist.
Die Strafe rührt mich doch.

### Leib.
     Die Klagen sind gestoppelt;
Was Jeremias klagt; das klaget Sion doppelt.
Das ganze Wesen heißt: **Gott hat mich sehr gestraft.**
Ein eitels Kauberwälsch verliert ja Saft und Kraft.

### Geist.
Du sprichst nicht ohne Grund: ich muß es frey gestehen,
Daß sich die Seufzer nun in andre Worte drehen.

## Zweyter Auftritt.
### Glaube.

Ja! wo kein Aehren sind; da brischt man nichts als Stroh.
So denkt die falsche Witz; ich aber denke so:
Wo Quaal und Schmerzen sich ins Innerste versenken,
Kann Niemand ordentlich, noch nach den Regeln denken.
Die Fransen fallen weg; wann sich das Uebel häuft:
Wenn eine krause Red in leerer Schwulste läuft;
            Da

Da wird man noch Natur, noch wahre Regung finden;
Weil matte Wörter schon mit ihrem Ton verschwinden.
Das, was die Herzen quält, legt keine Larven an;
Weil man im Aug und Mund die Spuren lesen kann.

### Leib.

Ey doch! wie können wir so hottentotisch denken?
Ein großer Geist muß sich mit hübschen Worten schwenken.
Er liebt die Theilungen, daß er ins Klare bringt;
Was in dem Ohre schön; vom Munde zierlich klingt.
Ist dann die Redekunst, der Geist der edlen Dichter
Nur für die Schul erdacht?

### Geist.

Du bist kein Splitterrichter!
Ich folge deinem Rath. Der Alten Kindertand
Gefällt mir wahrlich nicht.

### Glaube.

So nimmt nun überhand,
Was ein verblümter Kiel mit eitelm Aufputz schmücket.
Man wird in Eitelkeit, ins Blendwerk ganz verzücket.
Man sucht den leeren Schmuck. Und wer? wer bessert sich?
Das Glaubenslicht erlischt ... Wohlan! ich berge mich.

### Leib.

Das alte Testament darf etwa dummen Pfaffen,
Mag einem schwachen Mönch die spröde Lust verschaffen.
Für einen muntern Geist taugt ja kein Haberstroh.
Ein aufgeklärter Kopf erquickt sich anderswo.

### Glaube.

Wohlan! ich gehe weg, und laß euch euren Kräften;

Wo blinde Witz regiert, kann sich kein Glauben heften.
O Welt! wie täuschest du.
### Geist.
Ich bin vom Bethen matt.

## Dritter Auftritt.
### Geist. Leib.

Beym ersten Bibelspruch war ich vom Hören satt.
O HErr! erheb dich itzt: man muß die Glieder laben;
Sie sind doch auch von Gott: sie sind des Himmels Gaben.

## Vierter Auftritt.
### Kosmus, der Bücher Vorwitz. Geist. Leib.

Es klopft wer!... Kosmus ists.
### Geist.
Komm her mein Tausendtrost!
Du armer Tropf! bringst du was neues von der Post?
### Kosmus.
Die Frau Kosmophile läßt dich recht herzlich grüßen,
Sie legt durch meine Hand das Herz und sich zu Füßen.
Und schicket dir zugleich, was sie am meisten schätzt;
Obschon so mancher Thor von ihr so übel schwätzt:
Lebt sie doch ohne Scheu, und denkt, wie Männer denken:
Die Segel müsse man nach ächten Winden lenken.
Sie liest nur Musterstück von guter Denkensart,
Wo sich die Poesie mit Witz und Schönheit paart.
Für ihren Büchersaal wählt sie nur jene Dichter,

Wo Kunst, und wo Natur, die unverfälschten Richter,
In jedem Verse stehn. Bey welchen jenes klingt,
Was da ein Orpheus, und dort Amphion singt.
Ein Uz, ein Kleist, ein Gleim, und Hagedorns Gedichte,
Und Leßings edler Ruhm, der Held im vollen Lichte,
Den Schöneich hinterließ, und Gellerts reiner Scherz,
Der Schooßhund, ach der Trost! bezaubert Aug und Herz,
Den Dusch gebildet hat. Man darf mit Wahrheit sagen;
Daß, was von Leipzig kömmt, was schmeckt von Kopenhagen,
Nur Meisterstücke sind. Im Rechte der Vernunft
Zeigt Lichtwehr, daß er taugt zu der Poeten Zunft.
Sie schreiben alle schön, und keiner niederträchtig;
Der denkt von Kleinen klein, von großen Helden prächtig.

### Leib.

Die sind von andrem Schrot.

### Geist.

      Allein itzt ist die Zeit
Nur für Bußfertigkeit, und nicht der Lust geweiht.

### Kosmus.

Ey! Opiz, Gryphius, sammt Brockes, Stoll und Hanke;
Ein Wenzel, Lohenstein sind frey von schlechtem Schwanke,
Und blinder Bauslust, sie singen Gottes Preis;
Sie brachen in der Kunst dem deutschen Witz das Eis.

### Geist.

Jedoch man will nicht gut von jenen Dichtern sprechen;
Die sich ohn alle Scham im Dichten so erfrechen,
Daß oft ein keusches Aug nicht weiter lesen kann.
Dergleichen Tandeley steht keinem Christen an.

### Kosmus.

### Kosmus.
Und wenn es je geschieht; man schreibet ja für Männer?
Sie wissen weiß und schwarz; sie sind ja selbsten Kenner?
Der Gegensatz macht oft, daß man das Laster haßt,
Weil man der Tugend Werth nur desto besser faßt.
Den Keuschen kömmt es gleich: sie lesen, was sie wollen;
Doch, wenn sie da und dort was freches lesen sollen:
So wird der starke Geist nur kernichter geprüft;
Weil oft ein tapfrer Held bey steilen Klippen schifft.

### Leib.
Du fürchtest ohne Grund; sie sind die reinsten Quellen.

### Kosmus.
Hör ein und andres Stück von den erhabnen Stellen.

### Geist.
So seys: ich hör es an. Es weiche der Prophet;
Er ist zu räthselhaft; weil ihn kein Mensch versteht.

### Kosmus.
Nun merke, wie das Leid von Sion rührend klinge,
Wenn ich aus Wenzels Mund die Klagelieder singe:
„Zion stimme deine Lieder
„Aus betrübten Tönen an.
„Steige von dem Lustaltan
„Nun zu Staub und Asche nieder.
„Werthes Werthheim! laß den Schein
Deiner Tage finster seyn.

### Leib.
Ey! dieß ist wunderschön; dieß muß die Neidsucht preisen.
Der kann Propheten selbst in seine Schule weisen.

### Kosmus.
„Ich kämpfe stets mit banger Traurigkeit,
„Ein jeder Tag gebiehrt mir neue Sorgen:
„Die Thränenkost, das bittre Wittwenleid
„Erndhret mich den Abend, wie den Morgen.

### Leib.
Das ist ein Musterstück. Dieß Lied bezaubert mich!

### Kosmus.
Wenn Hofmann Waldau singt, so kömmt man außer sich.
„Ich quälte neulich mich in meinen kranken Sinnen.
„Die Augen stunden mir voll Wasser und voll Glut.
„Die Zunge zwängte sich die Klagen zu bezwingen;
„Doch war der Athem nicht viel besser als der Muth.
„Ich muß mich in den Schoos der Einsamkeit verschliesen,
„Und Unmuth soll mein Freund; Verdruß mein Nachbar
seyn.

### Leib.
O Herr! dieß ist kein Mensch; so singen nur die Engel.
Wenn Jeremias mauzt; sinds lauter Sängermängel.

### Kosmus.
„Ich muß in Angst zergehn; in Zähren ganz zerfliesen,
„Ich habe Finsternis, und keinen Sonnenschein.

### Geist.
Es klingt wahrhaftig wohl. Nun sage: sind sie Christen?

### Kosmus.
Ey doch: sie können sich mit JEsu Liebe brüsten.
Sie haben auch die Schrift ins helle Licht gebracht,
Was noch kein Päpstler Mönch in seiner Kutt erdacht.

„Flüs=

„Flüsset ihr gesalznen Thränen
„Quellt ihr Augen Tag und Nacht!
„Bis ihr aus den nassen Wangen
„Tiefe Thränenfurchen macht.
„Zeige nur du armes Herze,
„Was der Mund nicht sagen kann,
„Durch dein halb gebrochnes Aechzen
„Uns viel tausend Seufzer an.
„Ach wer giebet meinen Augen
„Ganze Wasserströme her!
„Ach wenn doch in meiner Seelen
„Eine Thränenquelle wär!

Aber ach es solte wohl statt der blossen Thränenfluthen
Mein ganz abgekränkter Geist, ja die Seele selber bluten.
as ist ein Ditgramb, der tausend Gulden gilt;
er ist ein albrer Thor, der eine Sylbe schilt.
ιb was ein Lohenstein?

### Leib.

O ja! den hör ich loben.
r steht im Himmel hoh der Verse halben droben.

### Geist.

prich ein und andres her.

### Kosmns.

Er ist ein purer Geist,
t trägt den Preis davon; sogar vor einem Kleist.
ie Reime tönen so:
Mein Haupt ist ohne Witz; die Glieder ohne Leben,
„Die Sinnen ohne Kraft, die Adern ohne Blut.

Ich

,, Ich fühle Furcht und Angst um mein Gemüthe schweben,
 ,, Aus Furcht bin ich voll Eis, aus Angst bin ich voll Glut.
,, Der Jammer hätte längst den Lebensbrunn verzehrt;
', Wenn nicht die Hoffnungsmilch mich hätte noch ernährt.

### Leib.

Ey! Ey! die Hoffnungsmilch! dieß ist ein andre Fasten:
Der Stockfisch schickt sich nur für Heuchler und Phantasten.

### Kosmus.

Und wenn ihr Neukirch hört, so jauchzt das Herz im Leib;
Er ist zum Unterricht, und auch zur Zeitvertreib,
Er singt, er rührt, und o! mit was für einer Kraft!
 ,, Ich bin ein leeres Faß, ein Apfel ohne Saft,
 ,, Ein Opfer ohne Glut, ein Acker ohne Regen.

### Der Glaube a parte.

Ein Erbinn ohne Reich, und Tochter ohne Segen.
,, So wie ein matter Hirsch nach frischem Wasser schreyt;
,, So wie ein Gras vergeht, wenn ihm der Thau entzogen:
,, So schmachtet auch mein Geist in seiner Traurigkeit.

### Der Glaube a parte.

Euch hat ein falscher Wahn, die Eitelkeit betrogen.

### Geist.

Die Verse lauten wohl.  Der Stoff taugt auch zur Reu.

### Leib.

So lies der Dichter Geist.  Fort mit dem alten Brey,
Den etwa ein Pedant, ein Grübler aufgekochet,
Auf den ein Plauderer in seiner Kanzel pochet.

### Kosmus.

Nun treten Gryphius und Brockes auf die Bahn,

Sie

Sie stehn ja auch zu Rom in großer Ehr und Wahn.
„ Muß ich mit Flor verhühlt
„ In einer dürren Wüste sitzen?
„ Wo ein verwaystes Partel brüllt,
„ Und hundert düstre Wolken blitzen?
„ Die Lippe starrt, das Auge thränt,
„ Man spürt genug aus den Geberden;
„ Daß sich der Geist nach Labsal sehnt,
„ Und daß er will getröstet werden.
Sie öffnet Herz und Aug: er andern Fleisch und Sähnen,
So viel er Blut vergoß; so viel vergoß sie Thränen.
Ein andre hemmet dort der bittern Zähren Lauf,
Hebt ihr noch zappelnd Kind um sich zu trösten auf.
Ersticket aber fast für Seufzen, Schluchzen, Sehnen;
Ja schmelzt fast, und zerfließt in lauter salznen Thränen.
Und saugt, indem sie ihm die letzten Küsse reicht,
Das kalte Seelchen ein, das von den Lippen fleucht.

## Geist.

Dieß ist des Beyleids werth.

## Kosmus.

Ein Besser ächzet besser.
Die bange Mutter fällt vor Leid und Angst ins Messer.
Er giebt es gleichnißweis, und fängt so kläglich an,
Daß er der Mutter Schmerz nicht höher treiben kann.
Wie in der Wüsteney die öde Turteltaube,
„ Die um des Gattens Fall, und ihre Junge klagt,
„ Sich weiter nicht verwahrt vor Ungemach und Raube;
„ Und nun sich ungescheut auf dürre Bäume wägt.
„ Sie

„Sie sitzt und ruft getrost, ob wo ein Habicht käme,
 „Der ihrer Einsamkeit und Quaal ein Ende macht;
„So denket, daß ich mich um euertwillen gräme,
 „Und auf nichts anders wart, als auf die bange Nacht.

### Geist.
Itzt bin ich überzeugt, daß sie recht geistlich schreiben.

### Leib.
So laß die magre Schrift und die Propheten bleiben.

### Geist.
Ja, ja: nimms mit dir weg.

### Leib.
Ein hübscher kluger Reim
Verbindet Seel und Leib trutz einem Vogelleim.

### Geist.
Man kann auch Reu und Leid mit schönem Ausdruck machen.
Man wird ja nur gestört; man wird gereizt zum Lachen:
Wenn ein Ascetenbuch so niederträchtig klingt;
Wenn da und dort ein Bock mit Doppelhörner springt.
Wenn ein Kempensis Geist so viele Fehler zehlet;
Als er für seinen Stoff gestickte Denksprüch wählet.

### Leib.
Die Welt wacht endlich auf: itzt denkt sie endlich klug,
Die schon so lange Zeit den Witz zum Grabe trug.

### Kosmus.
Jedoch eins mangelt noch.

### Geist.
Was ist dann dein Verlangen?

### Kos=

### Kosmus.

Muß dann der Liebesreiz so lang am Kreuze hangen?
Er starret fast für Frost. Du hast ja Fleisch und Blut?
Ach laß ihn doch herein; er ist der Jugend Glut.

### Geist.

Du armes Kind! wo bist?

### Leib.

Ein Herz ohn ächte Liebe
hat keinen Heldengeist, noch jene süßen Triebe,
Die Gott selbst eingeflößt.

### Kosmus.

Des Hamanns Lexikon
Spricht von der Liebe schön: hör an den Dichterton,
Der aus dem Munde fleußt: die Worte sind ja Honig!
Er ist dem Namen nach, und in der That ein **König**.
„ Die Liebe bleibt das Labsal unsrer Brust,
„ Ein reiner Auszug aller Lust;
„ Der Athem, den im Paradies
„ Der Höchste selbst in Adams Nase blies.
„ Und läßt in ihrem edlen Wesen
„ Die Geister schon des Himmels Vorschmack lesen.

### Leib.

Ey schön!

### Geist.

So komm herein.

## Vierter Auftritt.
## Die schnöde Liebe. Geist.

Warum rollt aus den Augen
Ein

Ein Thränenguß hervor?

### Die schnöde Liebe.

Es will mir gar nicht taugen
Die magre Fastenkost. Vier Wochen sind schon hin,
Als ich von deinem Haus, o Herr! entäußert bin.
Ich falle ganz vom Fleisch, die holden Wangen schwinden,
Die Lippen sind erblaßt. Wo werd ich Labsal finden?
Die Mutter sitzt daheim beym kalten Herd und Aschen;
Vor Hunger müssen wir am dürren Zwiback naschen.
Bey uns ist nichts dann Noth. Der Kummer stört die Ruh
Ich klopfe bey der Thür; man schiebt den Riegel zu.
Barmherzigkeit, o Herr! ich bin ein Weyselkind!
Das Blut ist fast erstarrt; ich bin vom Weinen blind.
Die kalte Fastenzeit macht mir so manche Schrunden,
Daß mir die beyden Händ vor Weh und Ach verbunden.

### Geist.

Du armer Tropf! Ey doch! kann ich ein Tieger seyn?
Du warst von mir verhaßt... itzt bist du wieder mein.

### Leib.

So recht.

### Kosmus.

Die List hat nun dem schlauen Witz gelungen.
Er liegt schon in dem Garn; die Lust hat ihn umschlungen.

## Fünfter Auftritt.

### Geist.

Ach Gott! verzeih es mir; das Beyleid zwinget mich.

doch! ein einzigmal: nach Ostern lieb ich dich.
zur Osternzeit, o Kind! mußt du die Wohnung meiden.

### Die schnöde Liebe.
Zu Ostern will ich mich in fremden Landen weyden,
Wo das verwünschte Rom nichts zu gebiethen hat.

### Geist.
Giebst mir dein Wort, und Hand?

### Die schnöde Liebe.
     Ich halt es in der That;
Weil ichs versprochen hab.

### Geist.
    O dann! so kannst du bleiben.

## Sechster Auftritt.
### Glaube.
Itzt ist es höchste Zeit die Bosheit wegzutreiben.
Du loser Bub, was machst zu Nachts im fremden Haus?
Zeh! trolle dich hinweg.

### Die schnöde Liebe.
     O weh! itzt ist es aus.
Mein Feind verjaget mich.

# Dritter Theil.
## Die Nothwendigkeit der Buße.

### Erster Auftritt.
### Leib. Geist. Glaube.
   Heißt dieß zur Buße trachten?
           Heißt

Heißt dieß die Warnungen des Himmels kindlich achten?
O blindes Menschenkind! wie lang trügst du dich noch?
Die Sünden häufen sich: du liebst dein eignes Joch!
Wo ist nun dein Prophet?

### Geist.

Ach Gott! ich bin gefallen!
Hilf doch.

### Glaube.

Vor Reu und Leid sollst du in Zähren wallen.
Wie? denkst du an die Lust, an schnöde Lüsternheit?
Ich mahnte dich zur Buß; die Gnade gab dir Zeit.
Und du verachtest mich? Du pochst auf eigne Kräften?
Du solltest Herz und Aug auf Sions Strafe heften.
Doch äffet dich die Lust? der Vorwitz reißt dich fort.

### Geist.

Barmherzigkeit! o Gott!

### Glaube.

Hier büßen, oder dort.
So lang die Ewigkeit, wirst du im Feuer sitzen,
Wo Gottes Wuth und Grimm mit Schwefelflammen blitzen.
Wirf dich zur Erde hin; laß dir zum Herzen gehn;
Weil Gott so gütig mahnt... Auch du bleib büßend stehn.
Jerusalem wirkt Buß. Sie will die Ruthe küssen.

### Geist.

Ach Gott! ich will, ich will; es rührt sich mein Gewissen.

### Zweyte Vorstellung.

Zwey=

## Zweyter Auftritt.
### Jeremias. Bangigkeit. Sion.

Ach ich bin Schuld daran; daß ich so sclavisch bin.
Itzt kömmt mir meine Sünd im vollen Licht zu Sinn:
**Wirf deine Blicke hin auf Sions dürre Weyden:**
Ich bin nun das Gespött der unverschämten Heyden,
Kein ausgepeitschtes Weib kann so verwerflich seyn.
Ich fühle nun die Ruth, ich füge mich zur Pein.
Steht still, ihr Wanderer! und seht doch meine Quaalen.
Ihr könnt aus meiner Straf auch eure Strafen malen.
Gott hat mich in das Meer der Traurigkeit versenkt.

### Bangigkeit.
Du irrest; nicht dein Gott, der Büßern Gnade schenkt;
Dein eigne Bosheit ists, die dich in Aengste setzet;
Weil du das höchste Gut mit Sündigen verletzet.

### Glaube.
So sieh, und höre doch den Jammer jener Stadt,
Die sich von Davids Zeit so dreist erhoben hat.

### Geist.
Ich sehe nichts als Weh, als Sengen, Brennen, Morden.

### Glaube.
Ihr Unheil ist dir heut zum Unterricht geworden.
So wie ein Hagelknall in reife Trauben schlägt,
Sammt Hoffnung Müh und Schweis zugleich zum Grabe trägt:
Wenn sie so Stamm als Zweig mit Schloßen ganz bedecket,
Daß sich des Winzers Leid in viele Jahr erstrecket.

### Jeremias.
O vos omnes, qui transitis per viam, attendite, & videte,

### Sion.
Si est dolor, sicut dolor meus; quoniam vindemiavit me, ut locutus est Dominus in die furoris sui.

### Glaube.
So wiederfährt es dir, wenn dich die Sünde reizt,
Wenn nur die Fleischeslust die starken Geister heizt.

### Geist.
Verfluchte Lüsternheit! ich will den Kützel brechen,
Ich werd an meinem Leib auch meine Schandthat rächen.

### Sion.
Die Sünd, o arger Reif! hat mich so sehr verbrannt;
Ich war zuvor die Burg der Könige genannt.
Zu Zeiten Joachims! ihr unbeglückte Zeiten!
Wollt ich schon allbereit mit Gottes Machte streiten.
Ich zeigte meine Schätz, und lobte meinen Stolz.
Die Feinde nahten an gleich einem schnellen Bolz,
Und nahmen alles weg.

### Glaube.
Es ist in dir geglommen
Das Feuer eitler Lust. Die hat dir weggenommen
Die wahre Gottesfurcht.

### Geist.
O GOtt! ich bin betrübt!

### Glaube.
Thu Buß. Er schonet dem, der sie vom Herzen übt.

## Sion.

Kein Mensch mag meinen Schmerz, kein Kiel den Spott beschrei=
Dieß schärfet meine Quaal, daß Feinde Spaße treiben  (ben.
Mit meinem Untergang. Nabuchodonosor
(Ich sah es weinend an, und hört es in das Ohr)
Trieb nur Gespött mit mir. Kaum hatt ich mich erschwungen,
Ist Nabuzardan schon in Sions Burg gedrungen;
Und Sedecias selbst trug nichts als Hohn davon.
Er schmachtet als ein Sclav im wilden Babylon.
Mein welkes Angesicht, die eingefallnen Wangen
Sind Zeugen meiner Noth. Wie werd ich Hülf erlangen?
Die Kinder schreyn: ach Brod! o Mutter gib uns Brod!
Die Mutter sammt dem Kind ringt mit dem bittern Tod.
Das Blut, die Milch erstarrt: die Herren und die Knechte!

## Bangigkeit.

Was deine Bosheit wirkt, geschieht mit allem Rechte.

## Sion.

Raubt des Chaldäers Schwert. Was glitz und glänzt vom Gold,
Was eine Gattinn ziert, was nur den Augen hold:
Das trägt man ohne Scheu die Nahrung zu erkaufen;
Wie manche Mutter muß die Haar und Schmuck zerraufen!
Damit sie ihrem Kind den theuern Lebensaft
Auf eine Stund erhält. Auch sie liegt ohne Kraft,
Da sie die Nahrung sucht auf öffentlicher Strassen.
Sie schreyt ersterbend auf: Herr! hast du mich verlassen?

## Geist.

O dieß ist fürchterlich.

## Glaube.

Dieß ist der Sünde Frucht.

Sie raubt der Seele Schätz.

### Geist.
O ja sie sey verflucht:

### Jeremias.
De excelso misit ignem

### Sion.
In ossibus meis, & erudivit me. Expandit rete pedibus
meis. Posuit me desolatam, tota die mærore confe-
stam.

### Bangigkeit.
Der Himmel strotzt vom Zorn; das Rachefeuer tobet;
Die Mauern deiner Burg, die jedermann belobet,
Sind eingeäscheret, verwühlet; und der Brand
Frißt wie ein Krebs um sich im ganzen Judenland;
Das Mark im Beine wallt; die Hitz im Eingeweyde
Ist Zeug von deiner Quaal.

### Sion.
Die ich Verlohrne leide.

### Bangigkeit.
Die Felsen spalten sich, die Flüsse trücknen aus.
Die Erde selbst erbebt, und schmitzet Haus auf Haus
Mit Schauder unter sich.

### Sion.
O Gold der edlen Zinnen!
Mußt du so unfruchtbar auf meinen Gassen rinnen!
Kein Vogel in der Luft fällt so in Maschen ein
(Kann doch das Trauersal so hoch getrieben seyn!)
Als viele Plagen mich in Todesängste setzen;

Wie? will sich dann auch Gott an meiner Quaal ergetzen?
Das Joch der Sclaverey drückt mich zur Erde hin.
Wie kömmts, daß ich so dumm in meinem Jammer bin?
Wie viel hab ich schon Blut, und Zähren ausgegossen!

### Bangigkeit.

Du häst die Hörner selbst am Himmel angestossen.
Die Sündenrosse senkt sich immer tiefer ein.

### Sion!

Sie fällt auf mein Genick. Wie kann ich Meister seyn?

### Bangigkeit.

Und wo? wo suchst du Hülf? der Herr hat dich gebunden;
Er giebt den Feinden Kraft; du aber schlägst die Wunden.
Er senkt die Straferuth in deinen Beinern ein.
Er schlägt; er heilet auch.

### Sion.

Will Gott mein Mörder seyn?

### Geist.

O freche Lästerung!

### Glaube.

Dieß sind die größten Strafen,
Wann Sünd auf Sünde folgt, man spricht: „Die tollen Pfaffen
„Sind voll vom Gottes Grimm. Die Sach ist doch nicht so:
„Wir zaubern oft in Furcht, und sind doch wieder froh.
„Der Himmel taugt für Gott. Wir harren nur auf Erden:
„Denn was vom Staube kömmt, das muß zur Erde werden.
Die Seele bläst man aus, sie ist nur eitler Duft.
So wie der Leib vergeht, und faulet in der Gruft.

C 4   Geist.

### Geist.
O nein! so dacht ich nicht; der Geist verharret immer.
### Glaube.
Wenn er in Sünden wühlt, wird er nur desto schlimmer,
Er mehret seine Pein.
### Geist.
   O Gott! hilf aus dem Wust!
Bereut, verhaßt, verflucht sey alle schnöde Lust.
### Sion.
Vigilavit jugum iniquitatum mearum, in manu ejus con-
 volutæ sunt, & impositæ collo meo - - abstulit om-
 nes magnificos meos de medio mei.
### Bangigkeit.
O dann, so suche Hülf. Gott wirft auf dich mit Schloßen,
Der Vater hat auf dich, o Tochter! ausgegossen
Den Kelch der Bitterkeit. Die Herrschaft schwimmt im Blut,
Die Großen deines Reichs sind durch der Feinde Wuth
Allmählig aufgezehrt. Gott hat den Tag bestimmet,
An dem die Rachehitz in deiner Asche glimmet.
Du hörst den Vater nicht; so muß er Richter seyn:
Er legt die Ruthe weg, und schlägt mit Hagel drein.
### Sion.
Ach ich empfind es ja! ihr schlimmen Augen thränet!
Ihr habt euch lang genug nach Lüsternheit gesehnet.
Ihr Zähren rinnet her, und höret nimmer auf.
Beweinet meine Sünd.
### Bangigkeit.
   Eil itzt zur Buße Tauf.

Du bist die Quelle selbst. So wie ein Kalter schäumet,
So bald der Traubensaft in seiner Schwulste säumet,
Und wie ein Tropfenfluß aus seinen Röhren quillt:
Wann sich das Wasser mehrt, und über Kräfte schwillt:
So hat der starke Gott dich gänzlich ausgedrücket;
Weil du auch wider ihn mit starrem Kopf gerücket;
So Furcht, als dessen Joch und Warnung weggesetzt,
Die Pflichten der Vernunft, die Gnadenzeit verletzt.

### Jeremias.

Torcular calcavit Dominus Virgini filiæ Sion.

### Sion.

Idcirco ego plorans & oculus meus deducens aquas.

### Bangigkeit.

So greif doch heut zur Buß. Ihr blinden Judakinder!
Wie lang seyd ihr verbost? ach! werdet ihr dann blinder,
Als die Chaldäer selbst? Wie? liebt ihr euren Spott?
Ahmt ihr der Mutter nach? trotzt ihr sogar mit Gott?

### Sion.

Facti sunt filii mei perditi, quoniam invaluit inimicus.
    Expandit Sion manus suas, non est, qui consoletur
    eam.

### Leib.

Ach Herr! ich kann das Leid nicht länger übertragen.
Schaff an mit deinem Knecht; ich will mich nicht beklagen.
Die Angst umzingelt mich.

### Geist.

          Wohlan! so schicke dich
Zum Kreuz. Die Gnad ist groß; sie überführet mich.

## Glaube.
Ein wahrer Schmerz kann auch den Himmel überwinden.
Bey Menschen ist noch Hülf, noch guter Rath zu finden.
Ein Sterbender sucht doch, der mit dem Tode ringt,
Wann seine kalte Brust vor Aengstigkeit erklingt,
Durch banges Seufzen Luft. Er gähnt wie blasse Fische,
Damit er neue Kraft in seinem Qualm erwische.
Er streckt die schwachen Händ auch zu den Feinden hin.
Das Leben kömmt ihm auch im Tode noch zum Sinn.
Er dreht, er krümmet sich, er wirft die Augenlieder
Auf alle Seiten hin, er stirbt, er lebet wieder,
Und fasset neuen Muth.

## Geist.
Der letzte Lebenszug
Giebt ihm den Herzensstoß.

## Glaube.
Auch du fällst in Betrug;
Wenn du dir schmeicheln darfst: du könnest dich noch retten
Aus deiner eignen Kraft.

## Geist.
Ich lieg in tausend Ketten!

## Glaube.
Die Bürde wird nur mehr mit Zaudern aufgebeugt;
Wenn sich der schüchtre Geist nur zum Verzweifeln neigt.

## Geist.
Ich bin mit dichtem Wust, und Unflat ganz bedecket!

## Glaube.
Weil sich dein dreistes Haupt zur Demuth nicht erstrecket.

## Sion.

## Sion.

Facta est Jerusalem, quasi polluta menstruis inter eos.
  Justus est Dominus; quia os ejus ad iracundiam
  provocavi.

### Bangigkeit.

Du unschamhaftes Weib! die tausend Mackeln zählt,
Du hast nur flatternd Gold für deinen Gott gewählt.
Wie mehrer Gott dich mahnt: ach Schäflein komm doch wieder:
Je blinder laufst du fort.

### Sion.

          Ich lag im Wust darnieder.
Ich schlug Propheten todt, ich griff den Hirten an.

### Bangigkeit.

Dieß ists, warum sein Grimm nicht länger warten kann.

### Sion.

Mein Fall, und Bosheit sind in ganzer Welt erschollen,
Daß sich die Feinde selbst an Sion ärgern sollen.
Mein Schmerz, mein Sündenlast, der meine Schultern drückt,
Und der Gewissenswurm, der Herz und Nieren zwickt,
Seyn itzt der Welt bekannt. Ich beichte meine Sünden.
Nur du nimmst sie hinweg; nur du kannst wieder binden.
Du strafst die arge Frucht. Es liegen unterm Schutt
Die Töchter und die Söhn, die böse Natterbrut:
Und, was noch lebend ist, das liegt in festen Banden;
Ich bin mir selbst zur Last, ich mache mich zu Schanden.
Und weil der böse Baum ganz dürr und saftlos blieb;
Verwelkt die Blühte schon in ihrem ersten Trieb.

### Bangigkeit.

Gott heilt die Wunde zu.

                                        Sion.

### Sion.

Es bleibt mir doch die Narbe;
Weil ich nur immerfort in eigner Bosheit barbe.
Die derben Nachbarn schreyn: „Es geht dir eben recht;
„Du hast dich ja so dreist zu sündigen erfrecht?
Sie jauchzen über mich, und singen Lobgesänger:
„Ey (spricht der Ammonit) ich wünsch, es daure länger,
„Was du zu leiden hast; es ist dein eigne Schuld;
„Denn solche Dreistigkeit verdient noch Hülf, noch Huld.
„Gott sah zu lange zu. Er hat dich strafen müssen;
„Der sich nicht strafen will, den muß der Richter büßen.
Ach! ach! ich gräme mich.

### Jeremias.

Gott läßt dich nicht im Stich.
Jerusalem! Jerusalem! convertere ad Dominum Deum
   tuum.

### Sion.

O Herr! ich hab: o Herr! nur heut erbarme dich!
Ich schmacht in Traurigkeit: das Herz erstirbt im Kummer.

### Jeremias.

O Sünderinn! erwach aus deinem Sündenschlummer.

### Geist.

O Gott! ich bin gerührt. O Herr! es reuet mich!
O wenn ichs sagen dürft! o Gott! ich liebe dich.

### Glaube.

Nun ists genug; die Reu hat dich ganz eingenommen,
Auf wahre Furcht wird auch die wahre Liebe kommen.
Die Liebe hängt am Kreuz. Sie spricht:

### Dritte Vorstellung.

### Dritter Auftritt.
#### Hoffnung. Buße. Liebe des Heilands.

       Ich liebe dich!
O Sünder! greif zur Buß: ach du erbarmest mich!
Thu Buß: itzt ists noch Zeit.

#### Geist.
     Kann ich Verzeihung hoffen?

#### Liebe.
O ja! die Gnadequell ist auch den Sündern offen.
Komm Schäflein! komm zurück; geh zu dem Hirten hin.
Und ruf: o Hirt! verzeih! daß ich so thöricht bin.

#### Geist.
Du sprachst mir öfters zu: bleib Schäflein auf den Fluren,
Wo treue Lämmer nichts als Lust und Lieb erfuhren.

#### Glaube.
Der Hirt ruft wiederum: so höre seine Stimm!

#### Geist.
Ich hab es nicht verdient. Ich reizte deinen Grimm.
Und du nimmst mich noch auf!

#### Liebe.
     Wann immer sich der Sünder
Zur Reu und Leid verfügt; so lieb ich ihn wie Kinder,
Die zu der Mutter Schooß mit Lieb und Hoffnung gehn:
Komm Kind! bleib hier beym Kreuz, bey meiner Seite stehn,
Und höre wechselweis die Lieb und Buße sprechen:
Der Seele wird das Herz; dem Leib die Augen brechen;

Gut dem, der noch mit Reu zu seinem Schöpfer geht,
Weil seine Vaterlieb auch Sündern offen steht.
Gustate, & videte, quam suavis sit Dominus diligentibus;

## Die Buße.
Quam bonus pœnitentibus.

### Buße.
Tiefe Wunden,
Offne Schrunden
Scharfe Dörner zeigen sich.
Ach die Liebe hat ertragen
Tausend Plagen.
Diese Lieb erweichet mich.

### Liebe.
Recht ihr Sünder!
Liebste Kinder!
Büßer lieben ist mein Trost.
Wahre Liebe bringt dem Herzen
Süße Schmerzen:
Lieben ist nur Gotteskost.

### Leib.
Die Sprach ist mir ganz fremd.

### Glaube.
Die lernet man von Gott.

### Geist.
Ich wußte nichts davon? als Christ! o Schand und Spott!

### Buße.
Was für Wunden
Hat empfunden
Der vermenschte Gottes Sohn!
Werd ich noch nach Luste stre=
ben?
Gar nichts geben
Meiner Lieb? o Spott und
Hohn!

### Liebe.
Nimm zu Herzen
Meine Schmerzen,
Wenn du willst mein Liebling
seyn.
Hier kannst du ein Mittel finden
Für die Sünden:
Liebst du; bist du wieder mein.

### Glaube.

### Glaube.
...s Haupt ist schmerzenvoll.

### Geist.
        Und die verboßten Glieder
...nd schwach aus Ueppigkeit! o Leib! so wirf dich nieder,
...nd schicke dich zum Kreuz.

### Leib.
        Die Sünd erheischt es so.
...ie Thränen seyn mein Trank; die Liegerstatt das Stroh.

| **Buße.** | **Liebe.** |
|---|---|
| O Gedanken! | Sollten Blitzen |
| Könnt ihr wanken? | Dich erhitzen. |
| ...cht! die Unschuld wirket Buß! | Geile Flammen knall und Fall; |
| Darf ich noch ein Wörtlein | Fängt das Feuer an zu leben, |
| sagen, | Zu erbeben, |
| Mich beklagen, | Tauch es ein in JEsu Gall. |
| ...enn ich etwas dulden muß? | |

### Geist.
...ch ja! die solle seyn das ächte Gegengift.
...ie Liebe hat mein Herz durch süße Huld gepräst.

| **Buße.** | **Liebe.** |
|---|---|
| Bin ich blinder | Welke Freuden |
| Als die Kinder | Sind nur Weyden |
| ...er verderbten schlauen Welt? | Für den blinden Liebesgott. |
| Sie kann über Herzen walten | Die sich in die Lust vergaffen, |
| Und erhalten, | Sind nur Affen; |
| ...aß sie Helden selbst entseelt. | Eitle Hoffnung führt zum Spott. |

## Glaube.
Erfahrniß zeigt es so.

## Geist.
Ich hab es selbst erfahren.
Ach, ach! die Zärtlichkeit hat mich in jungen Jahren
So ärgerlich verführt.

## Leib.
Und ich gesteh es frey,
Daß, was man Lüstern nennt, nur eitles Blendwerk sey.

| Buße. | Liebe. |
|---|---|
| Blut und Leben | Nach dem Leiden |
| Will ich geben | Folgen Freuden, |
| Dir, o Lieb! ach gib doch Huld! | Komm, mein Sohn! gib n |
| Sieh! ich beuge mich zun Füßen | die Ha |
| Abzubüßen | Schnöde Lust kann nicht |
| Meine schwere Sündenschuld. | steh |
|  | Wird vergehen; |
|  | Letztens folgen Spott und Scha |

## Geist.
Der Schluß ist fest gemacht. Ach! Liebe! laß mich lieben,
Was ich in Ewigkeit nicht mehr verlieren kann.
Ich will mich in der Zeit in reiner Liebsschul üben.

## Buße.
Nur diese Lieb allein steht wahren Christen an.
Was ist die welke Lust, wie hoh sie auch gestiegen,
Die nicht von Gottesfurcht die ersten Triebe nimmt?
Ein schönes Rosenblat, auf dem nur Käfer liegen,
Ein kurzes Saitenspiel, doch aber ungestimmt.

Ein falscher Edelstein, der nur an Schlacken klebet,
  Ein Schiflein auf dem Meer, das an die Klippen läuft:
Ein Wort, das man im See, und nassen Wellen gräbet:
  Ein übertriebne Frucht, die vor der Zeite reift.
Zertuschtes Laster ists, was man als Luste preiset;
  Weil der Gewissenswurm im Herzen tiefer nagt.
Was nicht zu Gottesfurcht, und dessen Liebe weiset,
  Das ist nur Eitelkeit.

### Geist.

              Dir, Himmel! seys geklagt.
Verflucht sey jenes Buch, das mich so sehr bethöret.
Verflucht sey jenes Haus, wo ich gefallen bin.

### Glaube.

So gehts, wenn man die Stimm des Glaubens nicht erhöret;
Da kömmt dem frechen Witz nur Eitelkeit zu Sinn.

### Liebe.

So lies nicht jedes Buch, wo schöne Wörter klingen;
Denn ein verzuckert Gift dringt desto schlauer ein.
So oft die Dichter nur von Tändeleyen singen,
Ist weder Aug noch Herz von Buhlereyen rein.
Wenn Geistlichkeit, wenn Papst, wenn Glaub und Sittenlehre
Die wahre Kirche selbst nicht ungerupft verbleibt;
Ists Wunder, daß der Sinn des Lesers sich verkehre,
Da ein verwägner Kiel auch mit Erlaubniß schreibt?

### Geist.

O Buß! ich werde dich in meinem Herzen schreiben,
So lang die Pilgerschaft der Seele dauren soll.
Du, Leib! hast gleiche Schuld.

### Leib.

              Ich werd auch Büßer bleiben.

## Letzter Auftritt.
### Die Hoffnung bey dem Kreuz.

Die Hoffnung ruhet bey dem Kreuz:
Des Heilands süßer Liebesreiz
  Macht, daß auch Sünder hoffen.
Aus seinem Munde fleußt das Heil;
Du bist die Scheib, und er der Pfeil;
  Er hat dein Herz getroffen.
Komm! Büßer! ruf: **ich hoff auf dich.**
Ach HErr! die Sünden schmerzen mich.
  Gib mir ein frömmers Leben.
Die Liebe zieht mich itzt dorthin,
Wo ich vom Sturzfall sicher bin.
  Du hast mir Gnad gegeben.

### Buße.
Ich nehm euch in den Schutz.

### Geist.
O Gott! nimm auf den Zoll,
Den ich als Schuldner dir von den verwelkten Jahren,
  Anitzt erstatten will.

### Leib.
Wir thun ja nicht zu viel.

### Glaube.
Wenn sich der Geist und Leib auch in der Buße paaren,
Gehn Herr und Knecht zu Gott.

### Geist, und Leib.
Er sey dann unser Ziel.

## Alles zur größern Ehre Gottes.

# Erinnerungen.

Man kann mit allem Rechte behaupten, daß diese theatralische Betrachtung eine ächte Auslegung jenes Klagliedes sey, mit welchem Jeremias den unseligen Zustand der Stadt Jerusalem beweinet. Die Sünde allein war Ursache, daß Gott das sonst so werthe Sion durch die Chaldäer so gräßlich verwüstet; die gottlosen Juden siebenzig Jahre in Dienstbarkeit und Gefangenschaft verleget, den Frommen, und seinem eignen Heiligthum nicht verschonet. Nun werden wir durch die heilige Kirche selbst belehret, daß das bestrafte Jerusalem ein Sinnbild einer sündhaften Seele sey; indem sie eben zur Bußezeit sich dieses Klagliedes gebraucht, uns zur Buße aufzumuntern. Ich dachte demnach, es würde sich fügen, wenn ich auf eine angenehme Weise den Studenten, besonders meinen Lehrjüngern einen lebhaften Begriff machete erstens von der Bosheit der Sünde, zweytens von der Bitterkeit der Strafe, drittens von der
Noth-

Nothwendigkeit der Buße. Gott hat auch meine Absicht gesegnet; immaßen diese in deutschen Reimen abgefaßte Betrachtung zum drittenmal auch ohne einige Musik großen Beyfall erworben; von mehrern begierig abgeschrieben; und öfters zum Druck begehret worden. So viel von der Gelegenheit, und Absicht; itzt kürzlich von der Einrichtung.

Der Geist ist behend; aber der Leib schwach, spricht die ewige Wahrheit. Es erprobet sich aber auch nach dem göttlichen Zeugniß: wer seinen Knecht zärtelt, wird ihn hernach köpfig erfahren. Folgsam müssen sich beyde zum Guten mit vereinigten Kräften anschicken. Sie können aber aus eignen Kräften weder in dem Guten verharren, noch zur wahren Buße sich etschwingen, wenn sie nicht der Glaube erleuchtet. Gleichwie nun dieser die Ausschweifungen aufdecket; Mittel an die Hande giebt, wie eine irrende Seele wieder auf rechten Wege gebracht werden könne; also mußte das im Schlummer ihrer Sünden versenkte Jerusalem itzt durch äußerliches Zureden eines Jeremias; itzt durch
inner-

innerliche Gewissens Bangigkeit aufgewecket, und zur Erkänntniß der Sünde, zur Ergreifung der Buße angetrieben werden.

Eine Seele, die zuweilen in sich geht, zuweilen in die angewohnte Ausschweifigkeiten verfällt, empfindet in ihr selbst gewisse Reizungen sowohl zum Guten, als zum Bösen. Jene haben ihren Ursprung von der Gnade; diese von dem Vorwitz und der Eitelkeit. Die Gnade verursachet mittelst des Glaubens, daß eine sündige Seele sich die Gütigkeit des Erlösers vorstellt, sich zur Hoffnung, zur Buße, und endlich auch zur Liebe erschwingt, und den Weg zur Besserung nicht nur nothwendig, sondern auch leicht und angenehm zu seyn erachtet. Im Gegentheile ist zu bedauren, daß ein gewisser Vorwitz, ein verderblicher Liebesreiz bey manchen so großen Eindruck machet, daß man sich auch bey wirklichen Antrieben zu dem Geschäfte des Heils auf Irrwege verleiten läßt.

Bey unsern betrübten Zeiten sind absonderlich zween Steine der Aergerniß und des Anstoßes: nämlich die unersättliche Bücherlust,
und

und ein schmeichelnder Reiz zum kommlichen Leben: dieser zieht die Seele zu einer verderblichen Zärtlichkeit; jener äffet die Jungen itziger Welt alles ohne Rucksicht auf den Glauben, und Ehrbarkeit der Sitten zu lesen, und zu wissen, was bey Anfängern den Stolz nähret; bey Erwachsenen die Kühnheit mehret; bey Ergrauten oft späte Reu nach sich ziehet, wenn anders Gott das Herz noch rühret.

Itzt hoffe ich, daß man die Einrichtung dieser Betrachtung, den Zusammenhang, und Abschilderung der Charactern, die Nutzbarkeit der Nebenhandlung, und Vorstellungen einsehen werde. Gott gebe, daß diese wenigen Blätter bey zarten Gemüthern die Unschuld erhalten; bey Sündern die Reu und Buße erwirken: bey Büchergierigen eine kluge Wahl im Lesen, und christliche Behutsamkeit in Beyschaffung der Bücher zuwegen bringen.

## I.
## Der verlohrne Sohn,

ein

## Lustspiel

von fünf Aufzügen

aus

dem Französischen
des Herrn von Voltaire
übersetzt.

## Personen:

Euphemon, der Vater.

Euphemon, der Sohn.

Stelfenthor, ein Präsident, Euphemons jüngster Sohn.

Rondon, ein alter Bürger.

Liesgen, Rondons Tochter.

Die Baronesse von Croupillac.

Marthe, Liesgens Mädgen.

Jasmin, Diener bey Euphemon, dem Sohne.

# Vorbericht.

Der Herr von Voltaire, welcher sich durch seine vortreflichen Trauerspiele so grossen Ruhm erworben, hat sich auch entschlossen vor sieben Jahren ein Lustspiel von seiner Arbeit an das Tageslicht zu geben; dieses war der verlohrne, oder der verschwenderische Sohn; ein Stück das vor dem Drucke, und von 1736. den 10ten October an bis 1738. über dreyßigmahl aufgeführet worden. Man wußte zwey ganzer Jahre nicht, wer der Verfasser davon war, bis sich endlich Herr von Voltaire selbst dafür erklärte; der Holländische Herausgeber desselben fällt ein sehr vortheilhaftes Urteil davon; er schreibt unter andern:

## Vorbericht.

Wenn die Comödie eine Vorstellung der Sitten seyn soll, so scheinet in dieser, alles was dazu gehört, erfüllet zu seyn. Das Ernsthafte und Scherzende, das lustige und Rührende hat er auf das vortreflichste mit einander vermischt. Es ist nichts gewöhnlicher, als ein Haus, in dem ein Vater brummt, eine Tochter aus Liebe seufzet, der Sohn sich über beyde aufhält und verschiedene Verwandten Theil an der Verwirrung nehmen.

Allein, wie auch die größten Meisterstücke dem Neide und der Critick ausgesetzet sind, so ist gleichfalls wieder dieses Lustspiel vieles gesagt worden: der Verfasser eines gewissen Werckgens, das er Caprices d'Imagination betitult, macht eine weitläuftige Abhandlung in Form eines Briefes davon; ich will die vornehmsten Stellen aus demselben ziehen, damit der Leser urtheilen kan, welcher von beyden recht hat: Voltaire oder der Verfasser dieser Critick.

Gleich im Anfange bedient er sich einiger spöttischen Ausdrücke wider den Urheber des verlohrnen Sohnes, er sagt, man hätte geglaubt, daß er darum zwey Jahr das Licht gescheuet, weil man seine angebohrne Fehler, welche die meisten Zuschauer gemerckt,

## Vorbericht.

merckt, verbessern wollen; nichts desto weniger sey er jetzo eben noch so fehlerhaft erschienen, als auf der Schaubühne.

Er geht den Charackter einer jeden Hauptperson durch, und wirft Voltairen hauptsächlich vor, daß er seine Acteurs zu pöbelmäßig gebildet, an statt, daß er dem Herrn Riccobonie folgen und wie Herr de la Chaussée Leute auf die Bücher bringen sollen, die unter den Prinzen, aber doch über schlechte Bürger wären; wenigstens sey Rondon als eine Hauptperson des Stückes so grob, daß man in der schlechtesten Comödie keine gröbere Person fände; über dieses machte ihn seine Grobheit dem Zuschauer zu sehr verhaßt, der sich allemal ärgern müsse, wenn er die Pein des ehrlichen Euphemon zu vermehren suchet.

Croupillac, sagt er, sey nur eine eingeschobene Person, damit er was närrisch lustiges in das Stück gebracht; der Zuschauer habe ihr weiter nichts zu verdancken, als daß sie den verlohrnen Sohn in einem bessern Aufzuge auf die Bühne bringt, der nicht so verwerflich ist als der, in dem er anfangs erscheint: denn daß sie bey der Entwickelung mit den Steifen-

## Vorbericht.

thore, an dem man ohne diß keinen Theil nimmt, verheirathet, sey vor nichts zu achten; es wäre da auch gantz wider Euphemons Klugheit und Vorsicht gehandelt, daß er seinem Sohne eine so närrische Frau, als die Baroneßin ist, bewilligte.

Steifenthor ist in seinen Augen die verwerflichste Person; ich will deswegen seine eigene Worte hersetzen.

Nun komme ich zur dritten Person, schreibt er, die gewiß von Leuten die guten Geschmack haben, nicht mehr Beyfall verdienet, als die beyden ersten; ich meyne den Steifenthor, der eine rechte Mißgebuhrt der abgeschmacktesten Unwahrscheinlichkeit, und was noch schlimmer, eine Mißgebuhrt der Natur ist. Man erschrickt bey dessen Gesinnungen, die er für seinen ältesten Bruder hegt, da man zu gleicher Zeit, wegen der Niederträchtigkeiten, die ihm entfahren, Mitleiden mit ihm hat. Es ist umsonst, daß der Autor, der diesen Fehler wohl erkannt, es dadurch hat bemänteln wollen, er habe diesen Bruder niemals gesehen und ihn weiter nicht gekennet, als aus dem Verdrusse, den er seiner Familie verursacht. Ich weiß nicht, ob es in der Welt Leute von Steifenthors Charackter

# Vorbericht.

Charackter giebt; giebt es aber welche, so leben sie nur zum Schimpfe der menschlichen Natur, und deren Ehre, die man nicht genug hochachten kan, verlanget, daß man einen Vorhang vor dergleichen Greuel ziehe. Mit einem Worte, ich halte dafür, es ist gefährlich, diese Charackteres kenntlich zu machen, auch nicht einmal bey einer Gelegenheit, da man sie bestrafen will. Wenn man sie aber ja kenntlich machen wolte, so könnte es wenigstens ohne deren Bestrafung nicht geschehen, und dieses ist noch ein Fehler, den ich dem Verfasser vorwerfe, daß er den Steifenthor frey von einer Strafe läßt, die er so wohl verdienet, und wenn er ihn ja derselben entziehen wollen, so hätte es durch nichts anders als auf die Vorbitte des verlohrnen Sohnes geschehen können; und davon ist in der Comödie kein Wort.

Nach diesen macht der Verfasser dieser Caprices d'imagination von dem Lustspiele Anmerkungen überhaupt.

1.) Sagt er: Ich begreife nicht, wie der verlohrne Sohn, da ein alter Mann, der von der Reise angelanget, ihn in einem Spitale zu Bourdeaux in letzten Zügen angetroffen,

## Vorbericht.

-troffen, eben so bald nach Cognac kömmt, als der Alte selbst.

2.) Der Schmerz muß sehr fremde Bewegungen verursachen, weil Euphemon, den diese Zeitung im dem ersten Aufzuge gebracht wird, und der die Zuschauer selbst davon unterrichtet, es in dem dritten dergestalt vergessen hat, daß er nicht weiß, ob er todt ist im Elende, **oder in Wollust** lebt.

3.) Läßt es wohl wahrscheinlich, daß die Baroneßin, welche den verlohrnen Sohn wieder kennet, nachdem sie ihn zu Angouleme im größten Glanz und Schimmer leben gesehen, nicht weiß, daß er Euphemons Sohn und Steifenthors Bruder ist; man kan aus diesen Zeilen davon urtheilen, welche sie gegen den verlohrnen Sohn anbringet.

**Ein Steifenthor, ein Narr, ein Fuchs in seiner Kunst,
Hielt um Bekanntschaft an und suchte meine Gunst,
Zu Angoulem, als ihr mit harten, derben Puffen,
Vier Wächter habt geklopft und dann die Flucht ergriffen ꝛc.**

4.)

## Vorbericht.

4.) Steifenthor sagt: daß er seinen Bruder niemals gesehen hat; dieses läßt sich schwer, mit einigen andern Stellen des Stückes, zusammen reimen. Sie werden bemerckt haben, daß man Steifenthoren mit Liesgen verheirathen will, die für seinen ältesten Bruder bestimmt war. Es ist deshalb wahrscheinlich, daß Euphemon Sohn und Liesgen sich einander in Jahren gleich gewesen. Denn wir haben in der Comödie ihren Taufschein. Sie ist ohngefehr zwey und zwantzig Jahr alt. Wenn man nun dem Steifenthor eben dieses Alter beygeleget, das ist das geringste, welches er haben kan. Sollte er nun wohl in zwey und zwantzig Jahren nicht ein eintzigesmahl mit seinem Bruder zusammen gekommen seyn? Zu Angouleme hätte es nothwendig geschehen müssen, als sie zu gleicher Zeit um einen Braten herum gegangen.

5.) Ist es wohl gebührlich, daß Jasmin den Euphemon Sohn dutzet, daß er ihn einen **Tropf, einen guten Narren** heisset, unter dem Vorwande, weil ihn die Dürftigkeit seiner Person gleich gemacht? dieser Jasmin, von dem man doch die Gedancken hat, daß
er

## Vorbericht.

er seinen alten Herrn aus Mitleiden beglei=
tet? Ist es wohl natürlich, daß Jasmin den
verlohrnen Sohn wegen seines allzufreyen
Vermessens um Verzeihung bittet, weil er
erfährt, daß er Euphemons Sohn ist, er, der
einige Auftritte zuvor den Respect, den er
seinem vorigen Herrn schuldig gewesen, der=
gestalt vergessen, daß er ihm wie seines glei=
chen begegnet 2c.

6.) Es gehet einem allemal gleich nahe, so oft
Liesgen, diese Tugendhafte und nöthige
Person im Spiele, nicht nur für untreu ge=
halten, sondern auch so mißgehandelt wird,
als wäre sie dieses Lasters würcklich theilhaft,
weil sie Steifenthor ertappet, da sie sich die
Hand küssen läßt: und was noch mehr zu
verwundern, so ist es dieses, daß der kluge
Euphemon auch nur so oben hin davon
urteilet.

7.) Ich kan niemals die Art, womit der fünfte
Auftritt in dem fünften Aufzuge eingerichtet
ist, ohne Verdruß ansehen. Er ist blos dar=
um gemacht, damit man erforschen möge,
wie Euphemon gegen seinen ältesten Sohn
gesinnet ist. Der Verfasser, welcher wohl
denken konnte, daß die Gegenwart eines so
unge=

## Vorbericht.

ungerathenen Sohnes, den Zorn dieses gutherzigen Vaters nur vermehren müßte, oder daß doch wenigstens eine solche Bewegung zu befürchten wäre, so braucht er Liesgen darzu, daß sie sich vorher darnach erkundiget; aber der Umstand ist nicht vortheilhaft; weil Liesgen selbst, wegen des begangnen Fehlers, sich zu vertheidigen nöthig hat; daher sie einen schlimmen Advocaten für einen andern abgiebt. Doch diesen Fehler will ich übergehn. Sie müßte wenigstens die Ursache, weswegen sie sich eine Unterredung mit Euphemon ausgebeten, bemänteln; keinesweges, sie kömmt gleich auf das Capitel von ihrem Liebhaber und zwar so deutlich, daß der Vater nicht zweifeln kan, sie rede von seinem Sohne, sie müsse Nachricht von ihm haben, oder er wäre wohl selbst gegenwärtig; in Wahrheit der Autor sollte das Vergnügen ersehen, welches das Publicum über diesen Auftritt hätte haben können, wenn er künstlicher eingefädelt worden wäre, und wenn man Unruhe und Bewegung so Stufenweise empfunden, die es gewiß so wohl in dem Vater als in den Zuschauern verursacht hätte.

## Vorbericht.

Dieses mag von den benannten Anmerckungen wieder den verlohrnen Sohn genug seyn, welcher doch ohngeachtet derselben, noch immer grosse Vorzüge für andern Comödien behalten wird.

Die deutsche Vorstellung desselben hat nicht weniger Glück gehabt als die Französische zu Hamburg, Leipzig, Danzig, Berlin, Königsberg, Breslau und noch vielen andern Städten ist er jederzeit mit Beyfall aufgeführet und oftmal auf Befehl wiederholet worden. Ein Deutscher ließ einst, als er ihn vorstellen gesehen, seine Gedanken folgender maßen darüber aus:

„Man weiß nicht, sagte er, ob man mehr die
„glückliche Entkleidung des Biblischen Gleich-
„nisses eine weltliche Geschichte, die Stärke
„der Gedanken und Ausdrücke, oder die ver-
„schiedene Characters der auftretenden Per-
„sonen bewundern soll. Rondon ist über-
„mürrisch und aufführerisch; Luphemon
„aber gelassen und großmüthig; der jüngste
„Sohn des Letztern verräth in allen Auf-
„tritten

## Vorbericht.

„tritten seinen Geitz und seine Pedanterey;
„der Aelteste aber seine wahrhafte Reue
„und Zärtlichkeit.   Die alte Baronessinn
„von Croupillac zeigt überall, wie rasend
„verliebt sie ist, Liesgen aber, was für Un=
„recht sie zu klagen, und welchen Abscheu sie
„gegen den lächerlichen Steifenther hat.
„Jasmin und Marthe spielen ihre Rollen
„sehr lustig und machen durch ihre spaßhaften
„Einfälle, daß Mitleyd und Schertzen immer
„in unsrer Seele abwechseln.

Die Uebersetzung gebe ich nicht durchgängig
für mein eigen aus; die besten Zeilen darinnen hat man einer geschicktern Feder
zu dancken, der die meinige nicht beykömmt.
Man wird mirs unterdessen für keinen
Raub anrechnen, indem böse Absichten
mich nicht dazu verleitet haben.

Man hat sich genau an das Französische
gebunden und das Stück in eben so viel
Zeilen übersetzet; deswegen glaubt man
entschuldiget zu seyn, wenn hier und da ein

harter

## Vorbericht.

harter Ausdruck vorkommen sollte. Ich halte dafür, dieses ist leichter zu verzeihen, als wenn ein Uebersetzer die Perioden im Originale lang ausdehnet und starcke Stellen schwach machet, damit es nur wohl klingend deutsch wird. Ein solcher kan sich nicht mäßigen; er drückt, was der Verfasser gantz kurtz in zweyen Zeilen gesagt, oftmals kaum in vier Reihen aus, daher kömmt es denn, daß am Ende des Werkes gemeiniglich ein paar hundert Strophen von des Uebersetzers eigenen Gedanken darinnen sind.

# Der erste Aufzug.

## Erster Auftrit.
### Euphemon V. Rondon.

#### Rondon.

Mein lieber alter Freund, betrübter Nach-
bars Mann,
Wie froh bin ich, daß ich dein Leid ver-
gessen kan!
Wie will ich lachen! Glaub, ich bin
itzt voll Entzücken,
Daß meine Tochter wird dein Trauerhauß erquicken.
Doch dein gestrenger Sohn der Herr von Steifenthor
Kömmt mir sehr dumm und platt in seinen Wesen vor.

#### Euphemon. V.
Wie so?

#### Rondon.
Er macht ja stets ein steifes Amtsgesichte,
Er richt sein Lieben ein nach Maas, Stab und Gewichte;
Ein Jüngling, der sich stellt, wie Männer mit dem
Bart,
Ein Schüler, der da spricht nach Catons mürrscher Art,

B                                        Ist

Ist meiner Meynung nach ein Thier, das man muß
    prellen,
Die toll thun, lieb ich mehr, als die sich weise stellen,
Er ist zu närrisch.

### Euphemon V.

Ey! und ihr seyd gleichfalls auch
Fast gar zu ungestüm;

### Rondon.

Ach! das ist mein Gebrauch.
Ich bin der Wahrheit gut, ich laß sie gerne gelten,
Und sag sie, wenn ich kan auf meinen Eidam schelten,
Weil ich den Unverstand dadurch recht rüffeln kan,
Denn die Schulfüchserey klebt ihn noch immer an.
Glaubt Schwager, daß ihr euch als Vater klug
    erweiset,
Nachdem der Aelteste von hier ist weggereiset,
Der Spieler, Wildfang, Schlauch, der als ein Narr
    gelebt,
Daß ihr dem albern Schöps, dem Jüngsten alles gebt,
Auf ihn eur Hoffen setzt, ja kauft auf alle Fälle
Ihm hier in dieser Stadt die Präsidenten Stelle.
Ja, dieses ist ein Streich, den man als klüglich preist,
Allein seitdem man ihn Herr Präsidente heißt,
So ist er warlich recht von Hochmut aufgeblehet,
Daß seine Gravität tactmäßig spricht und gehet;
Er sagt so gar, er sey verständiger als ich,
Und es weiß alle Welt ich übertreffe dich,
Er hat = =

### Euphemon V.

Ey, was kan doch dergleichen Zorn erregen?
Muß stets . . .

## Der verlohrne Sohn.

**Rondon.**

Geh, geh, laß seyn; was ist daran gelegen?
Die Fehler insgesammt, sieht man als gar nichts an,
Wenn man sich nur fein viel dabey erscharren kan.
Er geitzt, und das ist klug und keinem aufzumutzen,
Oh, in dem Hausstand ist diß Laster schön zu nutzen,
Ein herrlich Laster ists; wohlan, er soll allein
Noch heut mein Schwiegersohn, und Liesgens Bräut-
          gam seyn.
Nun Schwager fehlt nichts mehr, als daß du wieder
          lachest,
Und die Donation so gleich zu rechte machest,
Von eigenthümlichen, ererbten, und was schon
Verdient ist, und noch wird für deinen Herren Sohn.
Daß euch im Alter nichts kan ins Verderben bringen,
Müßt ihr vom Usufruct ein Stück euch aus bedingen.
Dieß alles kurtz und gut, doch wohl verclausulirt,
Damit der Sohn, wenn er sein wichtig ausstafiert,
Mein bisgen Haab und Gut mit grössern Reichthum
          mehret,
Weil ohne dieses sonst mein Liesgen andre höret.

**Euphemon V.**

Ich sagt es zu, nunmehr solls auch vollzogen seyn;
Ja mein Vermögen kriegt itzt Steifenthor allein,
Ich will von nun an mich zu stiller Ruh begeben
Bis ans betrübte End von meinen bangen Leben.
Doch quält mich, daß ein Sohn, der Geld und Gut
          schon satt,
Zu meinem Gute noch so viel Begierde hat.
Den einen Sohn sah ich das Seinige verschwenden,
Den andern seh ich karg und knickricht aller Enden.

#### Rondon.
Ey, desto besser.
#### Euphemon V.
Freund, ich bin darzu ersehn,
Mit meinen Kindern muß mirs immer übel gehn.
#### Rondon.
Da haben wirs, ihr bringt schon eure Klagelieder,
Aufs neue wieder vor; was soll das Pinseln wieder?
Verlangt ihr denn wohl gar den Faselhans allhier,
Den lieben ältsten Sohn, das lasterhafte Thier,
Daß er die Freude stör der angefangnen Sache,
Und daß er einen Spuck in diese Hochzeit mache?
#### Euphemon V.
Nein.
#### Rondon.
Wollt ihr, daß er kömmt gerade zu und sucht
Das Haus in Lärm zu sehn und wettert, schilt und
flucht?
#### Euphemon V.
Nein.
#### Rondon.
Daß er euch Karbatscht, und Lieschen mir ent-
führet,
Die diesem Aeltsten sonst sein flüchtig Hertz gerühret;
Mein Lieschen die da ; ; ;
#### Euphemon V.
Wie, diß englische Gesicht,
Sollt aufgehoben seyn, so einem Taugenicht?
Ron-

## Der verlohrne Sohn.

**Rondon.**
Daß seinen Vater er hier könte brav betrügen
Und erben?

**Euphemon V.**
Nein ::: es soll sein Bruder alles kriegen.

**Rondon.**
Ach, sonst wär ohne diß für ihn kein Liesgen da.

**Euphemon V.**
So Liesgen als mein Gut bekömmt er heute ja;
Indem der Aelteste nichts zu seinem Theile findet,
Als eines Vaters Zorn, den Zorn, den er entzündet.
Er hat ihn gnug verdient, er schlug gantz aus der Art.

**Rondon.**
Ach, ihr habt gar zu lang an ihm die Zucht gespart.
Der andre war doch noch der Klugheit mehr ergeben;
Doch dieser älteste Sohn! welch wüstes, wildes Leben!
Wie ruchlos, Himmel! war der tolle Freygeist doch!
Ach, ach, ach, Schwaager, ach! erinnerst du dich noch,
Wie oft er dich bestahl; es kan zwar wenig machen;
Die Pferde, Kleider, Wäsch, Geschirr und Hausraths
Sachen,
So Ausstaffierungs Zeug des jungen Mädgens hieß,
Die ihn den Tag darauf zur Dankbarkeit verließ,
Ich habe recht gelacht.

**Euphemon. V.**
Sagt, ob euch das ergötzet,
Daß ihr mich wiederum in neue Thränen setzet?

**Rondon.**
Setzt zwanzig Louis d'Ors auf ein nur kahles Aß,
Ha, ha, ha!

**Euphemon V.**
Höret auf!
**Rondon.**
Gedenkst du noch an das?
Als man den Flattergeist sollt in der Kirche finden,
Und man ihn dazumahl mit Riesgen wollt verbinden,
In was für einem Loch befand der Wildfang sich?
Wie, dieser ‒ ‒ ‒ ey verflucht, das war zu liederlich!

**Euphemon V.**
Schont mich, und suchet nicht mit solchen schlechten
Bildern,
Des Sohnes Lasterthat noch ärger abzuschildern;
Bin ich nicht so schon gnug unglücklich und gedrückt?
Ich ließ den Ort, wo ich zuerst die Welt erblickt,
Weil ich den Sinnen nur das zu entziehn gedachte,
Was ihnen Leid und Gram beständig neuer machte.
Weil euch der Handel nun hieher zu ziehn bewog,
Kams, daß ich mit euch her aus Schmerz und Freund-
schafft zog;
Verschonet beides doch; ihr redet zwar von Herzen
Und was die Wahrheit ist, allein die macht nur
Schmertzen.

**Rondon.**
So halt ich denn das Maul; sehr wohl, ich nehm es an,
Verzeiht, doch Hencker, ja ihr habt nicht recht gethan.
Ihr wustet ja, er war wild, flüchtig, ungerathen,
Und gleichwohl brachtet ihr ihn unter die Soldaten.

**Euphemon V.**
Noch mehr!

Ron-

Der verlohrne Sohn.

**Rondon.**
Verzeiht mir das; doch solltet ihr = = =
**Euphemon V.**
Ja, ja,
Bey unsrer neuen Wahl vergeß ich was geschah
Mich freut des jüngsten Sohns glückseliges Verbinden.
Doch was denckt ihr, läßt er sich auch vernünftig finden?
Fand in der Tochter Herz sein Lieben wircklich statt?
**Rondon.**
Ja freilich; denn mein Kind, das Ehr im Leibe hat
Folgt meiner hohen Macht mit ganz ergebnen Trieben;
Und sag ich nur: wohlan, ich will es, du sollst lieben,
Gleich ist ihr Herz bereit, das ich stets lencken kan;
Sie liebt, und stellt nicht erst ein groß Vernünsteln an.
Ich hab ihr junges Herz nach meinem Kopf gedrechselt.
**Euphemon V.**
Ich zweiffle, daß sie gleich wenn ihrs gebietet, wechselt,
Und wenger glaub ich noch, daß sie was ihr befehlt
Gleich thut und sich um euch mehr als um sich vermählt
Von meinem ältsten Sohn war ihre Seel entzündet,
Die Seel empfand den Trieb, der nicht so leicht ver=
schwindet.
Ich weiß wohl, was der Zug von erster Liebe thut;
Ein Herz ist zart, fühlt mehr als einen Tag sein Blut.
**Rondon.**
Ihr ras't.
**Euphemon V.**
Sagt was ihr wollt, doch nur was sich gebühret;
Von diesem Windfang ward ein Herz sehr leicht ver=
führet;

B 4

**Rondon.**

Von ihm! dem Taugenichts; von ihm! dem Thunichts-
gut!
Nein, nein, du guter Mann! geh nur und fasse Mut.
Der Tochter hab ich schon ein scharf Verbot gegeben,
Ihm nicht mehr hold zu seyn, nach seinem schönen Leben.
Deswegen seyd nur froh; vergeßt, was sonst geschah;
Denn sag ich einmal nein, so saget niemand ja!
Seht zu!

## Der zweite Auftritt.

**Euphemon, Rondon, Liesgen, Marthe.**

**Rondon.**

He, Liesgen, he! du mußt dich her erheben;
Der Tag wird deinem Glück und mir den Ausschlag
geben.
Wenn ich dir einen Mann, er sey jung, oder alt,
Klug, dumm, arm oder reich, schön oder ungestalt
Wollt geben, fändest du nebst Lust ihm zu gefallen,
An ihm Geschmack und Lieb?

**Liesgen.**

Herr Vater nichts von allen.

**Rondon.**

Wie Rabenas?

**Euphemon V.**

Ach, ach, da läßt die Furcht sich sehn,
Es scheint, mit eurer Macht wills nicht recht glücklich
gehn.
Ist denn die mächtige Gewalt ganz umgeschlagen?

Der verlohrne Sohn.

**Rondon.**
Wie, was, nach allen dem was ich dir konte sagen
Nähm dich kein bisgen Lieb und keine Neigung ein
Für deinen künftigen Gemahl?

**Liesgen.**
Herr Vater, nein.

**Rondon.**
Weißt dus nicht, daß dich hier die Pflicht selbst will verbinden,
Daß du dein Herz ihm giebst?

**Liesgen.**
Nein, diß kan ich nicht finden.
Doch dieses weiß ich wohl, worzu, diß heilge Band
Ein Herz verbinden kan, das Tugend hat entbrant.
Ich weiß es, daß man muß von Klugheit ange-
getrieben,
Des Mannes Zärtlichkeit verdienen und ihn lieben;
Daß, wenn das Glück uns nicht zur Schönheit werth
geschätzt
Den Abgang wenigstens ein gut Gemüth ersetzt.
Man muß bescheiden seyn, sich willig ihm ergeben,
Gefällig, freundlich, fromm in seinem Hause leben.
Doch, zu der wahren Lieb ist das nicht gnug gethan;
Die Triebe nehmen nicht Befehl und Machtspruch an,
Befehlt nichts, Amor flieht allzeit das Sclaven Leben;
Der Rest sey meinem Mann zum Eigenthum gegeben.
Doch was mein Herz belangt, das muß erworben seyn,
Zum wenigsten nimmt man diß Herz so leicht nicht ein,
Auch pflegt es auf Befehl des Vaters nicht zu lieben,
Nicht aus Vernunft, nicht weils Notarien geschrieben.

### Euphemon.
Nach meiner Meynung spricht sie so geschickt als
frey;
Und da sie billig denkt, stimm ich ihr völlig bey.
Es suche nur mein Sohn des Herzens Werth zu werden,
Es ist das edelste das Zärtlichste auf Erden.
### Rondon.
Schweigt höflich Plaudermaul, ihr alter Schmei=
chelbart
Verderbt die Kinder nur und bringt sie aus der Art.
Mein Mädgen, die von mir stets Lehren gnug empfangen
Hätt ohn euch, gegen mich, die Schwachheit nie be=
gangen.
(Zu Liesgen.) Du, höre zu: dein Mann ist dir von
mir bestellt,
Ob er gleich, als ein Narr, viel Stücken auf sich hält;
Nur mir gebührts, daß ich den Eidam rüffeln solle,
Und dir, daß du ihn nimmst, er sey auch wer er wolle;
Auch, wenn ihr beyde könnt, daß ihr einander liebt,
Und daß ihr folgt, wenn euch mein Mund Befehle giebt.
Das ist nun dein Bescheid; komm laß uns hier nicht
stehen,
Wir müssen zum Notar zu untersiegeln gehen.
Ich weiß, der führt auch noch mit hundert Worten an,
Was man doch gantz bequem in vieren sagen kan,
Komm, seine Plauderey und sein Geschmier zu hemmen,
Komm, laß uns, wenn ers dehnt den Kopf entgegen
stemmen!
Wenn diß verrichtet ist, will ich zurücke gehn,
Mein Mädgen, deinen Sohn und dich zu schelten.

### Euphemon V. Schön!

## Der dritte Auftrit.
### Liesgen, Marthe.
#### Martha.
Mein GOtt, wie weiß er doch bey so verzerrten
Mienen,
Sich närrscher Meynungen und Fratzen zu bedienen.
#### Liesgen.
Ich bin sein Kind; noch mehr, so sehr er zornig thut,
So mürrisch er auch ist, bleibt doch sein Herz stets gut.
Und wenn sich seine Stirn in finstre Falten rücket,
Wird doch von mir an ihm ein Vaterherz erblicket.
Bisweilen gar, wenn er am ärgsten brummt und
schreyt,
Dämpf ich durch meinen Rath desselben Heftigkeit.
Es ist wahr, da er den, den er mir giebt, verachtet,
Da, dessen Fehler er stets durch zu hecheln trachtet.
Und alle die Gefehr, die ein solch Bündniß brächt,
Mir vor die Augen stellt, so hat er grosses Recht;
Doch, da er nun befiehlt, daß ich den Geck soll lieben,
Hilf Himmel, wie muß mich sein Unrecht nicht betrüben!
#### Marthe.
Wer soll geliebet seyn, Herr Steifenthor sagt ihr,
Viel lieber nähm ich doch den ältsten Mousketier,
Der flucht, säuft und die Frau zwar schlägt doch nicht
vertauschet,
Als den beamten Narrn, der von sich selbst berauschet,
Der mit erhabnen Thon, schulfüchsisch im Gesicht,
Nicht anders mit der Frau, als wie ein Richter spricht,
Der wie ein Pfau sich brüst, und wie ein Stutzer
schmiegelt,
Im Kragen strotzt, sich lobt und in sich selbst bespiegelt,
Der

Der immer geitzig ist, da doch kein Glück ihm fehlt,
Der euch die Lieb entdeckt, indem er Thaler zählt.

### Liesgen.

Dein Pinsel mahlet ihn vortreflich nach dem Leben,
Doch was ist hier zu thun? Ich muß mich drein ergeben.
Da man zur nahen Eh mich Unglückselge zwingt,
Da, was ich wünsch und hoff, nicht, wie ich will, gelingt.
Der Ehre Sclaverey, in der ich stets soll bleiben,
Scheint Freundschafft, Alter, Glück und alles vorzu‑
schreiben.
Es ist hier Steifenthor zu meiner grösten Pein,
Der einzge, welchem ich nun Hand und Herz soll weyhn.
Von meines Vaters Freund ist er ein Sohn; die Ehe
Ist schon so gut als fest, so sehr ich wiederstehe.
Ach! welches Herz ist doch in seinen Seufzern frey,
Das einem Mann sich schenkt, und trägt für ihn doch
Scheu?
Ich muß hier weichen; ja, Gedult und Zeit kan fügen,
Daß noch mein Bräutgam wird mein Widerstehn
besiegen.
Ich könnte, müßt ich ja mit ihm verehlicht seyn,
Ihm seine Fehler so, wie meine mir verzeihn.

### Marthe.

Ihr, schönes Liesgen sprecht recht sittsam und bescheiden;
Doch, euer Herz entdeckt, obgleich nicht viel sein Leiden,
Daß ich mich untersteh ⁚ ⁚ allein ihr spracht wohl ehr:
Denk nicht an ältsten Sohn und sprich von ihm nicht
mehr.

### Liesgen.

Wie?

### Marthe.

### Marthe.
Von Euphemon, dem bey seinem rauhen Leben
Ihr eure erste Gunst! voll Zärtlichkeit gegeben,
Der euch geliebt;

### Liesgen.
Nein, nein, sein Lieben war erdicht;
O nenne mir den so verhaßten Namen nicht!

### Marthe. (will fortgehen.)
Ich sag nichts mehr davon;

### Liesgen. (hält sie.)
Die Blüte seiner Zeiten,
Die könnt, ich läugn es nicht, mein zärtlichs Herz be‑
streiten,
War er auch für ein Hertz voll Tugend zubereit?

### Marthe. (will fortgehen.)
Gewiß, er war ein Narr und voll Gefährlichkeit.

### Liesgen. (hält sie.)
Verführer hatten stets diß junge Blut umgeben,
Und die Verwilderten noch mehr sein wüstes Leben.
Ach der Unglückliche! er folgte jeder Lust,
Doch war ihm zu der Zeit vom Lieben nichts bewust.

### Marthe.
Sonst aber habt ihr mich zu glauben angetrieben,
Er hielt es so für Ehr als Glück euch stets zu lieben.
Er schätzte euer Band und eure Ketten wehrt.

### Liesgen.
Nein, hätt er recht geliebt, hätt ich ihn umgekehrt;
Es ist die wahre Lieb, und ihr aufrichtigs Brennen
Des Lasters stärckster Zaum mit guten Fug zu nennen.

Wer

Wer sich nur halten kan in ihrem Band und Joch,
Der ist wahrhaftig klug, wo nicht so wird ers doch.
Allein Euphemons Herz verschmähte meine Liebe;
Er gieng dem Schwelgen nach, und ließ die zarten
                          Triebe
Der falschen Freunde Schaar, die Brut die ihn betrog,
Und voller Arglist ihn in ihre Schlingen zog.
Verfraß sein Mütterlichs; bestahl als thät ers selber
Des armen Vaters Haus, die Kasten und Gewölber.
Und daß der grausamen Verführer List recht glückt,
So haben sie ihn gar des Vaters Arm entrückt,
Und meinen Augen auch, die täglich um ihn weinen,
Sein Laster und sein Reitz muß mir so klagbar scheinen.
Er geht mir nichts mehr an; und auch nichts mehr
                          sein Heil.

          Marthe.
Sein Bruder kriegt nunmehr sein ganzes Erbschaffts
                        Theil
Und Liesgen noch darzu; das ist doch immer Schade,
Denn jener hatte doch nebst einer schönen Wade
Ein artiges Gesicht, ein Haar von lichter Pracht,
Er tanzt, er sang, er war zum Lieben recht gemacht.

          Liesgen.
Was sagst du, Marthe? ach!

          Marthe.
                 Selbst bey den Mengereyen
Des liederlichen Thuns und seinen Narretheyen
Entdeckte dennoch sich ganz frey in seiner Brust,
Ein Grund der Ehre noch bey aller Laster Wust.

          Liesgen.
Ich muß gestehn, er war zum Guten aufgehoben.

                    Marthe.

## Der verlohrne Sohn.

### Marthe.
Glaubt nicht etwan, daß ihn mein Mund gedenckt zu
loben,
Doch liebt er, wie mich dünkt, gar keine Schmeicheley
Und war von Lügen, List und vom Betruge frey.

### Liesgen.
Ja, aber = ; ; ;

### Marthe.
Fort, es will sein Bruder uns vertreiben.

### Liesgen.
Dieß Uebel spricht die Noth für gut, wir müsten bleiben.

## Der vierte Auftritt.
Liesgen, Marthe, der Präsident, Steifenthor.

### Steifenthor.
Die Erbschafft, die ich krieg, ich muß es frey gestehn,
Soll, was ihr je verlangt, bey weiten übergehn
Und euer schönes Glück der Heirath höher treiben.
Der Güter Zuwachs muß des Hausstands Seele
bleiben;
Verehrung, Aemter, Glück, läßt, so halt ich dafür,
Im größten Ueberfluß sich sehn zugleich mit mir.
Es wird euch in der Stadt die größte Ehr geschehen,
Das Volck der schönen Welt wird euch zur Lincken
gehen,
Ha, es ist keine Lust die schmeichelhafter wär,
Als wenn ihr murmeln hört: da ist sie! seht doch her!
Gewiß, erweg ich gleich die Länge und die Quere,
Mein Ansehn und mein Gut und meines Amtes Ehre,
Die

Die Lieblichkeit, die ich besitz auf dieser Welt,
Das Recht der Erstgeburt, in das man mich gestellt,
So fordots, daß ich euch darum den Glückwunsch
bringe.
### Marthe.
Und ich die Condolenz; das sind infame Dinge,
Daß ihr Art, Stand und Gut in dieß Gespräche mischt;
Gleich kommt ihr mit dem Zeug und Kram hervor
gewischt;
Zugleich ein Midas seyn und ein Narr ist auf Erden,
Von Hochmuth aufgebleht, von Geitz gezwicket werden,
Und bey sich höchst vergnügt ein schiefes Auge drehn,
Theils auf sich selber zu, theils wo die Gelder stehn,
Im Ammtskleid knickerhafft als Petitmaitre handeln,
Das heisset ausgeschweift und als ein Narre wandeln.
Ein junger Narr geht mit, doch schwör ich hoch und
theur,
Ein junger Geitzhals ist für mich ein Ungeheur.
### Steifenthor.
Ihr seyd es doch wohl nicht mein Kind, so wie es scheinet,
An die mein Vater mich heut zu vermählen meynet!
Es ist die Jungfer hier; daher, wenn ihr vergönnt,
Ihr euch nur weniger um uns bekümmern könnt,
Euch kömmt das Schweigen zu; (zu Liesgen) und
ihr, in zweyen Stunden
Seyd ihr schon meine Frau und ganz mit mir verbunden,
Drum geb ich euch, mein Kind, jetzt noch ein gutes Wort,
Jagt den Dragoner mir noch vor heut Abend fort,
Die, da man selbige ein Aufwart-Mädgen heisset,
Sich über alles gleich ihr Plaudermaul zerreisset.

Ich

Ich will kein Präsident als wie ein Schaubhut seyn;
Ich gebe nur Befehl, so stecket man sie ein.
### Marthe.
Beschützt mich, sprecht mit ihm, sprecht tapfer, ohn
Erschrecken,
Denn ich bin eure Magd, wehrt mich ins Loch zu stecken,
Sonst werdet ihr von ihm gewiß auch eingesteckt.
### Liesgen.
Aus allem diesem wird mir nicht viel Guts endeckt.
### Marthe.
So redet doch mit ihm, das Murmeln will nicht gelten.
### Liesgen.
Ach, was kan ich ihm wohl noch sagen,
### Marthe.
Auf ihn schelten.
### Liesgen.
Nein die Vernunft gilt mehr als dieß;
### Marthe.
Glaubt ohne Scheu,
Weg mit Vernunft das ist am besten;

## Der fünfte Auftritt.
### Rondon, die vorigen.
### Rondon.
Meiner Treu,
Jetzt ist ein artiger und lustger Streich geschehen.
### Streifenthor.
Und was, mein Herr?

#### Der verlohrne Sohn.

##### Rondon.
Hört nur. Ich wollt zum Vater gehen,
Mit dem zur neuen Eh gestempelten Papier.
Ich fand den alten Kautz nicht gar zu weit von hier;
Bey einem Reisenden, der an dem Felsen Gange
Gleich von der Landkutsch stieg; mit diesem sprach er
lange.

##### Liesgen.
Ein junger Reisender = = =

##### Rondon.
Nein in der That, es war
Ein alter Krückenmann, ohn Zähne ohne Haar.
Die Alten liefen gleich zusammen voll Entzücken,
Die grauen Bärte sich einander anzudrücken,
Die Puckel biegten sich bald niedrig, bald empor
Und eine lange Reih der Seufzer stieg hervor.
Auf ihre Nase ließ ihr ganz verzerrtes Auge
Die Thränen-Güsse gehn, die netzte diese Lauge.
Euphemon sah alsdenn betrübt und finster aus
Und eh man sichs versah, verkroch er sich ins Haus.
Er sprach, daß ihn der Schmerz aufs allerhöchste triebe,
Und daß er weinen müßt, bevor er unterschriebe.
Drauf wollt er keinen mehr viel Redens zu gestehn.

##### Steifenthor.
Ach! ich will trösten; ja, gleich will ich zu ihm gehn.
Es ist euch wohl bekannt, wie ich denselben lenke,
Die Sache wird wohl uns betreffen, wie ich denke.
Ich kenn ihn gar zu gut; so bald er mich wird sehn,
Mit dem Contract, so ist die Unterschrift geschehn.
Die Zeit ist kurz, das Recht, das man mir will ertheilen,
Die Erstgebuhrt heißt was.

Lies-

### Der verlohrne Sohn. 19

        Liesgen.
           Nein, Herr, es hat kein Eilen.
        Rondon.
Wohl hat es Eil, und du bist schuld daß diß geschah
Nur du!
        Liesgen.
     Ich wäre schuld? ey wie, Herr Vater?
        Rondon.
                              Ja.
Wenn schlimme Fäll' enstehn die ganze Häuser quälen,
Geschehn sie allemal, weil ihre Töchter fehlen.
        Liesgen.
Was that ich denn, das euch so sehr verdrüssen kan?
        Rondon.
Du hast gethan, – daß du ganz unrecht hast gethan.
Ich will die alten Kerls die Lustverderber sehen,
Und ihnen nach der Pflicht die steifen Köpfe drehen.
Ich muß euch heute noch gewiß vermählet sehn;
Trotz ihnen und trotz euch, ich wills, es muß geschehn.

## Ende der ersten Abhandlung.

      C 2         Die

Der verlohrne Sohn.

## Die zweyte Abhandlung.
### Erster Auftritt.
Liesgen, Marthe.

#### Marthe.

Ihr seyd ganz voller Angst, da man bereits erblickt
Wie man geschäftig ist und sich zur Hochzeit
schickt?

#### Liesgen.

Ach ja, je mehr mein Herz sich zwingt und sich entdecket
Je mehr werd ich von dem so schweren Joch erschrecket,
Nach meiner Einsicht führt, die Ehe und ihr Band
In grösten Glücks und auch in grösten Unglücksstand.
Hier gilt kein Mittelweg; der Ehstand wie ich sage,
Ist jedem Sterblichen das schönste seiner Tage,
Im Fall nur Sinn und Herz genau zusammen stimmt,
Eins wie das andre will, keins sich nichts übel nimmt:
Wie fest hat die Natur die Fesseln unterstützet,
So dort die Liebe zeugt und hier die Ehre schützet!
Wie schön ists, wenn man frey die Liebe darf gestehn,
Des Liebsten Nahmen trägt den wir stets um uns sehn!
Ja euer Haus und Volk und was euch zu gehöret,
Bildt euren Glücksstab ab, da jederman euch ehret.
Die Kinder auch so gar, die Früchte eurer Treu
Verdoppeln eure Glut, verbinden euch aufs neu.
Sieht man ein Ehepaar so schön verbunden werden,
So heißt die Eh mit Recht ein Himmelreich auf Erden,
Allein verkauffet man durch des Contracktes Band
Die Freyheit, und was mehr den Namen und den
Stand

Und

# Der verlohrne Sohn.

Und weiht sich einem Herrn, der uns erst brünstig liebet,
Doch bald als Mägde hält, und uns Befehle giebet,
Des Tags sich mit uns zankt, und flucht und mürrisch
thut,
Bey Tisch unfreundlich ist, des Abends ohne Glut.
Da man stets zittern muß, ob man vielleicht gefehlet,
Ob man noch fehlen wird, da ewger Streit uns quälet,
Da man betrügen muß, wenn man nicht in der Still
Sich bey so strenger Pflicht zu Tode martern will;
Wenn man nicht hoffen darf jemals erlößt zu werden;
So heißt ein solches Band mit Recht die Höll auf
Erden.

### Marthe.

Wahr ist es, wie man sagt, das Jungfern Volk besitzt
Ein Geist, durch den ihr Geist wird sauber zu gespitzt.
Was habt ihr schon für Licht in euren jungen Jahren,
Denn keine Wittfrau spricht so fein und so erfahren,
Die sich sehr weißlich tröst allhier in unsrer Stadt,
Ob sie drey Männer gleich bereits betrauret hat.
Sie spricht in diesem Punkt mit wenigern Verstande;
Der Abscheu, den ihr habt vor diesem schönen Bande,
Muß erst erläutert seyn, daß man ihn klar erkennt,
Das Band gefällt euch nicht blos um den Präsident.
Doch sagt mir, würd es euch beym Bruder wohl
gefallen?
Schließt mir das Räthsel auf, das bitt ich euch vor allen.
Sticht wohl der Aelteste bey euch den Jüngern aus?
Liebt oder hasset ihr? sprecht rund und frey heraus!

### Liesgen.

Ich weiß hiervon gar nichts; die Macht ist mir
benommen,

Und ich darf nicht gestehn, woher der Abscheu kommen,
Geht es wohl an, daß man den traurgen Grund ermißt
Des Herzens, ach, das schon so gnug erfoltert ist?
Es muß, wenn wir uns ja im Meer zu spiegeln denken,
Das Ungewitter sich erst drehn und abwärts lenken.
Damit nicht Wind und Sturm, wie sie zu heftig wehn,
Des Wassers Obertheil in krause Wirbel drehn.

### Marthe.

Ein jedes Gleichniß hinkt, ihr müßt es selbst gestehen,
Man kan bis auf den Grund in seiner Seele gehen.
Man sieht in solcher klar; wenn alle Leidenschaft
Gleich unser Herz bewegt mit allerstärkster Kraft,
So kan ein Mädgen schon, das klug und weis ist, sehen,
Woher der Wind nur kömmt, durch den die Stürm
entstehen;
Man weiß ...

### Liesgen.

Ich aber will nichts wissen, nichts verstehn,
Mein Auge schließt sich zu und ich will nichts mehr sehn,
Ich untersuch nicht mehr, ob mein Herz Liebe träget
Zu den Unglücklichen, der Abscheu nur erreget.
Denn der Gedanke reißt den Eckel stärker an,
Daß nicht ein Würdiger mein Bräutgam werden kan.
Euphemon welcher sich nur den Betrug ergeben,
Mag weit von mir vergnügt, kans seyn, auch glücklich
leben,
Vom Vater unenterbt, ich will zu seiner Pein,
In dem Contracte nicht so hart und grausam seyn,
Daß er das seinige durch mich verlieren sollte,
Wenn ich zu seinem Fall die Schwägrin werden wollte.

Da siehst du nun mein Herz und was dasselbe denkt;
Geh weiter nicht, diß hieß es gar zu sehr gekränkt.

## Der zweyte Auftritt.
### Liesgen, Marthe, ein Diener.
#### Der Diener.
Im Haus ist eine Frau die Baroneß sich nennet
Von Croupillac.
#### Liesgen.
Sie kömmt, da sie mich doch nicht kennet
#### Der Diener.
Sie kömmt von Angoulem, sie will gleich vor euch seyn
Und wie sie zu mir sprach, euch ihren Glückswunsch
weihn.
#### Liesgen.
Warum denn?
#### Marthe.
Wie, warum? je darum weil ihr freyet;
#### Liesgen.
Ach dieses eben ist wofür mein Herz sich scheuet.
Wie hör ich in dem Stand, darinn ich mich befind,
Ein solches Protocoll von Thorheit und von Wind?
Das nur die Leute zwingt und den Verstand verjaget,
Wenn man viel plappern muß und dennoch gar nichts
saget?
Wie drücket mich die Last, die ich jetzt tragen soll!

### Der dritte Auftritt.
#### Liesgen, Croupillac, Marthe.
##### Marthe.
Die Dame kömmt.
##### Liesgen.
O ja, ich kenn sie gar zu wohl.
##### Marthe.
Man sagt, daß sie sehr stark nach Freyereyen strebe
Von Herzen närrisch sey und in Processen lebe.
##### Liesgen.
Geschwind, gebt Stühle her! Madam, verzeihet mir!,,,
##### Croupillac.
O Madmosell!,,
##### Liesgen.
Madam!,,
##### Croupillac.
O, es gebühret sich hier,,,
##### Liesgen.
Daß ihr euch setzt Madam.
##### Croupillac.
Ich kanns euch nicht verhelen
Mein Kind, ich bin bestürzt; von Grunde meiner
Seelen.
Wollt ich so gern,,,
##### Liesgen.
Madam,,,

Crou

## Der verlohrne Sohn.

**Croupillac.**
Glaubt, hätt ich die Gewalt
Die Schönheit nähm ich euch und macht euch ungestalt,
Nun wein ich, ach, daß ich euch muß so artig sehen.
**Liesgen.**
Befriedigt euch Madam!
**Croupillac.**
O, das wird nicht geschehen,
Mein Kind, das kan ich nicht; ich sehe wohl, ihr fangt
Die Männer insgesammt, die euer Herz verlangt.
Ich hat auch einen, doch in Hoffnung nur, das kränket!
Nur einen, ach, das ist nicht viel, wenn mans bedenket,
Ich hatte grosse Müh, eh ich denselben fand,
Nun steht es drauf, daß er mir wird durch euch entwandt
Ach itzt ist eine Zeit, wie bald pflegt sie zu kommen,
Da, wenn ein Freyer wankt uns alles wird genommen,
Da man alleine lebt; es ist nicht gut, das glaubt,
Daß man dem, welcher fast nichts hat, noch alles raubt.
**Liesgen.**
Verzeiht, ich bin verstummt, eur Vortrag, eure Klagen
Sind mir Erstaunens wehrt, ich kan darzu nichts
sagen.
Sagt, welcher Zufall euch so sehr verwirren kan,
Sagt, wen verlieret ihr, und wen nehm ich euch dann?
**Croupillac.**
Mein allerliebstes Kind, es giebt viel albre Frauen,
Von runzlichen Gesicht, die haben das Vertrauen,
Bey der geschminkten Haut und manchen falschen Zahn,
Wär ihnen Zeit und Lust und Lieben unterthan.
Zum Unglück ach! bin ich zu klug; in allen Dingen
Seh ich das sie vergehn, für Gift möcht ich zerspringen.

### Liesgen.
Das thut mir herzlich leid, denn es ist freylich schlecht,
Allein, ich kan euch nicht verjüngen;

### Croupillac.
Ihr habt Recht;
Ich hoffe noch, vielleicht kan man mich ehr verjüngen
Als den Verräther mir zurücke wieder bringen,

### Liesgen.
Allein, wer ists, den ihr mir hier Verräther nennt?

### Croupillac.
Ein Stelfenthor, ein Herz voll Trug, ein Präsident,
Den ich verfolg, um den ich aus dem Athem laufe,
Der wirklich nicht verdient, daß man ihn theuer kaufe.

### Liesgen.
Was mehr, Madam?

### Croupillac.
Was mehr? es war kein Präsident
In meiner Frühlings Zeit, dem ich das Maul vergönnt:
Sie und ihr Stilus auch erweckten mir nur Schauer;
Doch wenn man älter wird, so giebt man es genauer.

### Liesgen.
Und kurz Madam?

### Croupillac.
Und kurz, vernehmt es nur von mir,
Zu der Verzweifelung bringt mich kein Mensch als ihr.

### Liesgen.
Wie so, wodurch?

### Croupillac.
Ich mußt in Angouleme leben,
Und

**Der verlohrne Sohn.**

Und konnt als Witwe mich nach meinem Sinn ver-
       geben,
Zu der Zeit war auch da, der Steifenthor sich nennt,
Zu Angouleme noch ein Magistrats Student,
Der warf ein Aug auf mich, ja er verfiel auf Triebe,
Und meinetwegen gar auf Ehrvergeßne Liebe.
Ja Ehrvergessen, ach! und schimpflich noch dabey,
Er gieng zu meinem Geld nur auf die Freyerey.
Ich ließ deswegen auch dem guten Vater schreiben,
Man nahm der Sache sich auch an, sie fortzutreiben.
Denn daß man mit ihm sprach von mir, ist oft geschehn,
Er gab zur Antwort auch bey allem: ich will sehn.
Ihr seht, es waren schon ganz ausgemachte Sachen.

### Liesgen.
O, ja.

### Croupillac.
Ich meines theils wollt auch ein Ende machen;
Euch gieng des Steifenthors sein ältrer Bruder nach,
Und war für euer Bett bestimmt, so wie man sprach.

### Liesgen.
Welch Angedencken, ach!

### Croupillac.
            Er war ein Narr in allen
Mein Kind, und er genoß der Ehr euch zu gefallen.

### Liesgen.
Ach!

### Croupillac.
Dieser Narr der stark an allen Lastern hieng
Und welcher heimlich gar von seinem Vater gieng,
Verirrt, verbannt, wer weiß? vielleicht dem Tode nahe!
            (Ihr

## Der verlohrne Sohn.

(Ihr werdet ganz verwirt!) Mein Schulenheld nun
sahe
Daß euer Brautschatz, der schon abgezählet liegt
Mein bisgen Heiraths Gut bey weiten überwiegt;
Worauf er meines Glücks und meiner Thränen lachte,
Weil euer Mitgift ihn nur reitzt und lüstern machte,
Ihr schließt ihn in den Arm noch diesen Abend ein,
Doch denkt ihr, daß es euch wohl kan erlaubet seyn,
Daß ihr vom Bruder gleich zum andern Bruder rennet,
Und gar ein ganzes Haus so an euch reissen könnet?
Jedoch, es wird von mir ein Einspruch jetzt gethan,
Der dieses Hochzeit Fests Vollziehung hindern kan.
Ich setz mein Schloß daran, mit meinem Leibgedinge;
Daß wenn ich den Proceß recht ins Geschicke bringe,
So sind sein Vater, ihr, die Kinder, die ich hab,
Eh er zu Ende kömmt, schon allesammt ins Grab.

Liesgen.

Gewiß, ich bin beschämt, Madam, bey diesen Sachen,
Daß euch mein Eheband, sollt so unglücklich machen.
Ich bin nicht dieses Zorns und dieses Eifers werth,
Kränkt uns wohl Neid, wenn uns kein Glücke wieder=
fährt?
Sucht euren Argwohn doch in euch zu unterdrücken,
Hört auf, auf meine Lieb und Lebensart zu blicken;
Ich stifte zwischen uns den billigsten Vertrag,
Weil ich um einen Mann nicht proceßiren mag.

Croupillic.

Nicht proceßiren?

Liesgen.
Nein: ihr könnt euch ihm verbinden.
Crou=

**Croupillac.**
So könnt ihr nicht Geschmack an seinem Ansehn finden?
So liebt ihr nicht?

**Liesgen.**
Ich find gar wenig Lieblichkeit
Im Ehstand, und gar nichts bey dem Proceß und
Streit.

## Der vierdte Auftritt.

Rondon, Croupillac, Liesgen.

**Rondon.**
Oh, Tochter, oh, man sucht uns Händel anzudrehen,
Den Schwiegervätern muß das Haar zu Berge stehen!
Man schwatzte mir sehr viel von einem Einspruch vor,
Zum Henker, bringt man wohl so was für Rondons
Ohr?
Bald will ich das Geschmeiß zu allen Henkern jagen.

**Croupillac.**
So muß man denn allhier noch Schmähungen er-
tragen?
Herr Rondon, höret mich, um dieses bitt ich noch.

**Rondon.**
Was giebts?

**Croupillac.**
Wie ungerecht ist euer Eidam doch!
Der als ein Spaßgalan nach neuer Art betrüget,
Aus Geitz bey Wittwen nur auf dem Schmarotzen lieget;
Das Geld nur liebet er.

Ron-

**Rondon.**
Er thut sehr wohl daran.
**Croupillac.**
Er hat wohl hundertmahl bey mir den Schwur gethan,
Die Lieb und Zärtlichkeit auf ewig nicht zu brechen.
**Rondon.**
Ist dieses wohl Gebrauch? wer hält so sein Versprechen?
**Croupillac.**
Er ließ mich sitzen, ach, aus gar zu harten Sinn.
**Rondon.**
Ich hätte mehr gethan, so wahr ich ehrlich bin.
**Croupillac.**
Ich will zum Vater gehn, dem sag ichs frey und kecklich.
**Rondon.**
Ach! sagts nur ihm, nicht mir.
**Croupillac.**
Die Sach ist ganz erschröcklich,
Das weibliche Geschlecht muß mir behülflich seyn,
Und meinetwegen auch für mich um Rache schreyn.
**Rondon.**
Doch nicht so sehr als ihr.
**Croupillac.**
Man wird euch Leuten weisen,
Was ihr uns schuldig seyd, was Baronessen heissen.
**Rondon.**
Oh, darzu lacht man nur.
**Croupillac.**
Ich brauch itzt einen Mann.

Ich nehm ihn, euch, ja gar den Vater, wenn ich kan.
### Rondon.
Mich?
### Croupillac.
Ja.
### Rondon.
Ich biet euch Trotz, daß ihr euch unterstehet.
### Croupillac.
Wir streiten drum.
### Rondon.
Seht, seht, wie weit die Narrheit gehet.

## Der fünfte Auftritt.

### Rondon, Steifenthor, Liesgen.

### Rondon.

Nun wüßt ich wohl, warum du dieses hast gethan,
Und nimmst allhier bey mir so närrschen Zuspruch an?
Beständig spielst du mir dergleichen schlimme Streiche.
(Zu Steifenthor.) Und ihr, mein Herr, Herr Printz
aus dem Pedanten Reiche,
Welch Teufels Narr hat euch zu löffeln angehetzt,
Daß Baronessen ihr so gar habt aufgesetzt.
Euch steht es treflich schön, daß eyer steif Gesichte,
Sich gleich gesinnt, nach Art der Flatter-Geister richte.
Euch stoltzen Sauertopf, euch Gleichviel stehts auch an,
Daß ihr das Handwerck treibt, als wie ein Spaas
Galan.
Das kam dem Bruder zu, den Narren konnt es kleiden,
Doch ihr, doch ihr!
Stei-

**Steifenthor.**

Ihr müßt, Herr Schwäher, euch bescheiden
Nach der Vereinigung hab ich niemals gefragt,
Nur mit Beding hab ich ihr alles zugesagt.
Dieweil mein Hertz das Recht sich immer vorbehielte,
Daß es nach einer Frau von grössern Reichthum zielte.
Den ältern Bruder wird sein Erbtheil gantz entwandt,
Und alle Güter sind nunmehr in meiner Hand.
Diß trieb mein Suchen nun zu eurer Tochter näher,
Das baare Geld macht nur den Eidam und den
                Schwäher.

**Rondon.**

Er hat ganz Recht, gewiß ich stimme mit ihm ein.

**Liesgen.**

So Recht zu haben, kan ein grosses Unrecht seyn.

**Rondon.**

Das Geld macht alles. Geh, es sind gewisse Sachen
Laßt uns nur immer dran und gleich ein Ende machen
Da sechzig Säcke Geld von alten Thalern voll,
Trotz allen Croupillacs den Handel schlüssen soll.
Euphemon zaudert auch, ich komme noch von Sinnen.
Fort, siegelt, eh er kömmt.

**Liesgen.**

        Nein, laßt mir Zeit gewinnen,
Mein Vater, damit ich auch protestiren kan,
Ich nehm ihn anders nicht, als mit Bedingung an.

**Rondon.**

Wie, mit Bedingung! du! o was für kühne Ränke
Du sagest, wie, du sagest?

**Liesgen.**

        Ich sage, was ich dencke.

Wird

Wird von dem schnöden Glück uns eine Lust gewährt,
Wenn man sich von den Schmerz bedrängter See-
           len nährt.
(Zu Steifenthor.) Und ihr mein Herr, der ihr nur
           Gut zusammen schabet,
Vergeßt ihr denn, daß ihr noch einen Bruder habet?
           Steifenthor.
Was! einen Bruder, ich? ich sah ihn niemals nicht,
Er kam von Hause weg und mir aus dem Gesicht
Zu der Zeit, als ich noch in Schulenbüchern lase,
Und steckt in Bartholus und Cujas meine Nase.
Hernach erfuhr ichs, was er für ein Früchtgen wär,
Doch käm er ja einmal einst wiederum hieher,
Getrost uns fehlet nicht Verstand in solchen Dingen,
Man läßt ihn in der Still auf die Galeeren bringen.
           Liesgen.
Könnt diß auch Christlicher und Brüderlicher seyn,
Und ihr zieht unterdeß des Bruders Güter ein,
Nach denen strebt ihr nur; allein, mein Herr, ich
           schwöre,
Ich trag für solchen Schluß nur Abscheu.
           Rondon.
                              Tararere!
Geh, der Contract, mein Kind, ist völlig ausgeführt,
Und der Notarius hat alles schon berührt.
           Steifenthor.
Die alten haben es in Rechten so versehen,
Ihr Wort gilt darinn viel, ihr Wille muß geschehen.
lest Cujas: Caput fünf, und sechs und sieben nach;
„Ein wilder freyer Mensch, der schwelgt, von Tag zu
                              Tag,
           D                    „Der

„Der selbst freywillig sich des Vaters Hand entziehet,
„Das Haus, wo nicht beraubt, zum wenigsten doch
fliehet,
„Wird ipso facto gleich aus dem Besitz gesetzt,
„Und als ein Bastard nicht der Erbschafft werth ge-
schätzt.

### Liesgen.

Gebräuch und Rechte sind mir nie bekannt gewesen,
Ich hab den Bartolus und Cujas nicht gelesen,
Doch schlüß ich, daß sie all, als boshaft anzusehn,
Des Herzens Feinde sind und die Vernunft verschmähn,
Wenn das ihr Codex will, daß in des Bruders Nöthen
Man ihm die Hand nicht reicht und ihn die Noth läßt
tödten.
Ehr und Natur hat auch ihr Recht, das niemand schilt,
Das mehr als euer Recht und euer Cujas gilt.

### Rondon.

Ey weg mit eurem Recht, ey weg mit eurer Ehre,
Weg mit dem Codex, thut nach meiner Art und Lehre;
Weswegen ist dein Schmerz fürm Aeltsten denn so
groß?
Ich seh auf Geld und Gut.

### Liesgen.

Ich auf die Tugend blos.
Man straf ihn, doch man laß ihm etwas vom Ver-
mögen
Das Recht der Erstgeburt, das streitet selbst dagegen.
Ich sags euch, meine Hand und Gunst soll ihm zur Pein
Nicht der betrübte Preis von seinem Unglück seyn,
Drum ändert im Contrackt den Punkt, den ich verfluche,
Da er uns alle schimpft und ich darum ersuche.

Denn

## Der verlohrne Sohn.

Denn bringt der Eigennutz die Klausul nur hinein,
So ists ein Schimpf für uns; sie muß durchstrichen seyn.

### Steifenthor.
Ach! daß ein Weibsbild doch nichts weiß in solchen
Sachen!

### Rondon.
Was! du willsts besser noch als zwey Notare machen?
Du änderst den Contract?

### Liesgen.
Warum nicht?

### Rondon.
Nimmermehr
Wirst du wirthschaftlich seyn, denn du verschwendtst
zu sehr.
Du kömmst um alles noch.

### Liesgen.
Die Wirthschaft, die ihr liebet
Doch nur aus Geitz, hab ich bisher nicht sehr geübet,
Allein der Eigennutz, mein Mund redt unverstellt,
Stürzt so viel Häuser um als er vielleicht erhält.
Erhalt ich eins, so will ichs vor Verfall schon schützen.
Denn die Gerechtigkeit soll es gleich unterstützen.

### Rondon.
Sie ist ein Starrkopf, und weil man ihr sagen muß,
So komm Eidam, und bring den Handel zum Beschluß,
Fort, gieb was weniges.

### Steifenthor.
Denn Bruder? ja ∗ ∗ zu leben ∗ ∗
Geb ich ∗ ∗ ich gebe ∗ ∗ kommt ∗ ∗

### Rondon.
Man darf ihm nicht viel geben.

D 2 Der

## Der sechste Auftritt.
**Euphemon, Rondon, Liesgen, Steifenthor.**
### Rondon.
Ha, ha, Euphemon kömmt, der gute Kauz; geh fort!
Der Tochter Kopf steht nun durch mich am rechten Ort;
Man wartet sonst auf nichts, du sollst nur unter-
schreiben.
Du must den sachten Gang des Handels hurtig treib:n,
So räume dich doch auf, sprich, wie man freudig spricht,
Sieh hochzeitmäßig aus, fein munter im Gesicht;
Denn in neun Monaten, will ich, du wirsts doch leyden,
Daß ein paar Kindergen - - wo bin ich doch für
Freuden;
Auf, lache doch, vertreib den Kummer und die Pein,
Komm fort und unterschreib.

### Euphemon.
Mein Herr, ich kan nicht, nein.
### Steifenthor.
Ihr könnt nicht?
### Rondon.
Seht, hier wird ein andrer Streich vernommen,
### Steifenthor.
Warum?
### Rondon.
Was für ein Narr ist dir in Kopf gekommen?
Wie wird denn alle Welt zum Narrn und Ochsendumm?
Ein jeder saget nein: wie? was? worzu? warum?
### Euphemon.
Bey der Beschaffenheit die Feder anzusetzen,
Ach! dieses heisse ja selbst die Natur verletzen.

Ron-

Der verlohrne Sohn.

**Rondon.**
Hat das Frau Croupillac villeicht zur Bahn gebracht,
Die heimlich in den Kram verdammten Mischmasch
macht?

**Euphemon.**
Nein, dieses närrsche Weib, das nicht gescheid kan
sprechen,
Wil zwar das Eheband, das ich ißt knüpfe, brechen,
Doch es nimmt weder sie noch ihr ohnmächtig Schreyn
Mein Herze mit Verdruß und Angst und Kummer ein.

**Rondon.**
Je nun, wer ist es denn? der Kerl dort mit der Krücke?
Hält der das Werk nur auf und bringts aus dem
Geschicke?

**Euphemon..**
Das, was er mir gesagt, das hält der Hochzeit Lauf
Den Grund von so viel Pein annoch ein wenig auf.

**Liesgen.**
Was sagt er denn mein Herr?

**Streifenthor.**
Was hat er euch erzehlet
Für Zeitung?

**Euphemon..**
Ach etwas, das mich ganz grausam quälet
Der Mann hat meinen Sohn, ohnweit Bourdeaux
gesehn,
Ohn Kleider, ohne Hülf, in Kett und Banden gehn,
Von Hunger ausgezehrt, von Schimpf und Schmerz
begleitet,
Der seine Jugend schon zu ihrem Grabe leitet.

Die Krankheit und sein Weh, dem man nichts ähnli=
                              siehet
Macht, daß die Blume welckt, da sie am besten blüht
Ein hitzig Fieber hat sein ganzes Blut entzündet,
Dadurch sein Lebensziel noch hurtiger verschwindet.
Lebt er noch, so liegt er wohl in der Todes Noth,
Ohnfehlbar aber, ach! ist er schon itzo todt.
                    Rondon.
Sieh, meiner Treu, der hat schon seinen Theil bekommen
                    Liesgen.
Er wäre todt!
                    Rondon.
              Sey nicht von Schrecken eingenommen:
Was geht er dich an? geh!
                    Steifenthor.
                Ach Herr, die Bleichheit wischt
Die Farbe weg, die sonst die Wangen angefrischt.
                    Rondon.
Ach, wie dem losen Thier es schmerzt; bey meinem
                              Leben!
Weil er gestorben ist, so will ich dirs vergeben.
                    Steifenthor.
Herr Vater, nun gebt ihr doch euren Willen drein?
                    Euphemon.
Befürchte nichts, du sollst dennoch ihr Bräutgam seyn,
Dieß ist mein Glück; allein nicht ohne viel Beschwerden
Kan wohl ein Trauertag zum Hochzeittage werden;
Schickt sichs, daß sich mein Schmerz mit diesem Fest
                              vermengt,
Mein so gerechter Schmerz, der meine Seele drängt?
Ja, sollten wohl allhier die Vaterthränen fließen,
                                        Wo

## Der verlohrne Sohn.

Wo man wird einen Kranz um deine Schläfe schliessen?
Heut trag noch Leid mit mir; der Gram macht mir
  die Brust,
Verschieb noch, liebster Sohn, die Stunde deiner Lust.
Durch zu unsinnige und unbescheidne Freuden
Würd nur die Erbarkeit und unser Wohlstand leyden.

### Liesgen.

Ach, ja, Herr, euren Schmerz ist wohl kein andrer gleich;
Viellieber theil ich auch die Thränen hier mit euch,
Als daß ich mich verstrick in einem Ehebande.

### Steifenthor.

Ey! wie, Herr Vater ♦ ♦ ♦

### Rondon.

Ey! euch fehlt es am Verstande
Wird ein geschloßnes Band so weit hinausgesetzt
Um einen Undankbarn, den man doch erbloß schätzt,
Der schon verflucht durch euch, durchs ganze Haus
  durch alle,

### Euphemon V.

Ein Vaterherz bleibt doch ein Herz in jedem Falle,
Nur seine Wildheit blos, sein Irrthum nur allein
Nur das war jederzeit der Grund zu meiner Pein;
Und was der Seele will den Gram noch mehr ver-
  grössern,
Ist, daß er, da er todt sein Leben nicht kan bessern.

### Rondon.

Laßt's uns verbessern, kommt! wir schaffen heut noch her
Zwey kleine Enkelchen, die besser sind als er;
Kommt, unterschreibt und tanzt, laßt uns die Schwach-
  heit sparen!

Euphe-

## Der verlohrne Sohn.

#### Euphemon V.
Doch: , , ,
#### Rondon.
Ey der Henker doch, mich ärgert diß Verfahren,
Bedauret man ein Gut von grosser Wichtigkeit,
So thut man schlecht, der Schmerz hilft nichts, zu keiner
Zeit;
Allein bedauret man die uns genommne Bürde,
So ist der Fehler groß, den man belachen würde.
Denkt, euer ältster Sohn, der euch zur Geissel war,
Der stellt euch dreymal schon das Leben in Gefahr,
Ihr armer, guter Mann! sein rasendes Bestreben,
Beruhiget euch nur und seyd wie ich gesinnt,
Weil man bey dem Verlust so eines Sohns gewinnt

#### Euphemon V.
Ach der Verlust kost mehr, als euch vielleicht mag
scheinen;
Und ich muß seinen Tod wie die Gebuhrt beweinen.

#### Rondon zu Streifenthor.
Geh, folg dem Vater nach, nimm den Contrackt in Eil.
Denn diesem Todten wird der Lebende zu Theil,
Man handle nicht erst viel, die Zeit ist ja geflügelt.
Geh, und führ ihm die Hand damit er schreibt und siegelt
(Zu Liesgen.) Du aber Tochter, geh, erwarte nur die
Nacht.
Es wird schon gehn;
#### Liesgen.
Ich bin Verzweiflungs voll gemacht,

### Ende der zweyten Abhandlung.

Die

Der verlohrne Sohn.

## Die dritte Abhandlung.

### Erster Auftritt.
Euphemon der Sohn, Jasmin.

#### Jasmin.
Ja Freund, sonst pflegest du dich meinen Herrn zu
            nennen
Ich diente dir zwey Jahr, doch ohne dich zu kennen;
Du wurdest, so wie ich, an Bettelstab gebracht.
Und deine Armuth hat dich mir nun gleich gemacht.
Nein, nein, du bist nicht mehr der Herr von Pran-
            ginlande
Der schöne Cavalier in wohlgeputzten Stande,
Geehrt und angesehn, den Frauen Volk umgiebt,
Der die Gemächlichkeit, von Wollust trunken, liebt;
Das ist zum Teufel hin. Erstick das Angedencken,
So guter Tage nur, die dich vergebens kränken:
Wie wenig hilft uns doch der Hochmuth auf dem Mist?
Und die Erinnerung der guten Tage ist
Im Unglück eine Last, die gar nicht zu ertragen.
Ich bleibe stets Jasmin, drum hab ich mindre Plagen,
Ich bin zum Leid ersehn und habs mit Lust erkennt,
Daß mirs an allem fehlt, das ist mein Element,
Dein Hut ist alt, dein Rock zerlumpt und abgenutzet,
Was dich jetzund beschämt hat vormals mich geputzet.
Daß du nicht allezeit Jasmin gewesen bist.

#### Euphemon der Sohn.
In was für Schimpf kan uns nicht Noth und Elend
            bringen!

So

So muß ein schlechter Knecht mich nun zur Demuth
zwingen!
Welch ein verdrüßlicher, grausamer Unterricht!
Und gleichwohl fühl ich noch, daß er die Wahrheit
spricht.
Er sucht mir mindstens Trost nach seiner Art zu geben,
Sein Herz ist rauh, doch weich; er will stets bey mir
leben,
Ich seh sein Bauerwitz giebt Zärtlichkeiten statt,
Daß er die Menschheit nicht für mich verlohren hat.
Er ist als Mensch mir gleich; er ist wie ich gezeuget,
Er stürtzt mich in der Last, die mich zur Erden beuget;
Er folgt mir freudig nach, so lang mein Unglück währt,
Da meine Freunde mir den Rücken zugekehrt.

### Jasmin.

Was! du hast Freunde? du! ach armer Herr, o nenne
Mir solche, wenn du kanst, damit ich sie doch kenne.
Wie sehn die Leute denn, die Freunde heissen, aus?

### Euphemon S.

Du hast sie ja gesehn; sie kamen in mein Haus,
Und dachten, was sie mir dadurch für Ehr erwiesen
Indem sie meinen Wein und leckern Tisch oft priesen;
Da galt blos mein Geschmack; dem man den Vorzug
gab.
Sie borgten überdiß mir meine Gelder ab.
Ihr scheinbar gut Gemüth betäubte mich im Kopfe
Durch Lob ins Angesicht.

### Jasmin.

O weh, dir armen Tropfe!
Du armer guter Narr! je, sahest du es nicht,

Nach

Nach Tische war ihr Lied zum Schimpf auf bich gericht,
Der Gutheit lachten sie, die Dummheit schraubten alle.
### Euphemon S.
Ach ja ich glaub es wohl; ich sahs bey meinem Falle;
Denn als man zu Bourdeaux mich in Verhaft gebracht,
War keiner von dem Schwarm, den mein Geld reich
gemacht,
Der mich zu sehen kam, noch auszulösen dachte.
Nachdem ich krank und arm mich selbst in Freyheit
brachte,
Gieng ich zu einem hin, den ich sonst sehr geliebt,
Demselben zeigt ich mich halbsterbend und betrübt
In diesem Lumpenstaat, in den die Noth mich kleidet,
So, daß man mich itzt kaum vom Bettler unterscheidet;
Ich bath ihn so um Trost und Hülf in meinem Weh,
Und sagt ihm auch, woher mein Unglücksfall entsteh,
Doch glaubst du, daß er mir die schelmschen Augen
gönnte;
Er stellte sich so gleich, als ob er mich nicht kennte,
Und trieb mich fort, wie mans dem gröbsten Bettler
thut.
### Jasmin.
So gab dir keiner Trost?
### Euphemon S.
Nicht einer war so gut,
### Jasmin.
Ach Freunde, Freunde, ach! wer kan euch Schelmen
trauen?
### Euphemon S.
Die Männer insgesammt sind eisern;

### Jasmin.
Und die Frauen?
### Euphemon S.
Von denen hofft ich doch, noch gröſſre Zärtlichkeit,
Doch ſie erwieſen mir noch hundertmal mehr Leid.
Vor allen die, ſo mich, zum Schein ſonſt brünſtig liebte,
Und vor dem Spiegel ſich, mir zu gefallen, übte
Und doch im Hauſe, das ſie durch mein Geld geſchmückt,
Sich fremde Buhler hielt, die ihre Gunſt beglückt,
Und deren Schwarm ſie da mit meinem Wein be-
ſchenkte
Da auf der Gaſſe mich der Hunger nagt und kränkte.
Ja, hätte mich Jaſmin der Alte nicht gekannt,
Der eben in Bourdeaux zu guten Glück mich fand,
Der mich, ſo wie er ſprach, noch als ein Kind geſehen
So wär mein Leib geendt; ſo wärs um mich geſchehen.
Allein, wo haben wir Jaſmin uns hinverfügt?
### Jaſmin.
Ganz nah an Cognac her, wenn mich der Weg nicht
trügt.
Mein alter erſter Herr, wie mir die Leute ſagen,
Herr Rondon, hat allhier die Wohnung aufgeſchlagen.
### Euphemon S.
Wie, Rondon, Vater der ⸺ Jaſmin, wen nenneſt du?
### Jaſmin.
Ach, einen Mann, der iſt ein Tollkopf und gleichzu.
Ich war bey ihm einmal vor dieſen Küchenjunge,
Doch, als mein freyer Sinn mich ganz und gar be-
zwunge,
So reißt ich fort; ich ward ein Laufer, ein Lakay;
Ein Knecht, ein Musketier, ein Deſerteur dabey;
Drauf

## Der verlohrne Sohn.

Drauf hat ich zu Bourdeaux dich meinen Herrn ge-
nennet:
Vielleicht, daß Rondon mich von Alters her noch kennet,
Wir könnten in der Noth des Unglücks schwere Last – – –
### Euphemon S.
Ists lange, daß du schon den Mann verlassen hast?
### Jasmin.
Schon funfzehn Jahr; er war von solchen Schrot
und Korne,
Halb zu dem Scherz geneigt, halb zum Verdruß und
Zorne,
Im Grund ein guter Narr: er hatt ein einzigs Kind,
Die Dochter war so schön, als man kein Kleinod findt:
Kleinnäsigt, roth vom Mund; frisch farbigt, scharf
vom Blicke,
Im Reden klug, sie war ein rechtes Meisterstücke,
Das schon zu meiner Zeit, so gut beschaffen war,
Und gut gerechnet alt, sechs oder sieben Jahr.
Die Blume, die nunmehr die besten Jahre schmücken
Ist meiner Treu im Stand, daß man sie sollte pflücken.
### Euphemon V.
Ach ich unglücklicher!
### Jasmin.
Was hilft mein Reden nun?
Ich dacht, es könnt etwas zu deinem Troste thun,
Stets muß ich Thränen sehn, dir aus den Augen gehen
Und die ohn Unterlaß am Augenliede stehen.
### Euphemon S.
Ach, welcher Unglücksfall, vielmehr recht himmlisch
Wort,
Trieb mich in meiner Noth hieher an diesen Ort?
Ach!

## Der verlohrne Sohn.

Ach!
### Jasmin.
Du betrachtest hier die Gegend wie du scheinest,
Du stehest ganz vertieft, nachsinnend, ja, du weinest!
### Euphemon S.
Ich habe Grund darzu.
### Jasmin.
Ist Rondon dir bekannt?
Und bist du seinem Haus und ihm vielleicht verwandt?
### Euphemon S.
Ach geh!
### Jasmin.
Du must mir itzt zu Liebe nichts verheelen,
Mein lieber Herr, mein Freund, und wer du bist, erzehlen.
### Euphemon S.
Ich bin = = = ich bin ein Mensch, den Noth und Un-
glück beugt;
Ein Narr, ein Taugenichts, zu jedem Fehl geneigt,
Auf dem der Menschen Haß, des Himmels Strafen
schweben,
Und der schon sollte längst erblaßt seyn;
### Jasmin.
Du must leben;
Wir hungern nicht gleich tod, das wär zu hart und früh
Wir haben beyde ja vier gute Hände; sieh!
Laß sie uns brauchen, komm und nicht vergebens klagen;
Erblickest du wohl dort die Leute, diese tragen
In ihrem Arm ihr Glück, das Grabscheid in der Hand,
Sie graben sehr gebückt im Garten dort das Land.
Komm, laß uns einen Platz bey diesem Pöbel nehmen,
Komm, machs wie sie, du mußt zur Arbeit dich bequemen,
Erhalt

Erhalt dein Leben.
### Euphemon S.
Ach bey ihrer sauren Müh,
Sind diese Sterbliche zwar kaum so gut als Vieh,
Doch schmecken sie ein Gut, von welchen ich nichts wuste,
Daß ich, bey meiner Lust, den Blendwerck missen muste.
Sie sind von Gram und von Gewissensbissen frey,
Die Seel ist ruhig und der Leib gesund dabey.

## Der zweyte Auftritt.

Croupillac, Euphemon der Sohn, Jasmin.
### Croupillac (gantz hinten.)
Wie ist mir? seh ich halb? hab ich ein blind Gesichte?
Er ists, je mehr ich nur mein Auge nach ihm richte,
Es ist derselbe Mensch, ich sag es noch einmal;
(Sie betrachtet ihn.) Doch ist es dieser Mensch an-
itzt nicht überall,
Der Herr zu Angoulem in grösten Glanz und
Schimmer,
Er spielte, stand in Gold ⁎ ⁎ ⁎ er ist und bleibt es immer.
(Sie nähert sich dem Euphemon.) Allein, der an-
dre war schön, wohlgemacht und reich,
Und dieser scheinet mir ganz arm und krank und bleich.
Die Krankheit ändert sonst zwar oft ein schön Gesichte,
Allein die Armuth macht es noch vielmehr zu nichte.
### Jasmin.
Warum verfolgt uns doch diß weibliche Gespenst?
Sieh, wie sie blickt und schielt! sag, ob du sie wohl kennst?
### Euphemon S.
Ach, ja, ich kenne sie, und wo ich richtig rathe,

So sah sie ehmals mich in meinem Pomp und Staate;
Wie kränkt das nicht Jasmin, so nackend da zustehn
Vor Augen, die mich sonst in vollem Glanz gesehn.
Komm, laß uns gehn!

*Croupillac geht zu Euphemon.*

Mein Sohn, was für ein fremd Geschicke
Hat dich so arm gemacht; was störte denn dein Glücke?

*Euphemon S.*
Mein Fehler.

*Croupillac.*
Ach dein Rock so elend, so zerschabt!

*Jasmin.*
Das kömmt so, wenn man sonst viel Freunde hat
gehabt,
Das kömmt Madam, wenn man durch jemand wird
beraubet.

*Croupillac.*
Beraubet? wie? durch wen?

*Jasmin.*
Durch Glattheit blos, das glaubet,
Ja, unsre Räuber sind den ehrbarn Leuten gleich,
Das Volck der schönen Welt, es trit das Pflaster weich,
Die Säufer, Spieler und die lustgen Zeitvertreiber,
Das munterwitzge Volck und liebenswürdge Weiber.

*Croupillac.*
Ich hör es schon, ihr habt das eurige verthan,
Doch die Betrübnis grif euch hundertmal mehr an,
Wenn ihr die Wichtigkeit des Schadens sollter wissen,
Den ich hier erst im Punkt der Heyrath leiden müssen.

Euphe-

## Der verlohrne Sohn.

Euphemon S.
lebt wohl Madam!
Croupillac (hält ihn auf.)
Lebt wohl? nein, dir soll wissend seyn,
Wie mir es geht, ich weiß dich nimmt das Mitleid ein.
Euphemon S.
Ja, ja, es nimmt mich ein; lebt wohl!
Croupillac.
Nein, nein, ich schwöre,
Daß die Begegnung dir soll wissend seyn; drum höre!
Ein Steifenthor, ein Narr, ein Fuchs in seiner Kunst,
Hielt um Bekantschafft an und suchte meine Gunst,
(Sie läuft ihm nach) In Angulem, wo ihr mit
harten derben Püffen,
Vier Wächter habt geklopft und dann die Flucht er-
griffen.
Es wohnt der Steifenthor anitzt in dem Revier,
Es ist sein Vater auch der Herr Euphemon hier.
Euphemon S. (in Zurückkommen.)
Euphemon!
Croupillac.
Ja.
Euphemon S.
Madam! hilf Himmel, was ich höre!
Euphemon saget ihr des ganzen Stammes Ehre,
Dem seine Tugend stets so grossen Ruhm gebracht,
Der hätte sich - - -
Croupillac.
Ja;
Euphemon S.
Was! an diesen Ort gemacht?
E          Crou-

#### Croupillac.
Ja;
#### Euphemon S.
Könnt ihr mir, wie er sich auf befindet, sagen?
#### Croupillac.
Vortreflich, glaub ich = = = ey, was kan euch das
verschlagen?
#### Euphemon S.
Was sagt man denn = = =
#### Croupillac.
Von wem?
#### Euphemon S.
Vom Sohne, den er schon
Vor dem gehabt hat?
#### Croupillac.
Ach! der ungerathne Sohn,
Das war ein Taugenichts, von flüchtig wilden Muthe,
Ein eingemachter Narr, des armen Vaters Ruthe,
Der schon seit langer Zeit aus Uppigkeit verdarb.
Auch, ist das Glücke gut, vielleicht am Galgen starb.
#### Euphemon S.
In Wahrheit = = = ich bin ganz bestürzt vom Grund
der Seelen,
Daß ich euch unterbrach, Madam in dem Erzehlen.
#### Croupillac.
So höre weiter fort, darauf trug Steifenthor
Sein jüngster Sohn ganz frey mir seine Liebe vor,
Er suchte mich mit Recht zur Ehefrau zu kriegen,
#### Euphemon S.
Nun gut, kan ihn nunmehr das grosse Glück ver-
gnügen?

Habt

## Der verlohrne Sohn. 51

Habt ihr ihn?
### Croupillac.
Nein, der Narr schluckt alles Erbtheil ein,
Das der Unsinnigen des Bruders solte seyn,
Er macht sich dadurch reich und will noch mehr ver-
  schlingen,
Drum bricht er heut ein Band das ihm könnt Ehre
  bringen.
Er packt ein Bürgers Kind, des Rondons Tochter an,
Der ist in dem Revier ein reicher fetter Hahn.
### Euphemon S.
Was saget ihr Madam? was, ist die Heyrath richtig?
### Croupillac.
Ja wohl! darum seht ihr mich jetzt so eifersüchtig.
### Euphemon S.
Das liebenswürdge Kind ⸺ von dem Jasmin gedacht,
Und eben mir ihr Bild so wunderschön gemacht;
Diß übergäbe sich ⸺
### Jasmin.
Was braucht es dieses Feuer!
Es ist ihr einerley der oder jener Freyer,
Der albre Teufel wird durch alles gleich gerührt.
### Euphemon S (bey seite.)
Durch diesen Streich wird mir gar die Gedult ent-
  führt,
(Zur Croupillac) Madam, ja, haltet euch hierinn
  vor überführet,
Daß euer bitter Schmerz mein Herz gleichfalls
  gerühret.
Und hätt ich es geglaubt, der schönen Liesgen Herz
Bekäm er heute nicht; ich sag es ohne Scherz.

E 2            Crou-

### Croupillac.

Ja, ja, du sprichst ganz recht, die Reden muß man führen,
Mein Schicksal kränkt dich, stets läßt sich ein Bettler rühren.
So vieles Mitleid hast du ehmals nicht gefühlt,
Als du noch mit der Hand in Gold herum gewühlt,
Hör an, man hilft und dient einander gern im Leben.

### Jasmin.

Ich bitte, helft uns doch, wir sind dafür ergeben.

### Croupillac.

Du sollst in diesem Ort heut etwas thun für mich.

### Euphemon S.

Ich soll euch dienen? ach! Madam, worinnen? ich?

### Croupillac.

In allen denn du must hier für mein Unrecht handeln,
Ich will mit Kleid und Putz dich treflich schön verwandeln,
Du wirst durch dieses gleich zureichend artig seyn.
Du weist zu leben, gnug, du nimmst die Herzen ein,
Und du verstehst die Kunst ein Mädgen zu erwischen.
Du must dich, guter Freund, in ihre Freundschafft mischen,
Geh hin zum Steifenthor, thu, wie ein Schmeichler thut,
Rühm seines Kragens Zier, den Witz und auch sein Gut,
Und setze dich in Gunst; denn ich will protestiren,
Wenn er den Fang will thun, du must das andre führen.
Durch Protestation such ich noch Zeit Gewinn.

### Euphemon (siehet seinen Vater.)

Was seh ich? ach! (er entflieht.)

Der verlohrne Sohn.

Croupillac.
Der Mensch hat einen tollen Sinn
Warum flieht er?
Jasmin.
Weil er euch fürchtet sonder Zweifel.
Croupillac.
Bleib doch und höre mich! hör an, verzagter Teufel!

## Der dritte Auftritt.
Euphemon V. Jasmin.

*Euphemon.*
Der unverhoffte Blick, ich muß es frey gestehn
Des Unglückseligen, den ich dort kaum sah gehn,
Hat mir, ich weiß nicht wie, das Herze eingenommen,
Es klopft, es bebt vor Schmerz, und ist aus Furcht beklommen;
Sein edler Anstand hat mir Regung eingedrückt,
Ja, auf der ganzen Welt hab ich noch nichts erblickt,
Das dem Unglücklichen in seinem Wesen gliche,
Als meines Sohnes Bild, des Sohns der vor mir wiche;
Ach kehre nicht zurück unnenbar grosser Schmerz,
Verfolge nicht das gar zu Väterliche Herz;
Mein Sohn ist todt, wo nicht, so lebt er u. verschwendet,
Durch Wolluft, was er hat, da er den Vater schändet.
Von allen Seiten dringt das Unglück auf mich ein,
Zwey Kinder hab ich nur, doch beyde mir zur Pein.
Der eine fiel und war den Lastern nur ergeben,
Der nagt mir meine Brust und bringt mich fast ums Leben.

Der andre martert mich, er merkt und sieht es itzt,
Daß sich mein Alter nur auf ihn allein gestützt;
Das Leben wird mir nur zur Bürde die mich drücket,
(Er wird den Jasmin gewahr der ihn grüsset)
Was willst du guter Freund?

### Jasmin.

Mein lieber Herr, erblicket,
Hochedler wehrter Herr Euphemon, den Jasmin,
Den sonst Herr Rondon ließ in seinem Haus erziehn.

### Euphemon.

Und das bist du! die Zeit verändert ein Gesichte,
Du siehst, mein graues Haupt bezeugt, was ich berichte,
Denn als du von uns zogst, war Kraft und Glut in mir,
Allein das Alter kömmt, die Zeit ist vor der Thür;
Du hast dich nun zurück ins Vaterland begeben?

### Jasmin.

Ja, ich bin müde, mich zu placken und zu leben,
Als wie ein irrender und ewger Jude thut,
Das Glücke scheinet mir ein allzuflüchtig Gut;
Mich trieb der Teufel fort, der mich beständig plaget,
Der Teufel hat mich auch hieher zurück gejaget.

### Euphemon.

Ich helf dir, doch sey klug, wenn dein Geist anders kan,
Wer war der andere der Unglückselge dann,
Der hier in der Alee dich sprach, und auf der Stelle
Vor mir verschwand?

### Jasmin.

Ey ‒ ‒ Herr ‒ ‒ er ist mein Mitgeselle,
Ein armer Schelm wie ich, verhungert, abgezehrt,
Und der aus Mangel auch Beförderung begehrt.

### Der verlohrne Sohn.

#### Euphemon.
Man könt euch beyde wohl vielleicht in Dienste nehmen;
Ist er geschickt und klug?

#### Jasmin.
Er müste sich bequemen;
Ich weiß, daß sein Verstand sehr weit in vielen geht,
Und daß er überdiß viel artig Zeug versteht.
Er weiß mit Schreiberey und Rechnen rumzuspringen.
Versteht die Zeichenkunst und kan Musick und Singen,
Der gute Kautz ist gut erzogen in der Welt.

#### Euphemon.
Ist dem also, so ist sein Platz bereits bestellt,
Jasmin, mein Sohn soll euch hinfort als Herr befehlen.
Heut Abend wirder sich vielleicht noch wohl vermählen;
Da sich sein Gut vermehrt, gehört ihm grösser Staat,
Und da vor kurzen ihn ein Knecht verlassen hat,
So ist euch jedem schon der Dienst so gut als eigen;
Ihr müßt euch meinem Sohn noch diesen Abend zeigen;
Bey meinen Nachbars Mann dem Rondon treft
ihr ihn,
Ich sag es ihm; ich geh; leb also wohl Jasmin;
Doch unterdessen nimm hier etwas zum Vertrinken.

## Der vierte Auftritt.
### Jasmin allein.
Das ist ein braver Mann! wer ließ sich wohl bedünken,
Es fände sich annoch in dieser eisern Zeit,
Ein gutes billigs Herz, ein Mensch voll Gütigkeit?
Die Art, diß gute Herz, die Handlung läst uns lesen,
Das Bildniß alter Zeit die ehmals gut gewesen.

### Der fünfte Auftritt.
Euphemon S. kömmt wieder, Jasmin.

**Jasmin** (umarmt ihn.)

Nun hab ich schon für dich ein Dienstgen ausgemacht,
Und beym Euphemon itzt uns beyd in Dienst gebracht.

**Euphemon S.**

Ach!

**Jasmin.**

Was erschröckt dich so? du siehst ja so verstöret
Wie ein Besessner aus, dem man dem Geist beschwöret.
Was drängt die Worte denn mit Seufzern Stoß auf
Stoß
Aus halb erdrosselter und enger Kehle loß?

**Euphemon S.**

Ach meine Zärtlichkeit will aus den Schranken reissen,
Ich weich den Aengsten aus, die mein Gewissen beissen.

**Jasmin.**

Was hat dir die gesagt, die dich so sehr verstört.

**Euphemon S.**

Sie hat zu mir gesagt : : : ich habe nichts gehört,

**Jasmin.**

Was fehlt dir denn?

**Euphemon S.**

Mein Herz hat einmal brechen müssen.
Euphemon : : :

**Jasmin.**

Nun!

**Euphemon S.**

Ach! : : ist mein Vater, sollst du wissen.

Jas-

## Der verlohrne Sohn.

**Jasmin.**
Was, er mein Herr?

**Euphemon.**
Ja, ja, ich bin der ältste Sohn,
Der Unglückselige, der strafbar ihm entflohn,
Und der sein Haus bisher mit Angst und Kummer
 drückte;
Wie klopfte mir mein Herz, ach als ich ihn erblickte,
Ich wünschte, kennt er doch die Reu und meinen Sinn!
Im Geiste warf ich mich zu seinen Füssen hin.

**Jasmin.**
Wer! ihr, sein Sohn? ach Herr, ich bitte zu vergessen,
Mein allzufreyes Thun, mein lächerlich Vermessen;
Vergebt mein Herr.

**Euphemon S.**
Geh nur, ist der gedrückten Brust
Auch noch wohl, daß du mich beleidigt hast, bewust?

**Jasmin.**
Ihr dieses Mannes Sohn, für den wir Ehrfurcht
 tragen,
Desgleichen man nicht hat? und soll ich alles sagen?
Ihr des Euphemons Sohn halt auf die Ehre nicht,
Daß man so gut von euch als von dem Vater spricht.

**Euphemon S.**
Diß ist es auch, was mich verzweifelnd macht und
 naget;
Doch melde mir, was hat mein Vater dir gesaget?

**Jasmin.**
Ich sprach, wir wären itzt so Dienst als Beystandlos,
Und wohlerzogen, arm, bey nahe nackt und bloß.
Und daß sich unser Glück so sympathetisch finde
 Beklagt

Beklagt er, und erwählt uns drum zum Haus Gesinde,
Heut Abend wird sein Sohn als euer Herr ernennt,
Der Liesgen hart und fest versprochne President,
Der Bruder, President, das Glückskind hier auf Erden,
Von welchem Rondon heut wird Schwiegervater
werden.

### Euphemon S.
Wohlan, so will ich dir des Herzens Grund gestehn,
Du sollst all meine Noth und ihre Grösse sehn;
Durch Laster mir den Zorn des Vaters zugezogen,
Und sein sonst gütigs Herz zu Haß und Wuth bewogen,
Verflucht, enterbt zu seyn, mich selbsten arm gemacht,
Mich selbst zu meinem Schimpf an Bettelstab gebracht,
Dem Bruder zuzusehn, wie ihn mein Gut ergötzet,
Da mich mein Schicksal nur der Schande ausgesetzet,
Da ich ihm dienen soll, da er mir alles nimmt,
Sieh, das hab ich verdient, diß Loos ist mir bestimmt.
Doch glaubst du wohl, daß itzt bey allen meinen Leiden,
Da mich, an Hoffnung tod und tod an Lust und Freuden,
Von aller Welt gehaßt, von jederman veracht,
Nichts trösten kan, in mir noch Eifersucht erwacht?

### Jasmin.
Weswegen Eifersucht?

### Euphemon S.
Des Bruders, Liesgens wegen.

### Jasmin.
Wird sich so gar in euch verbotne Lust erregen,
Nach eurer Schwägerin? gewiß, ihr wäret doch,
Zu dieser That geschickt; die Sünde fehlt euch noch.

### Euphemon S.
Du weist nicht, daß als ich zu wachsen angefangen,
( Denn

### Der verlohrne Sohn.

(Denn da warst du wohl längst aus Rondons Dienst
gegangen)
Daß da der Eltern Schluß uns beyde fest versprach,
Wir folgten ihren Wort und kamen ihm stets nach.
Damals band alles uns, da wir als Nachbarn spielten,
Und beyd am Alter gleich auch gleiche Triebe fühlten.
Zwey Sprossen glichen wir, die man verbinden wollt,
Vor denen sich ein Zweig in andre schränken sollt.
Durch Lieb und Zeit, die sich sehr früh zu ihr gekehret
Ward ihre Zärtlichkeit und Schönheit stets vermehret.
Damals war alle Welt auf mich aus Neid entbrannt,
Doch da verstrickt ich mich in das so schnöde Band,
Das alle Unschuld gleich in meiner Brust verwirrte,
Denn da ich so herum von Lastern trunken, irrte,
So macht ich mir daraus ein niedriges Erfreun.
Wenn ich ihr Herz verwarf und schalt ihr zärtlich seyn.
Glaubst du wohl, daß ich sie da täglich zornig machte,
O welche Zeit, in der ich nur auf Laster dachte,
Die mein empfindlich Herz durch ihren Gift berührt,
Und meinen Eltern mich auch endlich gar entführt.
Du weist, wie weit nachdem mein wiedrig Glück mich
triebe,
Man nahm mir alles weg, doch ließ man mir die Liebe;
Der Himmel, welcher uns auf ewig trennen soll,
läst mir ein Herz und macht dadurch die Strafen voll.

### Jasmin.

Ihr könt nichts bessers thun, da euch die Noth umgiebet,
Als daß ihr, euch zum Glück, die Schöne wieder liebet.
Der Croupillac ihr Rath kan darzu nützlich seyn,
Schleicht euch in Rondons Haus, so bald als mög-
lich, ein;

Ein

Ein ganz verdammt Geschick macht euch den Beutel
helle,
Die Liebe dienet euch vielleicht zur neuen Quelle.
### Euphemon S.
Was sagst du, sollt ich sie nach meinem Frevel sehn,
Und in dem Bettlerstaat ihr vor die Augen gehn!
Ich muß den Vater fliehn, ich muß die Liebste meiden,
Da beyder Zärtlichkeit durch mich so muste leiden.
Ich weiß nicht, o, mich trift die Reu im Uberfluß,
Wer mich von beyden wohl am meisten hassen muß.

## Der sechste Auftritt.
### Euphemon S. Steifenthor, Jasmin.
### Jasmin.
Der kluge President scheint auf uns zu zugehen;
### Euphemon S.
Er! ich hab ihn noch nicht als President gesehen.
Das ist mein Bruder! was! dein Nebenbuhler! der?
### Steifenthor.
In Wahrheit dieses geht nicht schlimm und übel her;
Den Vater hab ich doch nunmehr so weit getrieben,
Daß man den Handel schlüst auch wieder sein Belieben.
### Er siehet den Jasmin.
Wer will in meinen Dienst, wo sind die Leute dann?
### Jasmin.
Wir sinds mein Herr, wir sinds; wir bieten uns
euch an

Und

## Der verlohrne Sohn.

Und zwar gehorsamst;
        Steifenthor.
          Wer kan von euch beiden lesen?
        Jasmin.

Der, Herr!
        Steifenthor.
  Er ist doch wohl beym Schreiben auch gewesen?
        Jasmin.

O ja, er weiß auch gut mit Rechnen umzugehn,
        Steifenthor.

Doch reden kan er nicht, daß sollt er erst verstehn?
        Jasmin.

Er ist zu sehr verzagt und kömmt von Krankenbette,
        Steifenthor.

Es scheint, als wenn er doch ein dreistes Wesen hätte,
Er weiß, daß er was kan nach Ansehn des Gesichts:
Wie viel verlangst du denn des Jahrs zum Lohne?
        Euphemon S.
                    Nichts.
        Jasmin.

O, wir besitzen Herr, zwey rechte Helden Seelen.
        Steifenthor.

Für dem Lohn kanst du dich zu meinen Dienern zehlen.
Es steht mir sehr wohl an, den Handel geh ich ein;
Komm, du must meiner Braut gleich vorgestellet seyn.
        Euphemon S.

Der Braut?
        Steifenthor.
  Ja, ja, es wird zur Hochzeit schon geschritten.
                    Euphe-

#### Euphemon S.
Wenn?

#### Steifenthor.
Diesen Abend.

#### Euphemon S.
Ach! - - - Mein Herr, ich muß euch bitten,
Es nimmt der Gegenstand euch doch mit Reitzung ein?

#### Steifenthor.
Ja.

#### Euphemon S.
Herr!

#### Steifenthor.
Hin!

#### Euphemon S.
Könnt ihr auch von ihr geliebet seyn.

#### Steifenthor.
Ja; du bist nasenweiß, Hans Närre mit dem allen.

#### Euphemon S.
Wie gerne wollt ich ihm doch in die Rede fallen,
Und ihn zur Strafe ziehn; sein Glück ist gar zu gut.

#### Steifenthor.
Was sagt er?

#### Jasmin.
Daß er euch in eurem grossen Muth
Nur gleichen und auch so, wie ihr gefallen möchte.

#### Steifenthor.
Das glaub ich ungeflucht; du Kerl bist mir der Rechte.
Fort,

Fort, folgt mir nach und macht, daß man hübsch fleis-
   sig sey,
Fein nüchtern, mäßig, klug, besorgt, geschickt und treu,
Auch ehrerbietig, fort! Hans! Peter! fort! geschwinde!
Kommt Schlingels!

### Euphemon S.

Was ich doch bey mir für Lust empfinde,
Sein steifes Amts-Gesicht zweymal zu überziehn,
Doch mit geballter Faust, daß ihm die Wangen glühn.

### Jasinin.

Mein Herr, es giebt an euch noch sehr viel abzuschleifen.

### Euphemon S.

Hier muß die Klugheit seyn, die Zeit heißt sie ergreifen.
Bey so viel Irrthum giebt man mir vielleicht den Preis,
Als meinen einzgen Trost, daß ich zu leiden weiß.


### Ende der dritten Abhandlung.

## Die vierdte Abhandlung.
### Der erste Auftritt.
Croupillac, Euphemon S. Jasmin.

#### Croupillac.
Ja, guter Freund, ich habs aus Vorsicht unter-
  nommen,
Daß ich von Augoulem ließ zweene Wächter kommen.
Du aber, hast du dich der Klugheit auch bedient,
Und das, was ich dir hieß, dir auch zu thun erkühnt?
Sprich, kanst du untern Schein der ehrbarn Heu-
  cheleyen
Noch wohl in dieses Haus des Zwistes Unkraut streuen?
Nahmst du den guten Mann Euphemon schmei-
  chelnd ein?
Sprich, hast du auch bereits die Braut gesehn?

#### Euphemon S.
Ach! nein.

#### Croupillac.
Wie?

#### Euphemon S.
Glaubt, ich sterbe vor Begierde auf den Knien
Vor ihr zu liegen.

#### Croupillac.
Fort! ich bitt um diß Bemühen.
Mir zu Gefallen geh auf sie nur los, und schick
Den falschen, der mein Hertz betrog, an mich zurück.
Ich geh und will für dich gerichtlich proceßiren;
Such aber mir zu gut dein Lieben aus zu führen.

Nimm

Nimm dein verführerisch gewinnend Wesen an,
Das seine Kräfte kennt und leicht ein Herz gewann,
Das oft bald die besiegt, die man als klüglich preißte.
Zu dein und meinem Glück, mein Sohn sey wieder
dreiste.

### Euphemon S.
Die Dreistigkeit ist fort.

### Croupillac.
Ey, sprich, was dich betrübt!

### Euphemon S.
Zu der Zeit war ich dreist, als ich noch nicht geliebt.

### Jasmin.
Es macht wohl seine Brust ein andrer Grund be-
klommen,
Der Steifenthor hat uns in seinen Dienst genommen;
Er wird sein Schreiber seyn, ich aber sein Lakey.

### Croupillac.
Das ist recht wohl gethan, das Glücke steht euch bey,
Der Liebsten Diener seyn, das ist ein grosses Glücke,
Ein ganz besonderes und seltsames Geschicke.
Drum brauchet es;

### Jasmin.
Ich seh, es hat ein schön Gesicht,
Den Gang, um frische Luft zu schöpfen, hergericht;
Sie ist, wie mich bedünkt, aus Rondons Haus gegangen.

### Croupillac.
Ey, sey doch gleich verliebt, mehr will ich nicht verlangen.
Frisch! rede sie nur an, die Zeit ist vor der Thür.

Du seufzest, wie ich seh, ey was! du zitterst hier!
Du liebst sie ja, ach Freund, ach lieber Freund, ich bitte!
### Euphemon S.
Ach wüstet ihr, was itzt in meiner Seelen stritte,
Das meinen Geist verzagt, verwirrt und furchtsam
macht.
Mein Zittern hätt euch nicht Verwunderung gebracht.
### Jasmin siehet Liesgen.
Welch liebenswürdges Kind! wie schön kan man sie
sehen.
### Euphemon S.
Ist sie es? Himmel, ach! für Angst möcht ich vergehen;
Ich sterb aus Eifersucht, Verzweiflung, Lieb und Reu.
### Croupillac.
Leb wohl, ich stehe dir mit meinen Streichen bey.
### Euphemon S.
Ach hintertreibt die Eh, die mich fast will entleiben,
So lang als ihr nur könnt.
### Croupillac.
Die will ich hintertreiben.
### Euphemon S.
Ich zittre, ach!
### Jasmin.
Versuchts, vielleicht kan es geschehn,
Daß ihr sie selbst einmahl könnt ohne Zeugen sehn,
Laßt uns verstecken;
### Euphemon S.
Ach, ich folg, ich geh von hinnen,
Ich weiß nicht, was ich thu, noch was ich soll beginnen.
Nein, nein Jasmin, ich darf die Schöne nicht mehr sehn.
Der

## Der zweyte Auftritt.

Liesgen, Marthe, Jasmin in einer Ecke, Euphemon
hinter ihm.

### Liesgen.

Umsonst nur such ich mir selbst aus dem Weg zu gehn,
Umsonst flieh ich die Welt und lieb ein einsam Leben,
Mein Herz bey selbigen zur Weisheit zu erheben.
Ich seh nun wohl, jemehr mein Auge hier betracht,
Das Glück, das manchem fügt, sey nicht für mich
gemacht,
Und wenn ich Aermste ja noch eingen Trost erhalte,
So giebt ihn Croupillac die lächerliche Alte,
Weil ihr Bemühn vielleicht mein Ehband noch zerstört;
Doch, was zu gleicher Zeit mir meine Unruh mehrt,
Ist, daß nun Steifenthor mit meinem Vater eilet,
Mein Unglück zu vollziehn, das noch zu lang verweilet.
Euphemon ist durch sie gezwungen, daß ers thut,

### Marthe.

Gewiß, der alte Herr ist wirklich gar zu gut:
Der Steifenthor weiß recht die Tyranney zu üben,
Er lenkt ihn ganz;

### Liesgen.

Er kan auch einen Sohn nur lieben;
Hierum verzeih ich ihm; der eine macht ihm Pein,
Der andre muß darum ihm eine Stütze seyn.

### Marthe.

Allein, bey alle dem, was man auch hier erzehlet,
So ist nicht ausgemacht, der Aelteste sey entseelet.

### Der verlohrne Sohn.

**Liesgen.**
Ach! itzt ist es an dem, daß ich ihn (o Verdruß!)
Todt Thränen weihn, wo nicht, ihn lebend hassen muß.
**Marthe.**
Die Zeitung, die man hier von seinem Unglück träget,
Hat doch ein Fünkgen noch in eurer Brust erreget.
**Liesgen.**
Ohn ihn zu lieben, prägt sein Schicksal Mitleid ein.
**Marthe.**
Allein nicht mehr geliebt, das heißt gestorben seyn;
So wollt ihr eurer nun den Bruder würdig schätzen?
**Liesgen.**
Mein Kind, ach dieses kan mich in Verzweiflung setzen,
Du weist, wie sich mein Haß zum Stelfenthor vermehrt,
Nun hat der Widerwill in Abscheu sich verkehrt;
Das ist ein Schröckens-Trank mit Wermuth nur
vermenget,
Daß, da mein Unglück mich aufs allerhöchste dränget,
Ich mich entschlüssen soll; drum nehm ich mit Verdruß,
Was meine Hand aus Furcht doch von sich stossen muß.

*Jasmin zupft Marthen am Kleide.*
O wunderartigs Kind, o Schönheit darf ichs wagen,
Und euch einmahl ins Ohr, drey bis vier Worte sagen?
**Marthe zu Jasmin.**
Ganz gern;
**Liesgen bey Seite.**
O Himmel, ach! warum läßt dus geschehn,
Daß ich bey meinem Gram noch muß das Tags-Licht
sehn,
Daß ein undankbarer und strafbarer Verehrer
Des Lebens Henker sey und meiner Ruhe Störer?

### Der verlohrne Sohn.

#### Marthe kommt zu Liesgen.
Es ist vom Presidenr ein Kammerdiener hier
Er wäre erst in Dienst getreten, sagt er mir,
Der spräch euch gern.

#### Liesgen.
Er kan ein wenig sich verweilen.

#### Marthe.
Mein Freund die Jungfer läst euch den Befehl ertheilen
Ein wenig zu verziehn.

#### Liesgen.
Werd ich denn stets beschwert,
Wird gar abwesend auch ein Recht an mich begehrt?
Was macht die Heyrath mir doch itzt schon für Be-
schwerden!

#### Jasinin zu Marthen.
Macht doch, mein schönes Kind, daß wir so glücklich
werden.

#### Marthe kömmt wieder zurück.
Er will durchaus zu euch und bleibt darauf bestehn.

#### Liesgen.
Ach ja, ich seh es schon, wir müssen selber gehn.

#### Marthe.
Der Mensch will, euch zu sehn, itzt gleich das Glück
erwerben,
Er müste, sagt er, euch gleich sprechen oder sterben.

#### Liesgen.
Herein! verstecke mich, daß mich niemand kan sehn.

### Der dritte Auftritt.

Liesgen, Marthe, Euphemon S. lehnet sich auf Jasmin.

**Euphemon S.**
Die Sprache fehlet mir, und ich kan nicht mehr gehn,
Die schwachen Augen sind bewölkt, da sie nichts sehn.

**Jasmin.**
Gebt mir die Hand, und laßt uns ihr entgegen gehn.

**Euphemon S.**
Ein kalter Schauder ach! bringt mir durch Mark und Bein.
(Zu Liesgen) Vergönnt ihr mir auch wohl?

**Liesgen ohne ihn anzusehen.**
Mein Herr, was soll es seyn?

**Euphemon S.**
Ich will den Tod, den ich verdient, und itzt begehre.

**Liesgen.**
Was seh ich? Himmel, ach!

**Marthe.**
Welch unverhofte Ehre!
Ist das Euphemon? ach! wie ist er umgekehrt!

**Euphemon S.**
Ja, ja, ich bin es selbst, die Rach ist euch gewährt,
Ja, ja, mit Recht müst ihr in allen mich verkennen
Ich bin nicht mehr der wild und böse Mensch zu nennen,
Den man allhier verflucht, gefürchtet und veracht,
Und welcher die Natur und Liebe roth gemacht.
Jung und tollkühn macht ich mich täglich mehr verhaster
Von meinen Freunden ach! erlernt ich alle Laster.

Die schröcklichste davon, die nichts versöhnen kan,
Mein gröstes Laster ist, daß ich euch Leids gethan.
Ich hab es nun erkannt, ich schwör es bey der Tugend,
Die ich floh, doch itzt blieb; ich schwörs bey eurer
Jugend.
Daß ich den Fehl erkannt, den so verdammten Fehl;
Das Laster war mir neu, drum rührt es meine Seel;
Allein sie hat nicht mehr die lasterhaften Flecken,
Die ihr natürlich Licht durch Dunkelheit bedecken,
Nein, glaubet, daß die euch geweihte, heilge Glut,
Sie ganz gereinigt hat, allein itzt in ihr ruht.
Die Lieb ists blos, die mich zurücke bringen können,
Nicht euer neues Band aus Mißgunst zu zertrennen.
Nicht eurem Glück zu Trotz, das euch die Eh verspricht;
Ein Unglückseliger faßt solche Schlüsse nicht.
Doch da der Fehler mir, worzu man mich verleitet,
Mir in der besten Zeit, jüngst fast die Gruft bereitet,
Und ich der Todes Noth mit Mühe kaum entwich,
So komm ich itzt hierher; die Liebe führte mich.
Ja, euch nur such ich noch, da ich von hier soll scheiden,
Beglückt bin ich, wenn nur, da ich die Welt muß melden,
Da ich für euch bestimmt, und euer Ehmann fast,
Ich nur in Sterben weiß, daß ihr mich nicht mehr haßt.

### Liesgen.

Ich kan mit grosser Müh kaum in mich selber gehen;
Ihr seyd es? Himmel, ach! ihr suchtet mich zu sehen;
Ach Unglückseliger! • • in was für einer Tracht!
Welch Herzeleyd habt ihr uns beyden doch gemacht?

### Euphemon S.

Ich weiß es; ja, mein Fehl, den ich itzt muß beweinen,
Will mir, da ich euch seh, unendlich grösser scheinen.

Ihr kennt ihn, er ist groß und er verdient den Fluch,
Ich bin dafür gestraft, allein noch nicht genug.
### Liesgen.
Ist es wohl wahr, daß euch so vieler Gram gerühret,
Und von der wilden Bahn der Laster abgeführet?
Ja, daß in eurer Brust, die Quaal und Elend beugt,
So vieles Unglück nun die Tugend hat erzeugt?
### Euphemon S.
Was kan die Tugend mir wohl gegenwärtig dienen?
Ach! es ist mir ihr Licht nur gar zu spät erschienen,
Für gar zu schlechten Preis nimmt sie mein Herz itzt ein,
Durch euch nur würde mir die Tugend schätzbar seyn.
### Liesgen.
Allein, Euphemon sprecht, ob euer Wort nicht trüget,
Sprecht, habt ihr in der That die Laster nun besieget?
Geht in euch, und betrügt nicht meinen Wunsch durch
Schein;
Ists euch wohl möglich klug und tugendhaft zu seyn?
### Euphemon S.
Ja, ja, ich bins, dieweil mein Herze euch verehret.
### Liesgen.
Euphemon! ihr! hat nichts die alte Glut verzehret?
### Euphemon S.
Ob ich euch liebe? ach! was soll die Frage doch,
Durch sie hab ich gelebt, sie nur erhält mich noch.
Ich litt, was man nur that, ich ward in Schimpf ge-
stürzet;
Längst hätte meine Hand das Leben mir verkürzet;
Doch ehrt ich die auf mich eindringende Gefahr,
Ich hielt mein Leben werth, blos, weil es euer war.

## Der verlohrne Sohn.

Ja, euch allein gehört mein Dencken und mein Leben,
Die Tage, die ihr mir vielleicht aufs neu gegeben:
Nur ihr habt die Vernunft in mir zurück gebracht,
Wenn sie ja noch in mir bey so viel Lieb erwacht,
Verbergt nicht meinem Aug. das voller Thränen stehet,
Die heutre Stirn, die itzt ein neuer Glanz erhöhet;
Seht die Veränderung an, fühlt, wie das Herz mir pocht,
Seht, was mein herber Gram und meine Quaal ver-
mocht.
Von so viel Traurigkeit, von den Gewissensbissen
Hat meiner Jugend Blüth nothwendig welken müssen.
Vormals pflegt ich vielleicht so gräßlich nicht zu seyn:
Seht mich doch einmal an, diß will ich nur allein.

### Liesgen.
O, wenn ich euch nur klug und nur beständig sehe,
So seyd ihr liebenswehrt und schön genug zur Ehe.

### Euphemon S.
Was sagt ihr? ach! ihr weint? sprecht, was ich hoffen
soll?

### Liesgen zu Marthen.
Ach! halt mich, denn mein Geist ist ganz Verwirrungs
voll?
Sollt ich des Bruders seyn? o sollte diß geschehen?
Allein sagt doch, habt ihr den Vater schon gesehen?

### Euphemon S.
Ich bin zu roth für Schaam und hab mich nicht gezeigt,
Dem werthen Greis, den ich beschimpft und so gebeugt;
Von ihm mit Recht gehaßt, ohn Hoffnung ganz ver-
trieben,
Flieh ich sein Angesicht; doch darf ich ihn noch lieben.

### Liesgen.
Was faßt ihr aber nun zuletzt für einen Schluß;
### Euphemon S.
Wenn mein Geschick mich spart und ich noch leben muß,
Und euch das eurige dem Bruder wird verbinden,
So geh ich in den Krieg, um da den Tod zu finden.
So ändr ich Augenblicks den Nahmen und den Stand,
So dien ich als Soldat von Ehr und Ruhm ernannt.
Vielleicht, daß mir das Glück bey meinem Waffen
          scheinet,
Daß ich mit Ruhm gekämpft und ihr mich einst be-
          weinet.
Ich glaube, daß hierdurch die Ehr nicht leiden kan,
Denn also fingen ja auch Rof und Fabert an.
### Liesgen.
Der Zweifelmuth verräth ein Herz, das Grösse zeiget,
Der seine Fehler noch bey weiten übersteiget:
Die Reden rühren mich mit mehr Empfindlichkeit,
Als eure Thränen, die ihr kniend mir geweiht,
Euphemon, nein, wenn nur bey mir die Folgen stehen,
Kan ich der Heyrath nur auf einge Art entgehen,
Wenn ich nur euer Glück besorgen darf und kan,
So treft ihr es gewiß nah und in kurzen an.
### Euphemon S.
O Himmel! macht mein Gram, daß ihr ihn selbst em-
          pfindet;
### Liesgen.
Ja, euer Gram rührt mich, da mich die Reu entzündet
### Euphemon S.
Wie euer Augenpaar, das voll von Reitzung ist,
Blickt nun mit Lieb auf mich, da ichs so lang entrüst!

                    Mein

## Der verlohrne Sohn.

Mein Laster schlug die Kraft der heilgen Glut darnieder;
Die so gerechte Glut entzündet ihr nun wieder;
Ach denckt mein Bruder gleich auf nichts als Schätz und Geld,
Wenn er vom Vater gleich mein Gut preßt und behält,
Wenn er mein Erbtheil auch gleich ganz und gar verzehret,
Das mir nach der Natur geweihtem Recht gehöret,
So nimmt mein Glück ihn doch, mit Neid und Mißgunst ein,
Ihr schätzt mich eurer wehrt, er wird enterbet seyn.
Für Freuden, ach! möcht ich mein Leben gar verlieren.

### Marthe.
Da kömmt er gleich, ihn muß der Teufel zu uns führen.

### Liesgen.
Erstückt die Seufzer doch und das, was euch betrübt,
Verstellt euch.

### Euphemon S.
Und warum? da ihr mich schützt und liebt.

### Liesgen.
Die Eltern müssen uns ja billig Furcht erwecken;
Dem Bruder können wir es itzt nicht mehr verstecken.
Daß ihr mein Knie umfaßt und das voll Zärtlichkeit;
Drum sagt ihm mindstens nicht, daß ihr sein Bruder seyd.

### Marthe.
Sein gravitätscher Zorn heißt mich voraus schon lachen.

## Der fünfte Auftritt.
Liesgen, Euphemon S. Marthe, Jasmin, Steifen=
thor hinten, indem ihm Euphemon den Rücken
zukehret,

#### Steifenthor.
Wenn mir der Teufel hier nicht will ein Blendwerck
machen,
Und ist mein Auge noch beständig rein und klar,
So bin ∙ ∙ ∙ ich seh ∙ ∙ ich bins ∙ ∙ die Sach ist offenbar.
(Er läuft auf Euphemon) Ha, ha bist du es
Schelm, Betrüger, der mich äffte!
#### Euphemon (zornig.)
Ich ∙ ∙ ∙ ∙
#### Jasmin (trit darzwischen.)
Dieses ist, mein Herr, ein wichtiges Geschäfte,
So abzuhandeln ist und eure Ordnung stört,
Zwey Herzen haben sich in kurzen umgekehrt.
Man redet hier vom Dank, vom hoch und würdig
achten,
Von Tugend ∙ ∙ mir vergehn die Sinnen im Betrachten.
#### Steifenthor.
Von Tugend? was! die Hand ihr küssen, vor ihr
knien!
Von Tugend? Bösewicht!
#### Euphemon S.
Ach, dürft ich ihn Jasmin
Dürft ich ∙ ∙ ∙ ∙
#### Steifenthor.
Nein, alles diß läßt meinen Tod mich lesen.
Wär es zum wenigsten ein Edelman gewesen;
Allein,

## Der verlohrne Sohn.

Allein, ein Bettler, Knecht! würf ich ihm allenfals
Den Criminal Proceß deswegen an den Hals,
So kostets Geld und das könnt ich vielleicht verlieren.

*Liesgen zu Euphemon.*

Zwingt euch, wenn ihr mich liebt.

*Steifenthor.*

Ach Schelm, du willst verführen
Gewiß, ich lasse dich hier henken, glaube mir.
(Zu Marthen.) Du lachest, Rabenas?

*Marthe.*

Ja Herr.

*Steifenthor.*

Was fehlet dir?
Weswegen lachest du?

*Marthe.*

Mein Herr – – nur dessentwegen – –

*Steifenthor.*

Du weißt es nicht, du stellst dich viel Gefahr entgegen,
Du weißt nicht, gutes Kind, was das Gesetz begehrt,
Wie man mit Mädgens hier von deiner Art verfährt.

*Marthe.*

Vergebt, ich weiß es wohl und besser als man meynet.

*Steifenthor zu Liesgen.*

Und ihr verstopfet euch die Ohren, wie es scheinet?
Ihr Ungetreue, thut, als wenn ihr nichts gethan,
Ihr bringt mir diesen Streich sehr früh und zeitig an.
Des Herzens Unbestand läßt frohe Früchte finden
Am Hochzeittag! zur Stund in der wir uns verbinden,
Seht, wie die Frömmigkeit in euch sich schön beweist!

*Liesgen.*

Bezwinget doch, mein Herr, den so erhitzten Geist,

Der

## Der verlohrne Sohn.

Der bloſſe Schein, hängt er nicht mit der That zuſamen,
Kan nicht ſo obenhin die Unſchuld gleich verdammen.
### Steifenthor.
Was, Unſchuld!
### Liesgen.
Sähnt ihr nur meine Meinung ein,
Ich weiß es ganz gewiß, ſie würd euch ſchätzbar ſeyn.
### Steifenthor.
Das iſt ein ſchöner Weg um jemand hoch zu ſchätzen!
### Euphemon S.
Das iſt zu viel.
### Liesgen zu Euphemon.
Was kan euch ſo in Harniſch ſetzen?
Seyd ſtill!
### Euphemon S.
Das leid ich nicht, daß er euch ſo betrübt,
Und euch aus Stolz und Trotz ſo gar Verweiſe giebt.
### Steifenthor.
Ihr büßt die Mitgift ein, das will ich euch ſchon zeigen,
Auch euer Leibgeding und Gut, wenn ==
### Euphemon (zornig legt die Hand auf den Degen.)
Könnt ihr ſchweigen?
### Liesgen.
Ach! mäßigt euch!
### Euphemon S.
Mein Herr und groſſer Preſident,
Es dünkt mich, daß ihr wohl gelaßner reden könnt.
Nur nicht ſo ſteif, ſo ſtolz, ſo richterlich im Beiſſen,
Noch hat ſie nicht die Ehr ſchon eure Frau zu heiſſen;
Kein Kebsweib iſt ja auch die Schöne, weicht von euch,
Ey!

Ey! warum lermt ihr so? sagt, was entrüst euch gleich?
Glaubt, euer Recht gilt nicht; man such erst zu gefallen,
Denn kan schon unser Blut von Eifer einmal wallen;
Dergleichen Reitzungen sind nicht für euch gemacht,
Es läßt schlecht, daß in euch drum Eifersucht erwacht;
Die Schön ist gütig, sie wird meiner Hitz vergeben,
Ahmt ihr nach, sucht euch auch durch Güte zu erheben.
 Steifenthor (legt sich ins Lager zu fechten.)
Nun halt ich mich nicht mehr: Bediente, springt mir
bey!

### Euphemon S.
Wie?

### Steifenthor.
Hohlt die Wache; lauft! daß sie bald bey uns sey.

### Liesgen zu Euphemon.
Verbergt euch!

### Steifenthor.
Halt du Kerl, ich will es dir bald lehren
Wie Ehrfurchts voll du mich als deinen Herrn mußt
ehren,
Ingleichen meinen Stand, mein Amtskleid.

### Euphemon S.
Ihr geht weit,
Seht wie viel Ehrfurcht ihr der Jungfer schuldig seyd.
Was mich betrift, so sollt ihr es in kurzen wissen,
Ob ihr sie mir vielleicht nicht werdet leisten müssen.

### Steifenthor.
Ich ••• Ich?

### Euphemon S.
Ihr ••• ihr.

Stei-

### Steifenthor.
Der Kerl ist kühn und dieses recht;
Hier hat sich ein Galan verkleidet als ein Knecht.
Wer bist du? sprich!

### Euphemon S.
Das sind mir selbst verborgne Sachen,
Ich weiß nicht was aus mir mein Schicksal noch
wird machen.
Mein Rang, mein Stand, mein Glück, mein Schick-
sal und mein Seyn,
Kurz, was ich hab und bin hängt nur an ihr allein,
An ihrer Gütigkeit und ihrem Angesichte.

### Steifenthor.
Glaub, was du hast und bist, hängt ehstens am Gerichte;
Ich rathe, packe dich; nun geht mein erster Lauf
Nach meinen Zeugen hin, gleich setz ichs schriftlich auf.
Fort Schelm, und fürchte dich mein Zorn straft sol-
che Dinge;
(Zu Liesgen.) Itzt, wenn ich eure Freund und euren
Vater bringe,
Wird eurer Unschuld Werth einmal am Tag gebracht,
Dann wird aus euch so viel, als ihr verdient, gemacht.

## Der fünffte Auftritt.
Liesgen, Euphemon der Sohn, Marthe.

### Liesgen.
Verbergt euch doch, macht fort und laßt uns e-
lends gehen,
Sonst werden wir hiervon bald böse Folgen sehen.
Wenn euer Vater itzt, daß ihr es seyd, erfährt,

So

## Der verlohrne Sohn.

So stillts nicht seinen Zorn, so wird er nur vermehrt.
Er dächt, ihr wolltet hier nur neue Bosheit üben,
Die euch hieher geführt, aufs neu ihn zu betrüben.
Ja, daß euch anders nichts in unsre Häuser brächt,
Als weil ihr sie in Lerm und Zwist zu setzen dächt;
Vielleicht, daß man euch da, auf ein solch neu Verfahren
Gar ins Gefängniß legt und ewig läßt bewahren.

### Marthe.
Wenn man nur mir die Sorg, ihn zu verstecken, läßt,
So soll man lange gnug ihn suchen, glaubt es fest.

### Liesgen.
Geht hin und glaubt, es thu sehr Noth bey solchen
       Streichen,
Daß insgeheim ich such den Vater zu erweichen;
Die Rückkehr der Natur muß einzig und allein,
Wenns anders möglich ist, ein Werck der Liebe seyn.
Verbergt euch wohl :: (zu Marthen) Gebt acht,
     daß sie ihn ja nicht sehen,
Geschwinde, fort!

## Der sechste Auftritt.

Rondon, Liesgen.

### Rondon.
  Ey sprich, was ist denn hier geschehen?
Ich und dein Bräutigam, wir beyde gehn nach dir.

### Liesgen.
Er ist es nicht, es sey dem Himmel Dank dafür!

**Rondon.**

Was gehst du hin?

**Liesgen.**

Mein Herr, der Wohlstand wills nicht leiden,
Daß ich ihn seh, er will, ich soll ihn itzt noch melden.
(sie geht ab)

**Rondon.**

Der Presldent ist wohl gefährlich, ich wär froh,
Wär ich ein einzigsmahl um sie incognito,
Ich möcht ein wenig sehn, was doch für lustge Mienen
Ein Brautpaar macht, wenn schon die Hochzeit Nacht
erschienen.

## Der siebende Auftritt.

Steifenthor, Rondon, die Wache.

**Steifenthor.**

Greift die Betrüger, fort! sie sind recht schlau und fein,
Wo treffen wir sie an, wo müssen sie denn seyn?
Ha, wo verbirgt sich nun mein Schimpf und ihr Ver-
brechen.

**Rondon.**

Ey, deine Gravität scheint athenlos zu sprechen,
Was hast du vor? wohin? was hat dich aufgebracht?
Was hat man dir gethan?

**Steifenthor.**

Zum Hahnrey mich gemacht.

**Rondon.**

Zum Hahnrey! sieh dich vor, bleib hier, mach kein
Getümmel.

Stei-

#### Steifenthor.
Ja, ja, mein Weib ⸺ jedoch behüte mich der
Himmel,
Daß ich sie also nenn, wie ich wohl sollte thun;
Hier hilft mir kein Gesetz, ich bin ein Hahnrey nun.
#### Rondon.
Mein Eidam!
#### Steifenthor.
Schwäher, ach! es ist die lautre Wahrheit.
#### Rondon.
Die Sache!
#### Steifenthor.
O, die Sache hat ihre volle Klarheit.
#### Rondon.
Glaubt, mir geschieht zu viel;
#### Steifenthor.
Mir ist zu viel geschehn,
#### Rondon.
Glaubt ich wohl ⸺
#### Steifenthor.
Ihr sollt gleich den Grund der Wahrheit sehn.
#### Rondon.
Ich kan nichts sehn, jemehr sich eure Reden häufen.
#### Steifenthor.
Mein Unglück aber läßt sich doch ganz leicht begreifen.
#### Rondon.
Ists wahr, so mach ichs gleich der Nachbarschafft
bekannt,
Und breche Liesgen selbst den Hals mit eigner Hand.
#### Steifenthor.
Brecht ihr den Hals, die Sach ist klar mit einem Worte.

### Rondon.

Doch in der That, ich fand sie hier an diesem Orte,
Ganz kleinlaut und sie schlug die Augen vor sich hin,
Sie sah ganz furchtsam aus bey Unruh vollem Sinn.
Komm Eidam, hasch mit mir das Aas damit ichs höre,
Woran es liegt, denn mich erdrosselt fast die Ehre;
Die Ehre, Himmel! ja; o seht hier, Rondon hört,
Im Punkt der Ehre nichts, was die Vernunft ihm lehrt.

### Ende des vierdten Aufzuges.

## Der fünfte Aufzug.
### Der erste Auftritt.
Liesgen, Marthe.

#### Liesgen.

Ach! kaum ist mir dein Arm noch gnug zur
Sicherheit;
O schröckliche Gefahr! was für Beschwerlichkeit!
Muß ein so zärtliches und reines Herz vertragen,
Daß Unrecht und Verdacht es unaufhörlich plagen.
Euphemon, ja dein Reitz, doch auch dein Leid ist groß,
Erblicktest du die Welt zu meiner Unruh blos?
Durch deine Flucht ward mir mein Leben fast entrissen,
Und deine Wiederkunft wird mich beschimpfen müssen.
(Zu Marthen.) Gieb achtung wenigstens, man sud,t
sie überall.

#### Marthe.

Mich dünkt, sie finden nichts, sie suchen hundertmal;
Trotz sey der Richterstub und ihrem Dintenfasse,
In meinem Schranke sind noch Fächer zum Gelasse,
Die sind mir zum Gebrauch ganz heimlich angebracht;
Kein solcher Stöberhund nahm sie zur Zeit in acht,
Da stecket euer Schatz, geschützt vor dem Verstörten
Und finstern steifen Blick pedantscher Rechts-Gelehrten.
Ich ließ sie laufen; ha, ich dachte, lauft ihr nur;
Die Koppel Hunde lief und sie verlor die Spur.

## Der zweyte Auftritt.

Liesgen, Marthe, Jasmin.

### Liesgen.
Nun, wie giengs dir Jasmin?

### Jasmin.
Mit größten Ruhm und Ehren,
Hielt ich die Fragen aus; es ist, ich wollte schwören,
Kein Spitzbub in der Welt und wird beym Handwerk
grau,
Der so die Handwerk giebt ganz ohne Furcht und schlau.
Der eine dehnte lang, sich Schulart zu bedienen,
Der plarrte tief im Thon bey hocherhabnen Mienen,
Ein andrer pfif was her in einem Flöten Thon,
Und sagte: lasset uns die Wahrheit sehn mein Sohn!
Ich hielt recht tapfer aus, mit kurz gefaßten Hieben,
Hab ich ganz ungestüm den Schulschwarm eingetrieben.

### Liesgen.
Weiß man zur Zeit noch nichts?

### Jasmin.
Nein, nichts; doch morgen mag
Schon alles kundbar seyn, denn alles kömmt an Tag.

### Liesgen.
Ach! daß nur Steifenthor nicht Zeit gewinnen möchte,
Und seinen Vater nicht auf seine Seite brächte!
Sein Zorn macht mir noch Furcht, ich beb je mehr
und mehr,
Ich zittre theils für ihn und theils für meine Ehr,
Mein Hoffen stützt sich noch allein auf meine Liebe,
Die wird mir helfen ....

Mar-

### Marthe.

Ich, ich fühle andre Triebe
Ich denk, daß alles diß für euch nicht grausam geht,
Ob uns auch gleich ein Paar von Vätern wiedersteht.
Ein Presdent und auch ein Schwarm Nachäfferinnen
Wär euch bekannt, was die aus Stolz und Trotz be-
ginnen,
Wie eine finstre Stirn, des harten Thones Macht,
Heraus gebrüsteter und stolzer Tugend Pracht
Sie euch entgegen stellt; wie scharf und wie verwegen,
Sie eure Unschuld scheun und zu verfolgen pflegen;
Glaubt, ihre heilge Wuth, ihr Eifer, ihr Geschrey
Erweckte ganz gewiß euch Lachen oder Scheu.

### Jasmin.

Ich bin gereißt, ich sah oft toll und arg Hanthieren,
Doch hab ich nie gesehn solch Lermen solch Turnieren.
Es ist das ganze Haus schon um und um gekehrt;
Ach! daß das Volk so schlecht, so bös und toll verfährt.
Man klagt euch an, man setzt hinzu, man redet leise,
Die Sache wird erzehlt auf hunderterley Weise.
Die Musikanten sind schon wieder fort gejagt,
Und alles ohne Trunk und Zahlung untersagt.
Sechs Tafeln, welche man zur Hochzeit zugerichtet,
Sind umgekehrt und ganz bey dem Tumult zernichtet.
Das Volk läuft häufig zu, beym Diener heißt es: sauf!
Er lacht und Rondon flucht und Steifenthor schreibt
auf!

### Liesgen.

Was macht Euphemon denn, den man nie gnug verehret,
Bey der Verwirrung itzt die aller Schrecken mehret?

### Marthe.
An diesen guten Mann wird nichts als Schmerz
erblickt,
Der Schmerz, der sich so schön zur wahren Tugend
schickt.
Man sieht die Augen ihn nur nach dem Himmel drehen,
Er glaubt nicht, daß ihr euch durch solch ein grob Ver-
gehen,
Die Ehre eurer Jahr voll Unschuld so beschmitzt;
Drum wiedersetzt er sich den Freunden ganz erhitzt.
Zuletzt erstaunt er sehr, daß man euch so verklagt,
Und ihm Beweise bringt; er seufzt darzu und saget,
Man dürfte künftig hin, für keinen Menschen stehn,
Befleckte euren Reitz diß greulige Vergehn.
### Liesgen.
Mit was für Zärtlichkeit kan mich der Greis erfüllen.
### Marthe.
Seht Rondon an, den Greis, der hat gar andre Grillen
Er kömmt, fort, laßt uns fliehn.
### Liesgen.
Nein, laß uns standhaft seyn,
Ich fürchte mich für nichts; warum? mein Herz ist rein.
### Jasmin.
Allein, ich fürchte doch.

## Der dritte Auftritt.
Liesgen, Marthe, Rondon.
### Rondon.
Du Metze, listge Schlange!
Eilfertges Töchtergen, höchst ungerathne Range!
Ach liese, liese! fort! geschwind mach offenbar

## Der verlohrne Sohn.

Die Schandthat, und davon mir jeden Umstand klar;
Sprich, kennest du schon lang den Schnaphan? welch
Verüben!
Wie heißt er? ist er was? wie konnt er dir belieben?
Mir sey der Ubelthat Zusammenhang entdeckt,
Woher er zu dir kömmt, wo der Verräther steckt?
Du lachest Rabenaas! kan diß mein Zorn erregen?
Wie, stirbst du nicht für Schaam?

### Liesgen.
Herr Vater, nein, weswegen;

### Rondon.
Schon wieder nein! vergeht die Teufels Sprache nicht?
Was immerfort nur nein, wenn man mit Rondon
spricht?
Das Läugnen kan mir nichts, als den Verdacht ver-
mehren;
Wer Unrecht hat, der muß voll Demuth mich verehren,
Mich fürchten und verstehn, wie man gehorchen kan.

### Liesgen.
Ja, ja, ich will es thun, ich zeug euch alles an.

### Rondon.
Ha, diese Sprache läßt mein Drohen nur erschallen,
Man ist ein bisgen - - -

### Liesgen.
Ach, thut mir nur den Gefallen
Schickt den Euphemon her; stillt in ihm den Verdruß,
Weil ich allein mit ihm mich hier besprechen muß.

### Rondon.
Euphemon? gut! ey wie, ist der der Sachen Rather?
Mit mir gehört sichs nur zu sprechen;

### Liesgen.

Liebster Vater,
Ich hab Geheimnisse, die muß ich ihm vertraun,
Selbst eure Ehre wills; laßt euch hier gütig schaun
Und schickt ihn her -- ich kan euch weiter nichts mehr
sagen.

### Rondon.

Ist diß Begehren ihr auch annoch abzuschlagen?
Sie will dem guten Mann den Handel hier gestehn,
Man leidet nichts dabey, drum mag es nur geschehn,
Sie mag ihm in Vertraun ihr Herze nur entdecken,
Ich will die Thörin dann so gleich ins Kloster stecken.

## Der vierte Auftritt.
### Liesgen, Marthe.
### Liesgen.

Euphemon, würdger Greis! o nähm ich ihn doch ein!
Mein Herz, mein furchtsam Herz scheint ausser sich
zu seyn;
Und ich erwarte hier für mich Tod oder Leben.
(Zu Marthen.) Hör an (sie sagt ihr dieses ins
Ohr.)

### Marthe.
Es soll geschehn, ich will mich drum bestreben.

## Der fünfte Auftritt.
### Euphemon V. Liesgen.
### Liesgen.
Geschwind! gebt einen Stuhl -- setzt euch mein
Herr, laßt zu,

Daß

Daß ich auf meinen Knien euch mein Bekäntniß thu.
Euphemon verhindert sie, vor ihm zu knien.
Ihr spottet meiner;
    Liesgen.
   Nein, mein Herz muß euch hochachten,
Als einen Vater werd ich euch allzeit betrachten.
   Euphemon V.
Ihr! meine Tochter!
    Liesgen.
   Ja, heißts nicht zu viel erkühnt,
So schmeichl ich mir, daß ich den Namen stets verdient.
   Euphemon V.
Sagt, ob ihr ihn mit Recht noch wohl behaupten könnet,
Da unser Band der so betrübte Streich getrennet!
    Liesgen.
Seyd itzt mein Richter, seht, was mein Herz denckt,
     recht ein,
Mein Richter wird zuletzt noch mein Beschützer seyn.
Hört mich, ihr werdet leicht des Herzens Grund
     erreichen
Wie meine Neigungen vielleicht den euren gleichen
(Sie setzt sich neben ihn) Knüpft euer Herz, das
    rein und edel denkt ein Band
Aus reiner Lieb und Huld an einen Gegenstand
Deß Reitzungen man schon in seiner Jugend priese,
Und welcher Augenblicks die schönste Hofnung wiese,
Und der den vollsten Glanz in seinem Frühling zeigt,
Da Witz, Annehmlichkeit und Klugheit an ihm steigt;
Doch drauf sein junges Herz ein böser Schwarm
     verführte,
Und ihn die eitle Lust und Freude nur regierte

         Ja

Ja seiner Jahre Glut, ihn gar so weit gebracht,
Daß er nicht seiner Pflicht und Freundschafft mehr
gebacht.
### Euphemon V.
Nun!
### Liesgen.
Doch mein Herr, wenn ihm nun die Erfahrung
lehret,
Was für betrübte Lust, was ihn für Schein bethöret.
Wenn er in Aengsten schmacht, den Irrthum sehr
bereut
Gewißensbisse fühlt, und alle Laster scheut.
Ja wenn er endlich sich der alten Thorheit schämte,
Und nach so vieler Noth sich zur Vernunft bequemte,
Die selbst in ihm das Licht der Tugend hell gemacht,
Sein ganzes Herz verneut und ihn zurück gebracht;
Noch mehr, wenn er nur Treu und Erbarkeit ließ lesen,
Und das itzt wieder wär, was er vor dem gewesen;
Verschlößt ihr ihm wohl heut, von Zorn und Grimm
entbrannt,
Den Zugang zu der Brust, die ihm sonst offen stand;
### Euphemon V.
Sagt, was der Abriß soll, den ihr so ausgedrücket,
Und wie mein Unrecht sich wohl zu demselben schicket;
Der Unglückselige, der hier vor euch gekniet,
Ist uns ganz unbekannt, und flüchtig, wie man sieht.
Die alte Witwe selbst, die mußt es uns gestehen,
Daß sie sechs Monat ihn in Angoulem gesehen.
Ein andrer sagt, daß er ein Böswicht sonder Scheu,
Und von verbotner Glut ganz närrisch rasend sey.
Ich muß gestehn, da diß mein Ohr erzehlen höret,

Daß

## Der verlohrne Sohn.

Daß es theils meine Scheu theils mein Erstaunen
mehret.
### Liesgen.
Ach, ach, mein Herr, wird euch erst alles wissend seyn,
So nimmt euch ganz gewiß noch mehr Erstaunen ein.
Ein Wort, nur eure Seel hat schön und hohe Gaben,
Und nichts von Grausamkeit, die niedre Seelen haben.
Nicht wahr, ihr hattet lang den Sohn Euphemon lieb?
Empfandet ihr für ihn nicht oft den zartsten Trieb?
### Euphemon V.
Ja, ich gestehs, und da er sich zu viel erkühnet,
So hat er meinen Zorn um so viel mehr verdienet:
Sein Unglück, seinen Tod beweint ich jederzeit,
Doch hat mir die Natur bey meinem grossen Leid
Noch immer die Vernunft rein und gesund gelassen,
Dem ungerathnen Sohn sein Urtheil abzufassen.
### Liesgen.
Ihr könntet immerdar den Sohn gestrafet sehn?
Und Unglücksfolgen auch, die aus dem Haß entstehn,
Ja diesen Sohn erzürnt noch von euch stossen können,
Der sich gebessert hat, und euer Bild zu nennen,
Der eure Füsse gern mit Thränen netzte? Nein,
Das könnt ihr nicht;
### Euphemon V.
Ach stellt doch diese Reden ein,
Reißt nicht durch neue Pein die mir geschlagnen
Wunden
Anitzt schon wieder auf, da sie doch kaum verbunden.
Mein Sohn ist tod, wo nicht, so lebt er weit von hier,
Wo er dem Laster folgt mit hitziger Begier;
Hätt er der Tugend Pfad wohl wiederum beschritten,

Und

Und würd er mich einmal um Huld und Gnade bitten?
### Liesgen.
Euch bitten! ja er wird selbst hier in kurzen seyn?
Ihr sollt ihn hören, glaubt, sein Seufzer nimmt euch ein.
### Euphemon V.
Was sagt ihr?
### Liesgen.
Ja, hat nicht das Ende seiner Tage
Den Tod beschleuniget, und ihn von Schimpf und Plage
Erlößt, so werdet ihr ihn hier bald sterben sehn,
Wenn er voll Reue wird zu euren Füssen stehn
### Euphemon V.
Ihr seht, wie mir das Herz bey dem Berichte bebet;
Mein Sohn der lebte noch!
### Liesgen.
Er liebt euch noch und lebet.
### Euphemon V.
Ach! liebt er mich nur noch! doch Irrthum voller
Schmerz!
Wie? wer bezeugt es wohl, daß er mich liebt?
### Liesgen.
Sein Herz.
### Euphemon V.
Doch, wüstet ihr ;;;
### Liesgen.
Von ihm und seinen schmälgen Leben,
Will euch durch meinen Mund die Wahrheit Nachricht geben.
### Euphemon V.
Nein, nein, ihr lasset mich zu lang in Zweifel stehn,
Laßt für mein Alter izt doch euer Mitleid sehn.

Ja

Ich hoffe noch und kan des Grams mich nicht erwehren,
Ich liebte meinen Sohn, das zeugen meine Zähren,
Ach, lebt er! aber lebt er auch von Lastern frey!
Erklärt euch; sprecht mit mir.
### Liesgen.
Ich will es thun; es sey,
Wohlan, so wißt ⸺

## Der sechste Auftritt.
Die vorigen, Steifenthor, Rondon, Euphemon
der Sohn mit bloßen Degen, Croupillac,
die Wache.

### Steifenthor.
Geschwind, umringet ihn und keiner
Geb ihm nunmehr Quartier, bemächtiget euch seiner.
### Rondon zur Wache.
Zeigt kein gemeines Herz recht tapfer dran zu gehn,
Seyd herzhaft, weil sechs Mann nur wieder einen stehn.
### Liesgen.
Der Elende! laßt los!
### Marthe.
Hier ist nicht viel zu lachen,
Flieht, feige ⸺ wo bin ich? mein Vater! was zu
machen!
(Er wirft seinen Degen weg.)
### Euphemon V.
Was seh ich? Ach!
### Euphemon S.
Ein Kind, voll Unglück und voll Pein,
Das man verfolgt, und das euch will gehorsam seyn.
Lies-

#### Liesgen.
Der Unbekannte ists, den ich lieb und verehre.
#### Rondon.
Er ists.
#### Steifenthor.
Mein Bruder? was!
#### Croupillac.
O Himmel!
#### Marthe.
Was ich höre.
#### Euphemon S.
Erkennt mich, und entscheidt mein Glück durch ein
Gebot;
Ein Wort von euch giebt mir itzt Leben oder Tod.
#### Euphemon V.
Sprich, was veränderte doch deine rauhen Triebe?
Was bringt dich itzt zurück?
#### Euphemon S.
Die Reu, Natur und Liebe.
#### Liesgen (fällt auch zu Füssen.)
Ihr, seht hier vor euch knien der Kinder zärtlichs Paar,
Das sich zu jeder Zeit gleich an Gedanken war,
Auch gleich am Herzen; = = =
#### Euphemon S. (auf Liesgen zeigend.)
Ja, ihr gütiges Bestreben
Hat meiner Wuth, die sie beleidiget, vergeben;
O folgt, zum Glück für den, den so viel Weh betrübt,
Dem schönen Beyspiel nach, das hier die Liebe giebt.
Ich wünschte nichts, als daß ich nur in kurzen stürbe,
Doch mir erst eure Huld zu ihrer Gunst erwürbe.
Leb ich, so sollt ihr sehn, wie sehr mein Herz verdient
Die

Die Neigung, mit der sichs zu schmeicheln schon erkühnt.
Ihr kehrt die Augen ab? wollt ihr sie mir nicht gönnen?
Was hat euch so verwirrt, so kleinlaut machen können?
Ists Haß? verdammt ihr wohl, des armen Sohns
               Bemühn = = =

Euphemon (hebt ihn auf und umarmt ihn.)
Nein, es ist Zärtlichkeit und alles ist verziehn.
Regiert die Tugend nur hinfort in deiner Seelen,
Bin ich dein Vater?

          Liesgen.
              Ich, darf mich mit ihm vermählen.
(Zu Rondon.) Nachdem wir drey vereint, so fehlet
               nur dabey,
Daß unser erstes Band durch euch verneuet sey.
(Zu Euphemon.) Nein, euer Gut ists nicht, was er
               von euch begehret,
Er bringt sein reines Herz, das euch nur zugehöret,
Er will gar nichts, und bleibt er tugendhaft und klug,
Ist mein Vermögen auch schon für uns beyde gnug

          Rondon.
Das kehrt sich um! ist das der Lustige, der Tolle?

          Steifenthor.
Oh, oh, ich spiele hier die lächerlichste Rolle;
Der schöne Bruder, der!

          Euphemon V.
              Ja, ich verlohr ihn zwar,
Doch Reu und Himmel bringt mir ihn aufs neue dar.

          Croupillac.
Ist das Euphemon? Gut.

          Steifenthor.
           Die liederliche Seele,

                                  Er

Er kömmt nur, daß er mir die Frau nimmt, die ich wählte.
**Euphemon S.**
Nun fehlt nichts mehr, als daß ihr mich zuletzt erkennt,
Ihr habt sie mir geraubt; ihr nur, Herr Präsident,
Sonst weihete sie mir nur ihre Zärtlichkeiten;
Allein der Jugend Hitz und Unbesonnenheiten,
Entrissen mir diß Gut, diß kostbar theure Pfand,
Und dessen grossen Werth ich niemals gnug erkannt.
Heilsamer, schöner Tag, in dessen frohen Stunden
Ich Tugend, Vater, und die Liebste wiederfunden.
Macht die Zurückkunft euch nun ferner noch betrübt,
Die mir das Recht des Bluts, der Liebe wiedergiebt.
Behaltet nur mein Gut, ich wills euch überlassen,
Ihr liebt es, doch ich such den Schatz nur zu umfassen;
So wär mit seinem Glück ein jeder wohl vergnügt,
Ich, weil ich sie erlangt, ihr, weil ihr Güter kriegt.
**Euphemon V.**
Nein, dem ohn Eigennutz höchst gütigen Bestreben,
So vieler Huld muß man, so schlechten Lohn nicht
geben.
Nein, mein Euphemon, nein, dein Vater giebt dich nicht
Von Gut und Mitgift blos an ein so schön Gesicht.
**Rondon.**
O, das ist gut.
**Croupillac.**
Ich bin für Wundern fast verschieden.
Doch wieder ganz erquickt, getröstet und zufrieden.
Gewiß, der liebe Freund, kömmt blos deswegen her,
Daß meine Schönheit noch durch ihn gerochen wär.
(Zu Euphemon dem Sohne) Heyrathet fein ge-
schwind, der Himmel geb euch Glücke,
Denn

Denn Liesgen ist für euch allein ein Meisterstücke.
Vielleicht wird auch von mir, da ihr das Glück ertapt,
Wenn ihr es nur erlaubt, mein President erschnapt.
### Liesgen zu Rondon.
Von ganzen Herzen; ihr Herr Vater ach, vergönnet
Der Seele, welche rein, treu und aufrichtig brennet,
Da sie doch nur einmal verschenket konte seyn,
Daß sie sich wieder mag den ersten Rechten weihn.
### Rondon.
Weñ sein Gehirn einmal nicht mehr so wild und flüchtig.
### Liesgen.
Ich steh dafür.
### Rondon.
Wenn er dich liebt und klug und züchtig.
### Liesgen.
O, zweifelt nicht.
### Rondon.
Wenn ihn Euphemon auch bedenckt
Und noch darzu fein viel zum Heyrats-Gute schenkt,
So stimm ich ein.
### Steifenthor.
Hierbey gewinn ich gar geschwinde
Und zweifels frey sehr viel, da ich den Bruder finde,
Indeß verlier ich doch in einem Augenblick
Was mir die Hochzeit kost, die Braut ein Erbschafts-
Stück.
### Croupillac.
Pfuy Niederträchtiger; Herz, voller Knausereyen!
Muß man denn allemal ein reiches Mädgen freyen?
Hab ich an Schlössern, Brief und Siegeln nicht schon
satt

Und mehr als man verdient, daß man zu leben hat?
Bin ich die Erste nicht gewesen unter allen,
Und haft du um die Ehr, um mir nur zugefallen,
Die größten Schwüre mir nicht schriftlich zugesandt,
Auch leider Madrigals, worinnen kein Verstand?
Und die Versprechungen hab ich noch in den Händen,
Wir kommen zum Proceß, ich sag es aller Enden,
Es muß das Parlament auf solche Sachen sehn,
Und wieder untreu Volk ein scharf Verbot geschehn.

### Rondon.

Ha, fürchte guter Freund die zornigen Gebehrden,
Und nimm sie, auf mein Wort, des Handels los zu
werden.

### Euphemon V. zu Croupillac.

Ich bin verwirrt, daß ihr so auffahrt und so schreyt
Und meinem jüngsten Sohn so sehr gewogen seyd?
Ihr proceßiret gern, das sollt ihm Lust gewehren,
Weil eure Gründe zum Proceßen ihn beehren.
Doch itzt laßt zu, daß ich mit doppelt neuer Macht,
Das Glück erheb, das mir mein Kind zurück gebracht.
Ihr meine Kinder kommt, vereiniget euch wieder,
Euch glückt der Augenblick, umarmet euch als Brüder.
Ihr Freund, preißt itzt mit mir des Himmels Gütigkeit,
Die alles wohl gemacht und uns so schön erfreut.
Nein, man muß nimmermehr, ich kans von Herzen sagen,
An junger Leute Wohl und Besserung verzagen.

## Ende des fünften und letzten Aufzuges.

## II.

# Der Furchtsame
## Und die
# Spoockende Witwe,
### Ein
# Lustspiel
### von fünf Handlungen
### aus
## dem Holländischen
### übersetzt.

## Vorbericht.

Die spookende Witwe hat jederzeit in Holland vielen Beyfall gefunden; die arbeitsamste sogenannte Kunstgenossenschafft, die sich unter dem Sinnspruche Nil Volentibus Arduum bekannt gemacht, hat sie durch L. Meyern aus dem Französischen verdollmetschen lassen, dieser hat ihr aber ein ganz andres Kleid gegeben, er klagt selbst in seinem Vorberichte darzu über deren ungeschickte Einkleidung von dem Französischen Verfasser, welcher fast in jedem Auftritte wieder die dreyfache Einheit der Schaubühne gesündiget. Ich besitze ein Französisches Nachspiel unter dem Titel, les Frageurs de Crismin, in welchem fast eben diese Verwickelung ist; nach den Personen aber zu urtheilen, die Herr L. Meyer in seinem

## Vorbericht.

Vorberichte hier und da angeführet, so muß es noch ein andres vollständiger Stück seyn, aus welchem der Holländer seine spoockende Witwe genommen. Bey dieser Verteutschung hat man sich der neuesten Holländischen Auflage davon bedient, weil darinnen viele Gemeinheiten vermieden sind, die in der alten Philip gegen seinen Herrn zu oft begehet. Man will nicht untersuchen, ob dieses Stück in allen die Probe halten wird, man hat es blos darum mit eingerücket, daß es einen Geschmack von der Stärcke der Niederteutschen in Lustspielen geben soll; sonst berichtet man noch, daß die vierte Abhandlung nach dem Holländischen in Jacobinens Zimmer spielte, welches wieder die Einheit des Orts gehandelt war; diesen Fehler hat man durch eine kleine Veränderung abgeholfen, durch welche gleichwol der Zusammenhang des Stückes nichts gelitten hat.

## Personen:

Ferdinand, ein junger von Adel.

Ludewig, sein guter Freund.

Jacobine, eine junge Witwe, Ferdinands Schwester.

Sophie, Ferdinands und Jacobinens Muhme.

Cathrine, Jacobinens Kammermädgen.

Philip, Ludewigs Diener.

Wilhelm, Sophiens Kammerdiener.

Antonette, Jacobinens Köchin.

Hanns  
Peter,  } Sophiens Bediente.

Hammerschlag, ein Zimmermann.

Der Schauplatz ist in Ferdinands Hause.

Das Spiel fängt sich ohngefehr um sieben Uhr des Abends an, und endiget sich zwischen ein und zwey Uhr nach Mitternacht.

# Die erste Handlung.

## Erster Auftritt.

Sophie, Jacobine, Cathrine, Hammerschlag.

Jacobine.

Fördert euch Meister, und macht einmal von dem Klopfen ein Ende. Ich habe noch nöthige Dinge zu bestellen, in welchen ich dadurch verhindert werde.

Hammerschlag. Ich habe nur noch diese kleine Stelle zu versehn, hernach ist alles fertig.

Jacobine. So macht dann geschwinde.

Hammerschlag. Das war gethan; der Henker, wie sauer ist mir die Arbeit geworden; sie hat mir einen rechten Schweiß abgejagt.

Jacobine. Aber hört Hammerschlag, sollte es nun niemand mercken, daß hier eine Thüre ist?

Hammerschlag. Ey nicht doch.

Jacobine. Knarret sie auch nicht, wenn sie auf und zugemacht wird?

Hammerschlag. Nein Madam, versuchen sies nur, sie werden es selbst sehn;

Jacobine. Es ist gut, nunmehro kan ich meinen Vorsatz sicher unternehmen. Kommt Hammerschlag, nehmt

nehmt euren grossen Bohrer und macht hier zwischen der Tapete damit noch ein Loch.

Sophie. Zu was aber diß, Muhme?

Jacobine. Daß ich dadurch sehen kan, wenn am sichersten in diese Stube zu kommen ist.

Hammerschlag. Ists so gut?

Jacobine. Ja, Hammerschlag; nehmt nun euer Werckzeug weg, und geht mit Cathrinen hinunter. Du, bezahle ihm seine Arbeit.

Cathrine. Ganz wohl, Madame.

Hammerschlag. Nun, gute Nacht.

Cathrine. Kommt nur mit mir, Hammerschlag.

## Der zweyte Auftritt.
### Sophie, Jacobine.

Sophie. Aber Muhme, errinnern euch denn diese schwarzen Kleider nicht, daß euer Mann kaum 1. Monat todt ist, und wie wenig es euch in denselben ansteht eures Bruders fremden Gaste ein solches Stückgen zu spielen.

Jacobine. Liebe Muhme, ihr kennt mein fröliches Herz; ihr wißt, dasselbe war niemals zu niedrigen Handlungen geneigt; nur habe ich den Vorsatz gefaßt, meine Jugend unter ehrbaren und tugendhaften Ergötzlichkeiten zu schliessen; ihr werdet deshalb von meinem itzigen Anschlage keine böse Gedancken hegen; ihr wißt, daß ich mehr um des Geldes und des Staates als um eures und meines Bruders Rathes willen meinen verstorbenen Mann geheyrathet habe, und daß mir deswegen sein Tod wenig zu Herzen gehet.

Es

Es düncket mich, daß ich lange genug betrübt gewesen bin, das Klagen steht mir nicht an; ich bin gar zu froh vom Geiste; die Strenge und das gezwungene Verstellen ist wieder meine Natur. Ich strebe nach Freyheit, und wenn mein Vorsatz nur vom Glücke befördert wird, so will ich einen Anfall auf meines Bruders grossen Freund thun, der uns nicht so frembe ist, als ihr wohl gedenkt; kurz, von der Sache zu reden, es ist Herr Ludewig.

Sophie. Was, der junge Edelmann, dessen Vater 20. Meilen von hier, ein Rittergut hat?

Jacobine. Ja, er selbst ist es, von dem ich so oft mit dir geredet habe, und an den mich mein Bruder versprochen hatte, ob er es gleich selbst nicht wußte.

Sophie. Wie, er wußte es selbst nicht?

Jacobine. Nein; er war außer Land gereiset; mein Bruder stellte mir unsre Heyrath vor, weil er sie schon mit Ludewigs Vater überlegt hatte; ich gab meine Einwilligung darzu und die Vermälung, ward biß auf seine Zurückkunst verschoben. Liebste Muhme, itzo wäre ich vielleicht seine Frau, wenn nicht das Schiff, in welchem er aus Genua und Marseille zurück gereiset, von Türckischen Räubern mit allem Volcke zur Beute wäre gemacht worden; es kam damals gar die Zeitung, daß er das Leben verloren hätte; nun aber ist er hier und sein Tod ist also fälschlich ausgestreuet worden. Er hat die Wachsamkeit seiner Räuber betrogen und ist in Schiffer Kleidern mit 2. oder 3. andern der Gefahr einer ewigen Sklaverey entflohen. Kurz er ist unter dem Gefolge des fremden Gesandten heute glücklich hier angekommen. Des-

wegen hoffe ich, schon noch einen Weg zu finden, daß
er unsere Versprechung erneuert, damit ich bey einem
jungen und gesunden Manne die betrübte Zeit vergessen möge, welche ich bey einen alten und siechen
Knauser zubringen müssen,

Sophie. Ey Muhme, ist das möglich? Herr
Ludewig wäre nicht tod? wißt ihr denn gewiß; ich
besorge, daß noch daran zu zweifeln ist.

Jacobine. Mein Bruder Ferdinand hat mir die
ganze Sache entdeckt, und ich habe ihn selbst mit sonderbarer Freude gesehn. Seine annehmliche Gestalt
zeigt von seinem adelichen Gemüthe, und sie hat meine
erstickte Glut wieder in vollen Brand gesetzt.

Sophie. Ihr habt ihn selbst gesehn? wie habt
ihr das wagen können?

Jacobine. Ich wußte, daß der Gesandte morgen
mit der gewöhnl. Pracht eingeholt, und auf dem Königl.
Lustschlosse, das eine Meile von hier liegt, heute ein
Masken Ball gehalten werden sollte. Ich verkleidete
mich dahero mit Cathrinen und fuhr nebst ihr in
einer Mieth Kutsche maskieret hinaus, weil es andre,
die den Abend dort zubringen wollten, eben so zeitig
thaten. Ich fand daselbst meinen Bruder und bey ihn
den Herren Ludewig; ich machte mich so nahe zu ihnen,
daß ich fast alle ihre Reden deutlich vernehmen konte.
Ach, liebste Muhme, bey diesen Reden ward ich erst
gewahr, was für ein edler Geist in einem so schönen
Cörper stack, denn in der That so übertrift sein vollkommenes Wesen, den Abriß bey weiten, der mir von
ihm gemacht worden ist. Ich kan nicht sagen, wie
mir zu Muthe ward. Sein Bildniß drückte sie recht
tief

## und die spoockende Witwe.

tief in mein Herz. Indem ich ihn aber voll Bewunderung ansahe, hätte mich meine Neugierigkeit beynahe verrathen, und mich, so vermummt ich auch war, jedermann zur Schau dargestellt, wenn mich nicht seine Leutseligkeit der Noth entrissen. Ein junger Franzose, von ungebundenen Sitten, bat mich auf französisch, daß ich meine Maske abthun möchte; ich verweigerte ihm solches, er hielt aber immer weiter an, und weil er vielleicht glaubte, daß ich eine lockere Schwester wäre, so fieng er an Gewalt zu brauchen. Mein Bruder stand nicht weit davon und ward indem weggehohlt, als der muthwillige Franzmann Hand an mich legte. Herr Ludewig war nunmehro allein, ich warf mich deswegen in seine Arme, und bat, daß er mich für diesen Wollüstigen beschirmen sollte; er fiel ihn gleich an und zog den Degen, ich aber verfügte mich unter ihrem Gefechte nebst Cathrinen in die Kutsche, und fuhr mit ihr wieder nach der Stadt.

Sophie. Da seht ihrs, Frau Muhme; diese That hätte leicht euren ehrlichen Namen beflecken, und entweder dem Muthwilligen oder dem Herrn Ludewig das Leben kosten können. Habt ihr eure Lust nun noch nicht genug gebüsset, und wär es nicht das beste, ihr ließt euch rathen und schriebet ihm nicht, wie ihr euch vorgenommen habt.

Jacobine. Ey, ich will ihm gar sprechen, und ihm zur Erkänntlichkeit mein Herz anbieten. Habt ihr mich noch ein bisgen lieb, Muhme, so zeigt mir itzt eure Gunst und geht mir mit Rath und That an die Hand, damit ich das unternommene Werck glücklich ausführen möge.

Sophie.

Sophie. Ihr thut wohl daran, denn ich sehe, daß ich es nicht verhindern kan.

Jacobine. Nein, liebste Muhme, unterstützet mich lieber mit eurer Ueberlegung.

### Der dritte Auftritt.
Sophie, Jacobine, Cathrine.

Cathrine. Geschwinde Madam, machen sie sich fort, ihr Bruder ist mit dem Herrn Ludewig gekommen

Sophie. Kommt, wir wollen sehen, was sie vornehmen werden; (sie entwischen durch die bedeckte Thüre aus der Stube, und sehen durch das gemachte Loch.)

### Der vierdte Auftritt.
Ferdinand, Ludewig, Philip und Johann jeder mit einem Falleisen.

Ferdinand. Sehn sie, wehrster Freund, dieses ist das Zimmer, in welchem ich sie die Zeit ihres Hierseyns über zu bleiben bitte.

Ludewig. Sie sind gar zu gütig, Herr Ferdinand, und überhäuffen mich mit so vielen Wohlthaten, daß ich endlich dieselben nicht werde ersetzen können.

Ferdinand. Was ich thue, ist alles meine Schuldigkeit; sie müssen mit dieser schlechten Stube verlieb nehmen; sie hat zwey verschlossene Thären; eine davon geht auf den Saal, die andre auf die Straße; hier sind beyde Schlüssel.

Ludewig. (Giebt an Philip die Schlüssel.)

Philip. Herr.

**Ludewig.** Hier, nehmt die Schlüssel zu euch.

**Ferdinand.** Sehet wohl zu; dieser gehöret zur inwendigen und dieser zur äussern Thüre; sie sind genugsam zu unterscheiden.

**Philip.** Ich seh es wohl.

**Ferdinand.** Ich habe ihnen diese Stube darum angewiesen, damit sie nach ihrem Sinne so wohl des Tags als Nachts hinein kommen können. Hier ist auch Feder und Dinte; und wenn sie etwas lesen wollen, so haben sie hier einige Historische Bücher.

**Ludewig.** Ich sehe, ihre Höflichkeit verbindet mich immer mehr und mehr.

**Ferdinand.** Wenn es ihnen noch an etwas fehlt so haben sie nur zu gebieten.

**Ludewig.** Sie beschämen mich recht durch ihre Gefälligkeit.

**Ferdinand.** Ich erweise ihnen niemals so viele, als sie an mir verdient haben; und ich wünschte, daß ich ihnen meine Dankbarkeit recht nach Würden zeigen könnte. Itzo will ich sie allein lassen, damit sie sich der Bequemlichkeit bedienen mögen; unten erwarte ich sie, damit wir versprochener massen das Frauenzimmer, von der ich ihnen gesagt habe, auf den Ball führen können; sie ist freundlich, schön und artig im Umgange und sie wird ihnen wohl anstehn.

**Ludewig.** Ich folge ihnen auf dem Fusse nach liebster Freund; zuvor aber will ich mich noch ein wenig zurechte machen.

## Der fünffte Auftritt.
**Ludewig, Philip.**

**Ludewig.** Mache den Koffer auf, Philip, und gieb mir ein reines Schnupftuch heraus; inzwischen wir auf den Balle sind, so bemühe dich um eine Wäscherin und überliefre ihr das schwarzgemachte Zeug.

**Philip.** Sehr wohl mein Herr, hier ist auch das verlangte Tuch.

**Ludewig.** Kehre mir das Kleid ab; (wenn er abgekehrt ist, will er gehn) ich habe mich besonnen du mußt mit mir gehn.

**Philip.** Gehn sie nur, ich komme gleich; ich will nur zuvor den Koffer zuschlüssen;

**Ludewig.** Worzu ist das nöthig? wir sind ja hier in keinem Wirths Hause, sondern bey guten Freunden. Laß ihn nur offen und verschließ die Thüre, so ists schon gut.

**Philip.** Das war alles geschehen.

**Ludewig.** Nun, so komm!

## Der sechste Auftritt.
**Jacobine, Cathrine kommen durch die bedeckte Thüre.**

**Cathrine.** Kommen sie Madam, sie sind beyde weg; und wo bleibet ihre Muhme?

**Jacobine.** Ich habe sie gebeten, daß sie Wacht halten und auf meinen Bruder und seinen Gast wohl acht geben soll, damit wir nicht etwan von ihnen überrumpelt werden.

Ca-

Cathrine. Sie thun wohl daran; denn sie haben Ursache furchtsam zu seyn.

Jacobine. Komm nun Cathrine und hielf mir Herr Ludewigs Koffer durchsuchen; • • • was findst du da?

Cathrine. Ein Buch.

Jacobine. Weiter!

Cathrine. Eine silberne Dose.

Jacobine. Findest du keine Briefe?

Cathrine. Nein, Madame.

Jacobine. Siehe recht zu, es müssen gewiß welche da seyn.

Cathrine. Gefunden, gefunden, Madam; hier ist ein Packetgen Papier; das müssen gewiß die Briefe seyn.

Jacobine. Gieb her! ja, sie sinds; ich bin doch neugierig zu sehen, von wem sie sind.

Cathrine. Lesen sie nur; ich will indessen seines Dieners Felleisen durchsuchen.

Jacobine. Thu was du wilst, mache es aber nicht zu mercklich.

Cathrine. Huy! da ist ein Fläschgen mit Rosolis.

Jacobine. Schweig stille, und störe mich nicht.

Cathrine. Potztausend, da liegen die Kämme bey seinem Essen; pfui, ich geh nicht zu ihm zu Gaste.

Jacobine. Halt das Maul!

Cathrine. Hier ist auch ein Spiel schmutzige Karten.

Jacobine. Schweigst du einmal!

Cathrine. Halt, da liegt ein Stück Wachs Licht.

Jacobine. Indem sie die Briefe lesen.) Ich finde nichts in den Briefen, das meiner Liebe nachtheilig seyn, und mich eifersüchtig machen könnte; ich will auch nun den Brief, den ich in meinen Zimmer geschrieben, auf den Tisch legen.

Cathrine. Hier ist des Dieners Geld Beutel; halt, ich will das Geld heraus nehmen, und ihn mit Sand vollfüllen zum Hencker, was wird er für Augen machen, wenn er ihn so schwer findet!

Jacobine. Mache fein alles wieder zurechte, damit sie nicht Unrath vermerken.

## Der siebende Auftritt.
### Sophie, Jacobine, Cathrine.

Sophie. Macht geschwinde fort; Herr Ludewig wird noch nicht ausgehen, sondern den Augenblick mit seinem Diener herkommen.

Cathrine. Potztausend, sie werden uns über den Hals kommen;

Jacob. Nicht viel Redens, wir müssen gehn;

Sophie. Aber euer Brief Muhme,

Jacobine. Der liegt schon auf seiner Stellen. (Sie gehn durch die bedeckte Thüre weg.)

## Der achte Auftritt.
### Ludewig, Philip.

Philip. Herr, ums Himmels willen, was ist das? es sind Diebe in der Stube! Diebe, Diebe!

Ludewig. Schelm, was hast du da zu schreyen?

Phi-

Philip. Helfen sie mir doch, oder ich bin meines lebens nicht sicher.

Ludewig. Für wem denn?

Philip. Für Dieben, ich habe sie gehn und sprechen hören, als ich die Thüre aufmachte; wo sie uns nicht entwischt sind, so stecken sie gewiß in einem Winkel.

Ludewig. Schließ die Thüre geschwind zu.

Philip. Sie ist schon verschlossen.

Ludewig. Suche nun überall herum!

Philip. Ey ich bedanke mich dafür, suchen sie selbst.

Ludewig. Willst du noch lange wiedersprechen? fort, suche!

Philip. Ich kan wahrhaftig nicht.

Ludewig. Wirst du dir deine alte Nicken nicht einmal abgewöhnen?

Philip. Vergeben sie mirs, ich bin gar zu sehr erschrocken, und über das möchte ich gern mit heiler Haut zu Bette gehn; wie leicht könnten sie mir einen Schlag versetzen, daß mir hörn und sehn vergienge. Suchen sie Herr, sie fragen doch so nicht viel nach ihren leben.

Ludewig. Ich finde nichts und gleichwohl liegen doch alle meine Sachen untereinander.

Philip. Ey, ey, sie sind gewiß schon mit den besten weg.

Ludewig. Siehe genau zu, ob auch was an meinen Sachen fehlt.

Philip. Es ist noch alles da.

Ludewig. Das ist artig; ich kan nicht begreifen, was das sagen will.

Philip. Ach, ach, das ist gewiß Zauberey; es spockt hier im Hause; da ich in die Stube kam, sah ich was schwarzes an der Wand herum kriechen.

Ludewig. Du träumst.

Philip. Ach Herr, ich bin des Todes.

Ludewig. Was giebts?

Philip. Ach, ich bin um Hals! mein Geld ist weg.

Ludewig. Der Beutel ist ja noch voll.

Philip. Es ist lauter Sand darinnen (er weint;) ich wollte, daß Meister Hans den Spitzbuben unter seinen Händen hätte; ach, ach, mein Geld!

Ludewig. Worzu hilft das Weinen? Nimm das Licht, und suche überall herum? vielleicht ertappen wir was.

Philip. Das laß ich wohl bleiben; ich habe keine Lust den Beelzebub zu suchen.

Ludewig. Hier liegt ein Brief.

Philip. Ach Herr, dem hat gewiß der Schwarze geschrieben.

Ludewig. Ich will ihn lesen, vielleicht giebt es uns in der Sache ein Licht. (Er lieset.)

## Grosmüthiger Edelmann,

Die Gunst, die ihr mir heute auf dem Königl. Lustschlosse erwiesen habt, ist viel zu groß, als daß ich sie so bald vergessen sollte. Ich werde euch zeigen, wie hoch ich euren Dienst achte; ist euch an meiner Freundschaft etwas gelegen, so lasset hier eine Antwort, und behaltet dieses Geheimniß bey euch.

Er

Er ist von dem Frauenzimmer, das mich um Beystand bat, und der zu gefallen ich den jungen Franzosen einen ziemlichen Stoß beybrachte. Sie will mir ihre Dankbarkeit zeigen; gewiß, ich hätte so bald keine Vergeltung dafür erwartet.

Philip. Herr, das Mensch kan hexen; sie hat den Brief gebracht, und ist gewiß zum Schorstein hinaus geflogen, da sie uns hat kommen hören.

Ludewig. Du bist närrisch, itzt weiß man von Zauberey nichts mehr; die Menschen sind zu schwer darzu, als daß sie sollten durch die Luft fliegen können.

Philip. Ey, wo Henker wäre denn sonst das Geräusche hergekommen?

Ludewig. Das hast du dir nur so eingebildet.

Philip. Eingebildet? ja, ja! meine Augen betrügen mich nicht; wenn auch das nicht wäre, so hat sie gewiß einen Spiritum Familiarem, den sie anstatt eines Botens gebraucht.

Ludewig. Was hast du Thor für Grillen im Kopfe? das hätte ich nicht gedacht, daß du so einfältig wärest.

Philip. Meinen sie denn, Herr, daß ich ein Hase bin? wie käme denn der Brief hieher?

Ludewig. Vielleicht hat man von dieser Stube noch einen Schlüssel, und wer weiß, ist sie nicht in diesem Hause bekannt; ich will ihr doch wieder schreiben und zugleich auch an meinen Vater, daß ich vor der andern Woche hier nicht abreisen werde; räume indessen alles wieder zurechte.

Philip. Die Hexe hat uns doch beyden was zu thun gemacht; ich möchte nur wissen, was ihr das hülfe,

hülfe, daß sie mein Geld genommen und alles über einen Haufen geworfen hat.

Ludewig. Das Frauenzimmer ist von Natur neugierig; man muß schon damit zufrieden seyn.

Philip. Ein schöner Bescheid! sie möchte sich noch mit mir vexiren, wenn sie mir nur keinen Schaden thäte; aber ein leerer Beutel, das ist zu toll.

Ludewig. Vielleicht will sie dir an statt des wenigen Geldes den Beutel voll Ducaten machen.

Philip. Ey ja, da hätte sie doch den Beutel nicht hier gelassen, und ihn mit Sande vollgefüllt.

Ludewig. Schweig stille, du störest mich durch alle die närrische Plaudereyen.

Philip. Es ist schon gut, bey ihm ist das Spas, bey mir aber Ernst, ich muß den Schaden tragen.

Ludewig. Verhindre mich nicht im Schreiben, oder ich komme dir auf deinen Puckel.

Philip. Ich sage kein Wort.

Ludewig. Hier bring den Brief an meinen Vater auf die Post.

Philip. Ganz gut, und der andre?

Ludwig. Der muß nach des Frauenzimmers Befehl hier liegen bleiben; sie wird ihn schon holen; wenn dus sehen willst, so erwarte sie hier, es ist dir erlaubt.

Philip. Nein, nein, mein Hals ist mir lieb. (er läuft ab.)

## Die zweyte Handlung.
### Der erste Auftritt.
#### Sophie, Jacobine.

Jacobine.

Ob er auch wird geantwortet haben? ich stehe zwischen Furcht und Hoffnung.

Sophie. Da ist der Brief.

Jacobine. Wohldann, ich will ihn gleich lesen.

### Unbekannte Schöne.

Das wenige, das ich für euch gethan habe, verbindet euch im geringsten nicht, weil ich blos dadurch meiner Pflicht nachgelebt. Ich schwöre es euch auch, weil ihr es so verlanget, bey meinem adelichen Worte, daß kein Mensch etwas von unserm geheimen Verständniß erfahren soll, wenn ihr mich dessen würdig achtet; ich wenigstens bin euer Knecht, und erwarte nichts, als eure Befehle.

Gewiß, keine geringere Höflichkeit habe ich von ihm erwartet; dieser angenehme Brief bringt meine lodernde Liebe vollends in lichte Flammen.

Sophie. Liebe Muhme, ihr säet durch dieses Unternehmen ein schädlich Unkraut in eure Sinnen, das sich nicht so leicht wieder wird ausrotten lassen.

Jacobine. Tadelt meinen Anschlag nicht, liebste

Muhme, denn ich muß sterben, wenn er fehl schlagen sollte.

Sophie. Denkt ihr aber nicht an eure Ehre?

Jacobine. O ja, daran dencke ich mehr als an alles, und ich wollte lieber 1000mal sterben, ehe ich meine Ehre in die mindste Gefahr setzen sollte. Kan ich auch den Herrn Ludewig nicht erhalten, so will ich lieber das Leben missen, als meiner Ehre einen Schandfleck geben.

Sophie. Habt ihr denn noch im Sinne, daß er euch selbst sehen soll?

Jacobine. Ja, liebe Muhme, und wenn es möglich ist, noch diese Nacht.

Sophie. Wie wollet ihr das anfangen?

Jacobine. Ich habe eure Hülfe hierzu nöthig.

Sophie. Diese biete ich euch nebst meinem Herzen völlig an.

Jacobine. So erweiset mir doch die Freundschafft, und befehlet euren Kammerdiener, daß er nebst eurem Kutscher mit Wagen und Pferden ohnfehr nach Mitternacht in der Allee erscheinen soll, doch alle masquirt.

Sophie. Ey warum denn masquirt?

Jacobine. Ich thu es darum, liebe Muhme, daß ich den Herrn Ludewig in mein Zimmer bringe, ohne daß er weiß, bey wem und an welchen Orte er sich befindet; alsdenn kan ich mich auf die zärtlichste Art mit ihm unterhalten und mein Bruder kan uns nicht stören, weil er alsdann auf dem Balle ist.

Sophie. Habt ihr denn schon vergessen, Frau Muhme, daß Herr Ludewig euren Bruder versprochen

chen hat, ihn auf dem Ball mit einem Frauenzimmer zu begleiten?

Jacobine. Es ist wahr, ich ward über seinen Entschluß gar ein bisgen eifersüchtig; jedoch wer weiß, wie es zusammen hängt, ich will den Vorsatz durch meinen Brief bald verhindern. Ich habe itzt Cathrinen zum Kramer geschickt, sie holet eine Degen-Quaste, und die denke dem Herrn Ludewig auf seinem Tische als ein Geschenck liegen zu lassen. Doch da ist sie schon.

## Der zweyte Auftritt.

Jacobine, Sophie, Cathrine durch die bedeckte Thüre.

Jacobine. Haben sie unten schon abgegessen?

Cathrine. Fürchten sie nichts; Johann sagte mir, daß sie kaum mit der Suppe fertig wäre.

Jacobine. Wo ist die Quaste?

Cathrine. Hier ist sie; ich muß sie aber ein bisgen aus einander zopfen; der Kramer hatte keine Zeit darzu.

Jacobine. Thue es, ich will indessen Ludewigs Brief beantworten.

Sophie. Was giebt die Mode nicht für wunderliche Grillen an?

Cathrine. Ey die ist ja allezeit närrisch gewesen.

Sophie. Es ist wahr Cathrine, seit dem wir von dem Französischen Geiste besessen sind, und derselbe nicht ausgetrieben werden kan, so erhält uns die Mode auf unsre eigne Kosten in unsrer Narrheit, und
ziehet

ziehet aus ihren ersonnenen Grillen durch unsre Nach-
äfferey Reichthum.

Cathrine. Müssen die Frantzosen nicht lachen,
wenn sie an uns so getreue Affen ihrer Galanterien
finden;

Sophie. Wir hätten Ursache uns in der neusten
Tracht am meisten zu schämen.

Jacobine. Der Brief ist fertig; da Cathrine,
lege die Quaste darauf.

Cathrine. Es liegt aber alles so unordentlich
unter einander; ich will es ein wenig wieder zurecht
legen.

Jacobine. Ich höre jemand kommen; wir müs-
geschwinde fort.

(Jacobine und Sophie fliehen mit dem
Lichte und lassen Cathrinen
in Dunckeln.)

Cathrine. Madam, warten sie doch! nun haben
sie das Licht mit genommen, und itzo kan ich den Aus-
gang nicht finden; nun werde in die Knelpe kommen;
doch frisch, es hat nichts zu bedeuten, denn ich höre,
daß es nur Philip ist.

## Der dritte Auftritt.

Philip singend, mit einer Flasche in der Hand, Cathrine macht, daß sie hinter ihm kömmt.

Trink an Camerad, trinck an;
Der Mensch hat wenig Zeit zu leben,
Darum laßt uns in Freuden schweben,
So lang man trincken kan;

Dann

Dann wann wir in dem Grabe liegen,
So ist es aus mit Glas und Wein,
Warum denn nicht getruncken voll Vergnügen
So lange wir auf Erden seyn?

Ich habe nun fast die ganze Flasche ausgetruncken, und gleichwohl zittre und bebe ich noch; denn mein Singen kam mehr aus Angst, als Freude. Herr Ludewig; Herr Ludewig! wo bleiben sie denn! ich weiß wohl, wo der Hund begraben liegt. Er schickt mich her, weil er hier zu seyn fürchtet, heißt das gleich kommen? warhaftig das Herz fällt mir auf einmal in die Hosen; da Philip, bist du ein Narr? Courage, ich will das Kleid aus meines Herren Koffer holen. Wie aber, wenn der Geist drauf sässe? ach, ach, da liegt aller Muth wieder! was Rath? halt, ich will den Geist beschweren;

Gnädiger Herr Geist, du seyst auch wer du willst so schwöre ich, der ich niemals was Böses gethan habe ijo bey der schönen Magellonen Unterrocke, bey Fortunati Wünschhütlein, bey des grossen Christopfs Stabe und allen Knochen der verstorbenen frommen Leute, daß ich dir unterthänigst verbunden bin, wenn du nicht vor mir erscheinst; denn lieber Geist, man kan ja wohl gut Freund zusammen seyn, man darf deswegen nicht zu den andern spoocken kommen.
(Cathrine bläßt ihm das Licht aus und giebt ihm eine Ohrfeige.)
Mord, Brand, Herr, zu Hülfe, zu Hülfe!

## Der vierdte Auftritt.

Ludewig, Philip, Cathrine im Dunkeln.

**Ludewig.** Schelm was schreyest du so? was machst du in Dunkeln?

**Philip.** Ach, der vermaledeyte Geist?

**Ludewig.** Was für ein Geist?

**Philip.** Ach, der hier in der Stube war.

**Ludewig.** Die Furcht macht dich zum Narren, halt was lauft mir gegen den Leib? ich that es, Philip. (Er faßt den Korb, den Cathrine in der Hand hat.)

**Philip.** Wie, Herr?

**Ludewig.** Lauf geschwinde und zündt unten das Licht an, schieb aber von aussen den Riegel vor die Thüre und komm den Augenblick wieder. (Indem Philip zur Thüre hinaus gehet und zuriegelt, läßt Cathrine den Korb in Ludewigs Händen, und entwischt durch die bedeckte Thüre.)

## Der fünfte Auftritt.

Ludewig allein.

Nun gutes Gespenste, sollst du mir so leicht nicht entlaufen: sage frey heraus, wer bist du? ein Teufel, ein Geist oder ein Mensch? was suchest du hier? itzt bist du gefangen, und itzt will ich dich lehren, uns durch dein Lärm in Schrecken zu setzen.

## Der sechste Auftritt.

Philip mit einem Lichte, Ludewig.

**Philip.** Hier ist das Licht.

**Ludewig.** Was ist das? ein Korb! und kein Mensch,

**Philip.** Was? ist das Gespenste fortgeflogen? ey Herr, sie hielten es ja aber feste; und doch ist es weg; sie müssen schlecht gehalten haben.

**Ludewig.** Ich bin darüber erstaunt, doch komm, wir wollen doch einmal nach der Thüre sehn, die von der Strasse zu ihren Eingang hat.

**Philip.** Die kan nicht besser verschlossen seyn; und darzu ist sie oben und unten verriegelt.

**Ludewig.** Es ist doch etwas fremdes, das ich nicht begreifen kan.

**Philip.** Ich zittre über und über; habe ich nun noch unrecht, Herr, und glauben sie itzt nicht, daß es ein Gespenste ist?

**Ludewig.** Was Gespenste? der Schröck macht dich, glaub ich, schon rasend.

**Philip.** Sie müssen es nur auch fühlen, wie ich; alsdann werden sie es schon näher geben.

**Ludewig.** Was hast du gefühlt?

**Philip.** Ein Geist hat mir mit eisernen Händen fast alle Zähne eingeschlagen.

**Ludewig.** Das bildest du dir nur ein.

**Philip.** Was, einbilden! sehn sie nur, der Mund blutet mir noch.

**Ludewig.** Dein grosser Schröck macht, daß du so was glaubest.

**Philip.** Wenns kein Gespenste wäre, wie käme denn der Korb in die Stube? es ist warhaftig Hexerey, Herr, glauben sies, eh sies fühlen.

**Ludewig.** Ich gestehe es, ich sehe darinnen nicht
weiter

weiter als ein Blinder, aber ich will nicht ruhen, bis ich den Grund davon finde.

Philip. Was, finden! sehn sie wohl zu, Herr, was sie thun; ich fürchte es findt uns, ehe wirs suchen; denn jemehr mans sucht, je böser wirds; schonen sie doch ihr und mein Leben.

Ludewig. Nun gut; aber laß einmal sehn, was uns dies Gespenste scheucht.

Philip. Ich bin des Todes, Herr, da sitzt der Kobold drinne.

Ludewig. Schweig Flegel! eine vortrefliche Degen-Quaste?

Philip. Ach, rühren sies doch nicht an.

Ludewig. Halts Maul, sag ich; aber hier ist auch noch ein Brief; was soll das heissen?

Philip. Ich glaube Herr, der Geist hat sie lieb?

(Ludewig lieset.)

### Mein Herr.

Wo sie mich lieb haben, so erwarten sie mich allhier diesen Abend um eilf Uhr sonder Licht; empfangen sie inzwischen diß kleine Geschencke; es ist roth und weiß; diese zwey Farben bilden ihnen meines Gemüthes itzige Beschaffenheit ab. Lassen sie hier ihre Antwort wieder; damit ich auch gleichfals erfahre, wie es mit ihren Herzen steht.

Was ist das für ein fremder Zufall; ich kan ihr ihr höfliches Ersuchen nicht abschlagen.

Philip. Hohl der Henker ihre Höflichkeit.

Lude.

Ludewig. Schweig Schelm; ich muß einmal ein Ende von dieser Spoockerey sehen.

Philip. Fürchten sie denn nichts böses?

Ludewig. Der ist ein Narr, wer Gespenster glaubet; darum halts Maul; ;; sie scheint eifersüchtig und verliebt zu seyn; ich soll sie in Dunckeln erwarten; die zwey Farben dieser Quaste, sollen mir, wie sie schreibt, die Beschaffenheit ihres Herzens abbilden; ja, ja, es ist nicht anders, sie trägt mir ihre Liebe an; die rothe Farbe zeiget Brand an.

Philip. Das war gut gerathen, Herr, ja es ist ein höllischer Brand, der im dunkeln am besten brennet; ich muß gestehen, der Teufel hat es recht listig ausgesonnen.

Ludewig. Schweig, sag ich. Das weisse bezeuget ihres Herzens Reinigkeit; wohldann ich will ihr gleich Antwort schreiben; setze das Licht her!

Philip. Wenn ich wie sie wäre, so ließ ich das Ding bleiben.

Ludewig. Schweig, Feigherziger!

Philip. Sind denn keine Gespenster.

Ludewig. Das ist nur für kleine Kinder erdacht.

Philip. Keine Kobolte und Nachtmohre.

Ludewig. Ey lügen.

Philip. So wäre das keine Hexe gewesen, die uns entwischt ist; denn sie sollen zum Schorsteine aus und einfliegen können.

Ludewig. Possen!

Philip. Kein Waerwolf, keine weisse Frau, kein Drache?

Ludewig. Grillen! Einbildung!

**Philip.** Ich lasse mir das Fell abziehn, wo es nicht Zauberer giebt.

**Ludewig.** Narr; gieb dich zu frieden.

**Philip.** Giebts auch keine unterirdische Schatten?

**Ludewig.** Nicht doch.

**Philip.** Auch keine Nix und Irrwisch?

**Ludewig.** Narrenspossen!

**Philip.** Keine Geister überhaupt?

**Ludewig.** Warum nicht gar?

**Philip.** Auch keine herum schwebende Seelen?

**Ludewig.** Was für närrische Fragen; die ruhet wohl nach des Menschen Tode; doch die Zeit verläuft; mein Brief ist fertig; sie verspricht mir darauf zu antworten; fort schiebe den Riegel wieder von der Thüre ab; nun wie stehst du so verwirrt da!

**Philip.** Ach, ich zittre und bebe, wenn ich daran gedencke, daß sie ihr Leben so in die Schanze schlagen wollen; sie werden gewiß nicht so wiederkommen wie sie hingehn. Ach, Herr, sie kennen die Gespenster noch nicht; er mahlt es ihnen erst süsse vor, aber geben sie acht, wie theuer sie auf die letzt das bisgen Freude werden bezahlen müssen. Ich fürchte, ich fürchte, es ist der Teufel, der sie holen will; lassen sie sich doch rathen, Herr; wenn es noch bey Tage wäre; aber in dunckeln, nein das liegt mir zu schwehr auf den Herzen.

**Ludewig.** Komm, bind mir die Quaste in den Degen.

**Philip.** Ach Herr thun sies immer selbst.

**Ludewig.** Schelm, was soll das heissen? juckt dir die Haut?

und die spoockende Witwe.

**Philip.** Ich, ich kan ohnmöglich, was von des Satans Geschencke anrühren.

**Ludewig.** Ich sage, bind an, oder ⹀⹀

**Philip.** Zum Hencker ist das Selde?

**Ludewig.** Was denn?

**Philip.** Haben sie denn in der Hölle auch Selde?

**Ludewig.** Mache fort, sage ich dir.

**Philip.** Wie doch der Teufel einen Menschen verleiten kan; wenn er ihnen nur auch das Geld genommen und Ohrfeigen gegeben hätte, wie mir, so sollten ihnen wohl eben so bange seyn.

**Ludewig.** Stille, da kömmt Herr Ferdinand.

## Der siebende Auftritt.
### Ferdinand, Ludewig.

**Ferd.** Verzeihen sie mir, Herr Bruder, wenn ich sie in etwas störe; es ist Zeit, daß wir die Jungfer abholen und mit ihr nach den Balle gehn.

**Ludewig.** Ich erkenne ihre Höflichkeit mit dem verbundesten Danke, ich glaube aber schwerlich, daß ich die Ehre, sie zu begleiten, werde haben können, wo sie mir anders meine Bitte nicht abschlagen.

**Ferd.** Sie haben nicht zu bitten, sondern nur zu befehlen.

**Ludewig.** Ich befinde mit etwas unpaß und möchte deswegen gern bey Zeiten zu Bette gehn.

**Ferd.** Ey, worinnen besteht denn ihre Unpäßlichkeit? sie wird so gar groß nicht seyn.

**Ludewig.** Ich halte dafür, daß es ein kleines Ueberbleibsel von der Reise und der Verkältung ist;

ich

ich schlüsse dieses aus dem Schauder, der mich überfiel.

Ferd. Wollen sie denn auch nicht kommen und wenigstens dem Balle zu sehen?

Ludewig. Ich thäte dieses sehr gern, wenn ich nur vor eilf Uhren wieder nach Hause gehen könnte; allein dieses wird mir besagte Jungfer übel nehmen.

Ferd. Kommen sie nur, Herr Ludewig, ich bin gut dafür, daß sich ihre Unpäßlichkeit daselbst verlieren wird.

Ludewig. Sie sehn wie groß unsre Freundschafft ist, weil ich ihnen auch dieses nicht abschlagen kan.

Philip. Ja, wenn er nur wüßte, was er für eine Kranckheit hätte.

## Ende der zweyten Abhandlung.

Die

## Die dritte Abhandlung.
### Erster Auftritt.
Sophie, Jacobine, Cathrine
kommen durch die bedeckte Thüre in das Zimmer.
Jacobine.

Wenn er euch aber an statt des Korbes zu fassen gekriegt hätte, würdet ihr ihm wohl das Geheimniß verschwiegen haben?

Cathrine. Ja, Frau, das weiß ich nicht, denn ich war so erschrocken, daß ich kaum mit genauer Noth die Thüre finden konnte, ich fürchte, ich würde vor Angst nicht haben schweigen können.

Jacobine. Das beste ist, daß alles nach unserm Wunsch ausgeschlagen ist; ich glaube, Herr und Diener werden für Schrecken ausser sich gewesen seyn, da sie gesehen, daß ihnen das Gespenste so geschwind entkommen ist.

Sophie. Sehet doch einmal seine Antwort an, Frau Nichte; hier ist der Brief, wie mich deucht.

Jacobine. Gebt her, Muhme; ich hoffe, er wird das Herkommen vergessen.

„Ich will mich so früh, als es möglich ist
„von der Gesellschaft auf dem Balle los
„machen, damit ich nach ihrem Befehle,
„sie um eilf Uhr in meinem Zimmer er-
„warten kan; so sehr ich versichere, daß
„mir diese Zeit länger, als ein Jahr wird,
„so eifrig bin ich, zu erfahren, was mir

„dieselben gebieten werden. Zugleich
„statte ich auch für das überschickte Ge-
„schencke den verbindlichsten Danck ab.

Die Antwort ist so, wie ich sie von ihm gewünscht
habe, und seine Willfährigkeit nimmt mich noch heftiger
ein, als seine übrigen Vorzüge. Doch Frau Muhme,
wird ihre Kutsche, und was dazu gehört, um die ange-
setzte Zeit bereit seyn? wird es nicht an euren Lakayen
und Knechten fehlen, denn ehe es zwölfe schlägt, müssen
sie alle auf dem angewiesenen Platze seyn.

Sophie. O, für das lasset mich nur sorgen. Ihr
sollt nicht vergebens warten. Ich weiß ja, wie viel
euch an dem glücklichen Ausgange dieser List gelegen
ist; macht ihr nur, daß dieses Zimmer gleich zu rechte
gemacht wird, so bald er aus dem Hause gehet.

Jacobine. Es ist deswegen schon alle Anstalt vorge-
kehrt, die kostbarsten Sachen sollen dabey gebraucht werden, und bey der grossen Pracht soll Ludewig gewiß nicht
auf die Gedanken kommen, daß er in seinem eignen
Zimmer ist.

Sophie. Ich höre jemand kommen, Frau Muhme.

Jacobine. Ja, ja, sie sinds; er stellt sich noch
vor der Zeit ein; wir müssen uns entfernen; komm
Cathrine!

Cathrine. O ja, Madame; lassen sie mich ums
Himmels willen nicht wieder allein hier.

## Zweyter Auftritt.
Ludewig, Philip.

Philip. So in dunckeln, mein Herr, und ohne
Licht,

licht, was soll denn das bedeuten? ach ich bitte, was ich bitten kan, lassen sie mich fortgehen, denn ich weiß gewiß, daß der Teufel hier sein Spiel hat.

Ludewig. Sey doch standhaft! was hast du denn für Noth? so lange ich bey dir bin, darfst du nichts Böses besorgen.

Philip. Wollen sie denn aber hier den Teufel oder eine von seinen Dienern erwarten? ach lieber Herr, thun sie das für sich, wenn sies ja thun wollen, und lassen sie mich den Satan entlaufen; ich kenne seine Nücken; denn ich habe sie schon einmal gefühlt.

Ludewig. Schweig doch still und fasse Muth; es ist ja kein Gespenste.

Philip. Was wäre es denn?

Ludewig. Eine Jungfer, du Narr.

Philip. Ey, kan wohl der Teufel eine Jungfer seyn.

Ludewig. Hast du mir nicht immer ihre Briefe lesen gehört?

Philip. Ja Herr, aber denken sie doch, daß der Teufel ein Tausendkünstler ist; er wird gewiß auch schreiben können.

Ludewig. Es sey nun ein Gespenste oder nicht, so wollte ich, daß es nur käme.

Philip. das wollte ich nicht.

Ludewig Die Zeit wird mir recht lang.

Philip. Und mir auch; wir wollen deswegen lieber weiter gehn.

Ludewig. Ich sage ja, daß du nichts zu fürchten hast, so lange ich bey dir seyn werde.

Philip. Ey, reden sie was sie wollen, ich dencke

haben, was ich will; sie sind sie, und ich bin ich. Sie glauben keine Gespenster, ich glaube aber, daß es welche giebt; und was ich glaube, das glauben die meisten Leute.

Ludewig. Die meisten Leute sind Narren.

Philip. Ich habe es aber gefühlt, daß der Beelzebub stets hinter den Frommen her ist; sie müssen doch einen ganz andern Glauben haben, als ich, weil er sie so liebkoset und mich bald auffrißt; wenn ich doch aber ja nicht weggehn soll, so lassen sie mich wenigstens ein Licht holen.

Ludewig. Schweig! das Licht wird dir die Furcht mehr vermehren, als mindern; denn je weniger du siehst, je weniger darfst du dich fürchten.

## Dritter Auftritt.

Jacobine mit einer zugemachten Blendlaterne, durch die verborgene Thüre heraus; Ludewig
. Philip.

Philip. (Kömmt in Vorbeygehn an Jacobinen.) Ach Herr! da fühl ich was. Ach, ach, wo soll ich hinkriechen? o weh! da werde ich ans lincke Bein gefaßt; o, nun werde ich lebendig zum Teufel fahren müssen. Wo sind sie denn, Herr?

Ludewig. Sey doch herzhaft; du hast keine Noth, so lange ich bey dir bin.

Philip. Ach Herr, wenn doch nur wenigstens der Geist ein Licht brächte, so könnte man ihm doch ins Gesichte gucken o, o, ums Himmels willen, da wird es helle, das ist warhaftig Zauberey. Sehn sie nur her, der Teufel zündet das Licht an!

Ludewig. Narr, es ist ja ein Frauenzimmer.

Philip. Die Figur sieht aber einem Mohre ähnlicher, als einer Weibsperson.

Ludewig. Das ist ihre Maske; schweig und höre, was sie sagen wird.

Jacobine (*thut ihre Maske ab.*) Ich habe ihnen zweymal geschrieben, Herr Ludewig, und ihnen klare Beweise meiner Dankbarkeit gegeben; ich war ihnen dieselbe für ihren mir geleisteten Dienst schuldig; ich ward gegen sie von einer zärtlichen Liebe eingenommen, so bald ich ihre rühmliche Herkunft vernahm. Ihr Herz ist edelmüthig, das haben mir ihre bescheidene Antworten zu erkennen gegeben, nunmehro verlange ich aus ihrem eignen Munde zu hören, für was sie meine Liebe und mein Unterfangen ansehn werden.

Ludewig. Schönes Frauenzimmer, ein so kleiner Dienst verdienet keiner Vergeltung; und wenn uns gleich unsre Ehre und Pflicht nicht schon gebötde, das schöne Geschlecht in Abend-Vorfällen zu beschirmen, so müste doch die Bitte einer so reitzenden Person den allerfurchtsamsten anfrischen, ihr zu Dienste zustehen. Ich habe also nichts, als meiner Pflicht ein Genüge gethan, so wie es eines jeden Schuldigkeit gewesen wäre. Doch mein Herz ward gegen sie völlig vor Liebe eingenommen, als sie ihren erhabenen Geist in ihren Briefen abschilderten, die voll Kunst und Urtheils-Kraft stecken; da nun vollends meine Augen ihre Schönheit siehet, so empfinde ich, daß mein Herz im-

mer

mer verwirreter wird und nichts erwartet, als was sie ihm für Gesetze vorschreiben werden.

Jacobine. Lassen sie diese ungegründete Lobeserhebungen an die Seite gestellt seyn, sehn sie mich dafür an, und antworten sie mir auf meine Fragen. Wenn ein Frauenzimmer, die mir an Gestalt und Geist, ihnen aber an Stand und Vermögen gleich wäre, in Absicht auf eine wirkliche Heyrath, sich um ihr Herz bemühete, sollte sie dasselbe wohl zur Liebe bringen?

Ludewig. Der müßte gewiß seiner Sinnen beraubt seyn, welcher die angebotene Gunst muthwillig ausschlüge. Nein, meine Schöne, so kaltsinnig bin ich nicht, daß ich einen so grossen Schatz mir aus den Händen lassen sollte; Was kan man wohl mehr verlangen, als einer solchen Schönheit seine immerwährenden Dienste aufzuopfern? doch wenn es Ernst ist, so nehmen sie zum Zeugnisse meiner Treue diese meine rechte Hand, und reichen sie mir die ihrige dagegen, zu gleich aber erbitte ich mir ganz inbrünstig die Entdeckung ihres Namens und Standes.

Jacobine. Ich werde einen Brief schreiben und ihnen in demselben alles erklären, was sie zu thun haben, damit wir zu einem glücklichen Endzwecke gelangen könen.

Ludewig. Ach, schöne unbekannte, warum soll ich dieses nicht aus einem so lieben Munde hören? warum wollen sie - - -

Jacobine (setzt sich und schreibt) Stören sie mich nicht.

Ludewig. Ich folge dann ihrem Befehle.

Philip (kömmt furchtsam aus einem Winkel.) Hin! hin! Herr!

Ludewig. Was giebts?

Phi-

und die spoockende Wittwe.  139

Philip. Ach, wie spielen sie mit Ihrem Leben! wollen sie sich denn gar mit dem Teufel verheyrathen, der sie in Gestalt einer Frauensperson hinters Licht zu führen suchet; O, lieber Herr! er zieht ihnen gewiß das Fell über die Ohren und steckt sie lebendig in die Hölle, oder in ein Loch, das weder Sonne noch Mond bescheint. Sie müssen doch erschröckliche Sünden begangen haben, daß sie der Teufel so peinigt; bessern sie sich nun, Herr, und geben sie Philipen entweder den Abschied oder Geld, denn wenn der Beelzebub blos ihrentwegen gekommen ist, so könnte er mich leicht par Compagnie mit hohlen; und nähme er sie auch allein, wer sollte mir hernach denn meinen Lohn bezahlen?

Ludewig. Kan wohl ein so vollkommner Engel ein Teufel seyn.

Philip. Ich bleibe dabey, Herr, daß es der Teufel in menschlicher Gestalt ist; er hat sie schon in seinen Schlingen, ich predige nur einem Tauben; ach Herr, wenn sie mir zu guter letzt nur noch einmahl glauben wollten, sie würden gewiß bald was anders sehen.

Ludewig. Nun, so rede!

Philip. Heben sie ihr den Rock einmal bis an die Knie auf.

Ludewig. Schlingel, wie vermessen redest du.

Philip. Sie sollen hernach an ihren Pferdefüssen und ihrem langen Schweife schon sehen, daß ich die Wahrheit geredet habe.

Ludewig. Schweig, sage ich, ehe ich dir aufs Fell komme.

Ja-

Jacobine (indem sie geschrieben hat.) Nun, mein Herr, ich habe meinen Willen in diesem Briefe kund gegeben; lesen sie! vorhero aber belieben sie ihrem Diener zu befehlen, daß er die Thüre aufschliesset damit ich wieder von hier gehen kan.

Ludewig. Ach, meine Schöne!

Jacobine. Was beliebt ihnen?

Ludewig. Soll ich denn so geschwinde alle meine Freude verlieren?

Jacobine. Sie werden sie deswegen nicht verlieren.

Ludewig. So bleiben sie dann hier, sie sind die Wolluft meines Lebens, und wenn ich ihre Schönheit verlöre, so verlöre ich alle mein Glück.

Jacobine. Mein Brief giebt ihnen genugsam zu verstehen, wo sie dieselbe wieder finden können.

Ludewig. Vergönnen sie mir dann diese einzige Bitte, und sagen sie mir, ehe sie gehn, ihren Nahmen.

Jacobine. Ich sehe, meine Gunst macht sie dreiste; allein, mäßigen sie sich, mein Herr, sie werden durch alles dieses nichts gewinnen.

Ludewig. Wenn ich mich vergehe, so schreiben sie es der Heftigkeit meiner Liebe zu.

Jacobine. So wollen sie mich dann nicht gehen lassen, wenn ich ihnen nicht vorher meinen Nahmen sage?

Ludewig. Verzeihen sie mir, alle meine Wohlfarth hängt daran; ich weiß sie würden es ohne Umstände thun, wenn sie den Zustand meines Herzens sähen.

Jacobine. Wohlan mein Herr, ich will zur Er-
leich-

leichterung ihrer Schmerzen auch in diesem Stücke ihrem Begehren gnug thun, da sie doch einmal mein Herz haben. Allein, mit meinem Nahmen sind sehr grosse und wunderliche Umstände verknüpft, die zu erzehlen, viel Zeit wegnehmen werden; deswegen wünschte ich wohl, daß die oberste Oeffnung am Fenster recht zugemacht würde, damit uns niemand gewahr wird.

Ludewig. Ich werde ihrem Befehle gehorsamen; steig hinauf Philip!

Philip. Ach, ums Himmels willen, Herr, verschonen sie mich damit.

Jacobine. Er ist zu furchtsam und blöde, mein Herr, thun sie es lieber selbst und lassen sie ihn leuchten.

Ludewig. So komm und nimm das Licht!

Philip. Ach lieber Herr, nun wird uns der Teufel zum Fenster hinaus führen wollen.

Jacobine. Ziehen sie den Vorhang noch etwas besser zu.

Ludewig. Es ist gleich geschehen.

(Indem Ludewig den Vorhang zu ziehet und Philip ganz furchtsam leichtet, entwischt Jacobine durch die bedeckte Thüre aus dem Zimmer.)

## Der vierdte Auftritt.

### Ludewig, Philip.

Ludewig (steigt vom Stuhle.) Nun meine Schöne habe ich alles ⸺ Aber was ist dieses? wo sind sie.

Philip.

**Philip.** In der Hölle; sehn sie nun Herr, ob Philip lügt; ist das keine Zauberey, und werden sie nicht ein bisgen furchtsam?

**Ludewig.** Schweig stille und leuchte. Wie mag sie doch aus dem Zimmer gekommen seyn? Es ist alles feste zu, und sie gleichwohl hinaus; sie zündete ein Licht an! sie sprach! sie schrieb!

**Philip.** Und wie der Wind fliegt sie durch den Schorstein aus den Augen. Das that sie vorhin, wie es dunckel war, nun entwischt sie auch so gar bey brennenden Lichte; wollen sie itzt noch nicht an Gespenster glauben?

**Ludewig.** Ich lache über alle Zauberey.

**Philip.** Ach, Herr, was für Rath! mich deucht da steht wieder ein Geist am Tische.

**Ludewig.** Narr, ich sehe ja nichts, als den Stul.

**Philip.** Wer weiß, Herr, ob nicht ein Teufel auf dem andern gesessen hat; lassen sie uns hier weggehen.

**Ludewig.** Mein Muth ist mir hierdurch nicht gefallen, aber das gestehe ich, daß ich dieses Geheimniß mit meinem Verstande nicht ergründen kan.

**Philip.** Ich kan es wohl ergründen, denn mein Backen weiset es aus.

**Ludewig.** Ich will doch ihren Brief lesen.

**Philip.** O, nehmen sie ihn nicht in ihre Hände, stecken sie ihn lieber ins Licht und verbrennen die Hexenschrift.

**Ludewig.** Nein, nein, ich muß sehen, um was sie mich ersuchet; bring den Brief her!

**Philip.** Ich sollte den Brief anrühren? Nein,
Herr,

## und die spoockende Witwe.

Herr, ich mag mir die Hände nicht gern verbrennen.

Ludewig. Schelm, ich werde dich lehren Gehorsam seyn.

Philip. Nun, nun sie werden es schon fühlen.

(Ludewig lieset den Brief.)

Wenn sie mich kennen wollen, so kommen sie um Mitternacht in die Allee; sie werden daselbst einen Wagen mit Kutscher, Lakaien und Frauenzimmer finden, die alle schwarz gekleidet sind; diese werden ihnen und ihrem Diener die Augen verbinden; allein, fürchten sie nichts Böses, sondern lassen sie sich willig zu mir führen.

Philip. Ach, Herr! um Mitternacht! die schwarzen Bedienten! es ist mir Angst und bange; der Teufel muß aber doch gewiß was auf sie halten, weil er sie doch in einer Kutsche in die Hölle hohlen läßt. Lassen sie sich doch den Satan nicht blenden und bleiben sie hier.

Ludewig. Nein, eine solche Gunst möchte mir so leicht nicht wieder angeboten werden.

Philip. Denken sie doch auf ihren Leib, wie ich, und gehn sie nicht hin.

Ludewig. Nein, wo ich bleibe, mußt du auch bleiben.

Philip. Ach, ich wollte, daß ich hundert Meilen davon wäre; denn es sieht um meinen Hals itzo gefährlich aus.

Ludewig. Ein solch schön Teufelein verdienet
schon,

schon, daß man sich ihrentwegen in Gefahr begiebt; ich will ihr antworten.

Philip. Ehe sie das thun, Herr, so lassen sie sich doch zur Warnung eine Historie erzehlen, die meiner Grosmutter begegnet ist, wie sie einmal den Teufel in einer Alongen Parücke auf der grossen Brücke gesehen hat; er hat grosse feurige Augen gehabt und einen Pferdefuß.

Ludewig. Schweig, und laß mich schreiben.

Philip. Meines älter Vaters Schwester Tochter ist eben ein solcher Streich wiederfahren; die hat den Satan in mehr als einerley Gestalt gesehn; einmal hat sie ihn gar für ihren Mann gehalten, zu rechter Zeit aber ist sie einen Bockfus an ihm gewahr worden, sonst wäre vielleicht unschuldiger Weise ein kleiner Teufel in unsre Familie gekommen.

Ludewig. Wirst du dein Maul halten!

Philip. Vor dem reichen Gelinden seiner Thüre haben ich ihn selber mehr, als einmal des Abends bey Mondenschein herum spatziren sehen; er hatte zwey grosse Hörner, und die Leute sahen ihn alle für unsern Schneider an.

Ludewig. Ich habe das Briefgen zurechte: komm wir wollen gehn.

Philip. O lieber Herr, es ist höchst schade um unser junges Leben.

Ludewig. Schweig und folge!

Philip. Wollen sie denn aber in rechten Ernste gehn?

Ludewig. Freylich; wir sind ja aufs freundlichste genöthiget worden.

Phi=

und die spoockende Witwe.

**Philip.** Hohle der Henker solch Nöthigen; o, lassen sie mich hier, Herr, und fahren sie allein zum Teufel, ich will gern mein Kostgeld im Stiche lassen.

**Ludewig.** Ich frage dich, ob du kommen willst?

**Philip.** Nun, weils denn seyn muß, so will ich gehn; meine Muhme ist ihm entwischt, vielleicht kan ich ihm auch entlaufen.

## Der fünfte Auftritt.
Sophie, Jacobine, Cathrine kommen durch die verborgene Thüre.

**Cathrine.** Sie sind schon weg, Madame!

**Jacobine zu Sophien.** War es nicht Verwunderungs würdig?

**Sophie.** Ja, Frau Muhme, ihr Verstand hat sich darinnen sehr gezeigt; ich lobe die Erfindung, vermöge der sie ihm so unvermerkt entkommen sind.

**Cathrine.** Ich sah durch das Loch und bemerkte, daß er ganz stutzig darüber war.

**Sophie.** Es ist kein Wunder; da er itzt durch meine Muhme und vor kurzen von euch betrogen worden, so muß er gewiß glauben, es wäre ihm ein Gespenste entflohen.

**Jacobine.** Die erste Begebenheit hat ihm nicht furchtsam gemacht, allein was dieser neue Zufall für einem Eindruck in ihm gemacht hat, das wird seine Antwort ausweisen. Hier ist sie!

Weil ich mich voll Furcht und Verlangen
   ganz und gar ihrer Bescheidenheit ergeben,
   so werde ich an dem bestimmten Orte er-

schei-

scheinen; nicht wiederum neue Gunst, sondern nur Gnade zu empfangen.
Wie höflich ist er nicht! ja, ja, ich habe niemals an seinem Edelmuthe gezweifelt; seine Lebhaftigkeit:::

Sophie. Lassen sie uns keine Zeit verlieren, Frau Muhme; diesem Zimmer muß gleich eine andre Gestalt gegeben werden. Geht hinunter Cathrine, und sagt dem Tapezierer, daß er unverzüglich herauf kömmt, und die Tapeten anmacht. Nach diesem verfügt euch in mein Haus, und fahrt mit dem Kutscher und dem Bedienten gleich in die Allee.

Jacobine. Vermaskiret euch aber ja und macht, daß so wohl dem Herrn, als dem Diener die Augen verbunden werden; befehlet dem Kutscher, daß er alsdann einige Umwege nimmt, damit er nicht merckt, daß er wieder in dieses Haus gebracht wird.

Cathrine. Ich will schon sorgen, daß es an nichts fehlet.

Sophie. So wollen wir auch gehen und das übrige bestellen.

Ende der dritten Abhandlung.

## Die vierdte Abhandlung.
### Der erste Auftritt.
Sophie, Jacobine, Antonette.

Jacobine.

Ja Muhme, es ist hohe Zeit, Cathrine muß bald da seyn, denn die Uhr ist bey nahe schon halb eins; ihr Antonette, setzt vollends zu rechte, wo noch etwas fehlet; aber in der That stehn mir diese Kleider nicht besser, als die verdrüßliche Trauer?

Sophie. Ihr sehet wie eine Königin in denselben aus; das stärkste Herz wird sich in dem Aufzuge eurer Anfälle nicht erwehren können; und da ihr dem Herrn Ludewig gleich bey dem ersten Anblicke gefielet, so wird er nun gewiß vor Verwunderung ausser sich seyn und denken, daß er eine Göttin in ihrem himmlischen Schmucke glänzen siehet. Wie läßt aber mir dieses Kleid, liebe Muhme?

Jacobine. Es verjünget euch ganz und paßt recht vortrefflich zu eurem Gesichte; ja, ich habe Ursache eure Reitzungen zu fürchten, denn es kan leicht geschehen, daß sie den meinigen Abbruch thun.

Antonette. Fürchten sie sich denn aber nicht für mich, Madame? denn mit ihrer gütigen Erlaubniß, so sehe ich ja wohl eben so schön aus, als wie sie.

Jacobine. O, ihr seyd ganz abscheulich schön.

Antonette. Ach! dürfte ich nur meine freundliche Augen auf ihres geliebten Diener werfen, so sollten sie sehen, was sie ausrichten können; ich weiß, er gäbe lieber mir die Wirckungen der Liebe zu erkennen, als einer von ihnen beyden.

Jacobine. Verrichtet nur, was ich euch befohlen habe.

Antonette. Es ist schon alles zu rechte; Herr Ludewigs Coffer und seines Dieners Fellelsen habe ich in das Nebenzimmer gesetzt, sie sollen nun gewiß nicht gewahr werden, daß dieses ihr Zimmer ist, wenn sie auch hundert Augen hätten.

Jacobine. Ist der Wein und der Confect schon da.

Antonette. O ja, Madame; aber wenn ich mich in dem Mamsellen Kleide ansehe, so stutze ich allemal; der Diener muß sich in mich verlieben, er mag wollen oder nicht; o Madam, schenken sie mir das Kleid, ich will Zeitlebens ihre Köchin umsonst seyn.

Sophie. Es steht euch schön.

Antonette. Wie schön denn? ey legen sie mir doch das einmal aus.

Sophie. So schön wie eine seidene Flache einer Holzflösse.

Jacobine. Ich höre Cathrinen die Treppe herauf kommen, Antonette:

Antonette. Befehlen sie nun, daß ich den Wein und den Confect hole?

Jacobine. Ja, geschwind.

## Der zweyte Auftritt.
### Sophie, Jacobine, Cathrine.

Jacobine. Wie stehts mit dem Herrn Ludewig, Cathrine? fand er euch?

Ca

**Cathrine.** Er ist schon in ihrem Hause, Madame,

**Jacobine.** Ließ er sich willig die Augen verbinden?

**Cathrine.** O, ja; aber Philip hätte durch sein Schreyen bald alles aufrührisch gemacht, wo ihm Herr Ludewig nicht mit Prügeln gedrohet.

**Jacobine.** Wo sind sie?

**Cathrine.** Ludewig ist in dem blauen Zimmer im dunkeln, für seinen Diener Philip aber wußte ich in der Geschwindigkeit keinen bessern Aufenthalt zu finden, als den Kleiderschrank; hätte ich ihn wo anders hingebracht, so würde er durch sein greuliches Geschrey alle Nachbarn in Lerm gebracht haben.

**Jacobine.** Verbandet ihr ihm die Augen auch?

**Cathrine.** Ja; aber mit grosser Mühe, denn der Jeck war so fürchtsam, daß wir ehr nichts mit ihm anfangen konnten, bis wir ihm die Hände auf den Rücken banden

**Sophie.** Muhme, verbringt die Zeit nicht mit solchen läppischen Possen; lasset den Herrn Ludewig nicht in längerer Ungewißheit.

**Jacobine.** Wo sind die Bedienten, Cathrine?

**Cathrine.** Sie ziehen eben ihre Staatslieberen an und werden den Augenblick hier seyn.

**Sophie.** Da kömmt schon mein Kammerdiener mit meinen zwey verkleideten Knechten; Antonette bringt die Confeckturen auch bereits.

**Jacobine.** Nun will ich einem jeden seinen gehörigen Sitz zu theilen; du Cathrine gehe unterdessen, und hohle den Herrn Ludewig.

## Der dritte Auftritt.

Sophie, Jacobine, Antonette, Wilhelm, Hanns,
Peter, als Pagen.

Jacobine. Ist alles fertig? worauf wartet man Antonette?

Antonette. Es fehlet an nichts mehr, Madame.

Jacobine. So setze sich denn jedes in Ordnung; ihr Frau Muhme werdet so gütig seyn, und meine linke Seite bekleiden; ihr Wilhelm!

Wilhelm. Madame!

Jacobine. Tretet hinter mich, wenn Cathrine kömmt, soll sie neben euch stehen.

Sophie. Wo sollen meine Knechte bleiben?

Jacobine. Hanns soll hier stehen.

Hanns. Gut Madame.

Jacobine. Und Peter hier.

Hanns. Wie sie befehlen, Madame.

Jacobine. Ihr Antonette müßt hier sitzen.

Antonette. O, recht in der Reige, Madame?

Sophie. Er kömmt, macht euch gefaßt.

## Der vierdte Auftritt.

Jacobine auf einem erhobenen Sessel, um ihr sind
Sophie, Cathrine, Antonette, Wilhelm,
Hanns, Peter, Ludewig.

Jacobine. Bindet ihm die Augen auf!

Ludewig (da er aufgebunden ist.) Was ist das? wo bin ich? ist dieses ein Traum oder sehen meine Augen wirklich, was sie hier vor sich erblicken?

Jaco-

**und die spoockende Witwe.**

Jacobine. Sie wachen Herr Ludewig, und alles was sie hier sehen, ist auf meinen Befehl und um ihrentwillen veranstaltet.

Ludewig. Sind sie es selbst Madam? kan ich meinen Augen trauen? wie, ich habe das Glück sie wieder zu sehen, und zwar noch so geneigt gegen mich, als sie mir immer durch ihre Briefe erwiesen? ist es möglich, daß sie meine Unbescheidenheit, mit der ich sie bey unserer Zusammenkunft aufhalten wollte, unbestraft lassen können, ich habe deswegen ihren gerechten Zorn verdient, das weiß ich; allein, ich bitte auch zugleich um Vergebung; meine heftige Liebe allein war an diesem Verfahren schuld; wer kan wohl das, was er aufs sehnlichste liebt, so leicht verlassen?

Jacobine. Bitten sie nicht, sie haben schon mehr Strafe empfangen als sie verdient haben; vergeben sie mir gegentheils, daß ich ihnen ihre Augen verbinden und so gefangen hieher führen lassen; es hat seine Ursachen, die ich ihnen vielleicht zu einer andern Zeit werde entdecken können.

Ludewig. O Madame, wer sollte wohl nicht um eine so glückliche Finsterniß das helleste Licht, und um eine so angenehme Gefangenschaft die schönste Freyheit vertauschen?

Jacobine. Mein Herr, ihre Worte bezeugen mir ihre Höflichkeit, und ich hoffe noch mehr von ihrem Herzen. Schmeicheln sie mir nicht, wie sie itzo gethan haben, entdecken sie mir nur frey, ob sie meine verschiedene Proben und vor allen die itzige nicht unwillig gemacht haben? werden sie wohl meine zärtliche Liebe mit Gegengunst vergelten oder doch wenigstens im Fall ich hierzu nicht würdig genug wäre, unsre Zusammenkünfte und alles vorgegangene verschweigen.

Ludewig. Wenn ihnen meine Augen nicht, wie ich wünsche, die Beschaffenheit meines Herzens erklären können, Madame, so soll es mein Mund thun und zwar mit der unverstelltesten und zärtlichsten Freude. Ihr unerwarteter schriftlicher Dank für meinen kleinen Dienst setzte mich in solche Bewegungen, daß ich mir die vortheilhaftesten Begriffe von ihrem Geiste und ihren Verdiensten machte, ja, ich hielt sie für schön, ehe ich noch das Glück gehabt, sie zu sehen; aber o Himmel, nunmehro finde ich ihre Schönheit noch weit vollkommener; als ich sie mir anfangs eingebildet habe; mein Geist ist vor Verwirrung ganz ausser sich ... Gnug, ich schwöre Madame, daß ich sie stets lieben und hochachten werde, wenn ich sie auch niemals wieder sehn noch sprechen sollte. Aber ach, was hilft mir meine Liebe, da mir die Hoffnung, sie zu erlangen, im Wege stehet. Ihr Stand übertrift den meinigen zu sehr; sie gleichen einer Prinzeßin oder Gräfinn, mein ganzer Vorzug aber ist ein schlechter Adel.

Jacobine. O mein Herr, ich habe vielmehr Ursache zu fürchten, daß sie meine Liebe nicht annehmen können, da ich für eine gewisse Wahrheit vernommen, daß sie ihr Herr Vater schon ehmals an ein gewisses Frauenzimmer in dieser Stadt versprochen, und sie so zu sagen bereits mit ihr verlobt hat. Ich weiß mehr als zu gut, daß die Hochzeit gleich vor sich gehen sollen, so bald sie von Reisen nach Hause würden gekommen seyn, allein die Post, daß sie von den Türcken
wären

wären geraubet worden, habe dieses Band wieder getrennet, das schon so gut als geknüpft gewesen:

Ludewig. Ich bekenne, Madame, daß ich meinen Vater durch Briefe völlige Gewalt zu dieser Wahl gegeben; sein Wille, seine Vorsorge, seine zu mir tragende Liebe, waren viel zu starck als daß ich ihm auf sein Ansuchen eine abschlägige Antwort schicken können. Allein nun bemerke ich, wie weit ich mich durch meine blinde Gefälligkeit vergangen und wie thöricht es ist, wenn man ohne die Augen sein Herz verbindet.

Jacobine. Allein, mein Herr, was für ein Frauenzimmer hatte denn ihr Herr Vater für sie ausgelesen?

Ludewig. Das ist mir unbekannt, Madame.

Jacobine. Wie kan das möglich seyn! berichtete ihnen denn ihr Herr Vater niemals, was für einer Person er sie bestimmet hätte?

Ludewig. Die Briefe, in denen er mirs melden wollte, sollte ich zu Amsterdam finden; allein wie dahin die falsche Nachricht von meinem Tode gekommen ist, haben sie ihm dieselben wieder zurück gesandt. So viel schrieb er mir einsmahls, daß sie von vornehmen Hause wäre, aber ihr Geschlecht und ihren Nahmen hat er mir in allen Briefen verschwiegen.

Jacobine. Darf ich dieses alles glauben?

Ludewig. Ja Madame, glauben sie diß, und zugleich, daß ich nur sie Zeit Lebens verehren, und wenn es seyn kan, auch lieben werde.

Jacobine. Wenn ich auch nicht von so guten Hause wäre, als sie?

Ludewig. O Madame, ihr grosser Staat giebt mir zu erkennen, daß mein Stand dem ihrigen bey weiten wird weichen müssen. Gesetzt aber auch, sie

wären

wären von der niedrigsten Geburt, so sollte mich dieses keinesweges abschröcken, sie zu lieben; ihre edle Seele, ihre besondere Gemüths Gaben, und endlich ihre Schönheit ersetzten ja den Abgang ihrer zeitlichen Glückseligkeit aufs reichlichste.

Jacobine. Versprechen sie mir dieses?

Ludewig. Ja, und ich schwöre über das, daß der Himmel mir niemals ...

Jacobine. Halten sie nur ihr Wort ohne Schwur; ich verspreche ihnen hiermit gleichfalls eine ewige Treue; doch da wir uns binnen Jahres Frist nicht mit einander verehlichen können, so überlasse ich es annoch ihrer Willkühr, ob sie in dieser Zeit den Sinn verändern, und entweder frey bleiben, oder diejenige heyrathen wollen, welche ihnen ihr Herr Vater bestimmet hat.

Ludewig. Wenn auch mein Vater mir eine Königin bestimmen könnte, so will ich eher seine Mühe und meine Schuldigkeit gegen ihn aus den Augen setzen, als die Pflicht vergessen, mit welcher ich ihnen verbunden bin; deswegen haben sie nur die Gewogenheit und melden mir ihren Nahmen und Stand.

Jacobine. Das kan nicht geschehen.

Ludewig. O Madam, sie machen mir Hoffnung, allein sie vermehren mir auch meine Furcht; ich sehe mehr als zu wohl, daß sie mir eine lange Pein für ein so kurtzes Vergnügen zubereiten.

Jacobine. Ich kan ihnen nichts mehr sagen, als daß ich diejenige nicht bin, für die sie mich vielleicht halten; Allein gedulten sie sich nur mein Herr, sie

sollen

## und die spoockende Witwe 155

(...) mein n Nahmen bald wissen; jetzo ist es noch nicht Zeit.

Ludewig. Ach Madame⁀⁀⁀

Jacobine. Vergessen sie nicht, mein Herr, son⸗
dern bezähmen sie ihre Neugierigkeit.

Ludewig. Ach!

Jacobine. Sagen sie mir, wo haben sie den Herrn
Ferdinand verlassen?

Ludewig. Auf dem Balle Madame; er unter⸗
redete sich eben mit der Jungfer⁀⁀⁀⁀

Philip (klopft inwendig) Holla! hey! wo
Teufel bin ich hier. Aufgemacht! aufgemacht! ich
höre euch wohl.

Jacobine. Wer macht ein so abscheuliches Ler⸗
men?

Cathrine. Philip thuts.

Jacobine. Laßt ihn herein!

## Der fünffte Auftritt.

Sophie, Jacobine, Ludewig, Cathrine, Wilhelm,
Antonette, Hanns, Peter, Philip hat zwey schwar⸗
tze Pflasters vor den Augen und die Hände
auf dem Rücken gebunden.

Cathrine. Wo kommt ihr her?

Philip. O ihr Gespenster, ich habe mein Gefäng⸗
niß, meinen Sarg aufgebrochen.

Cathrine. Er meint den Kleiderschrank, der wird
gewiß in tausend Stücken seyn.

Philip. Nun, wie ists? wo bin ich hier? befinde
ich

ich mich in der Hölle, so brennt mir die Stricke von Händen, und die Pflaster von meinen Augen.

Jacobine. Warum sieht Philip denn so aus?

Wilhelm. Ihr Kammermädgen hat mit dem Jecken viel Mühe gehabt; er wollte sich durchaus nicht die Augen verbinden lassen; endlich aber, als ihm die Hände gebunden waren, so nahm sie in der Geschwindigkeit ihre Fluß Pflaster von den Schläfen und verklebte ihm die Augen damit.

Jacobine. Eine lustige Erfindung! gebt uns aber inzwischen den Wein und den Confect und mache ihn los.

Cathrine. O Madame, erlauben sie mir doch, daß ich ihn für die viele Mühe, die er mir gemacht hat, ein wenig martern darf.

Jacobine. Die Lust ist euch vergönnt, wenn sie gleichfalls Herr Ludewig bewilligt.

Ludewig. Sie hat völlige Erlaubniß darzu, mein Kind.

Cathrine zu Philip. Fort! kommt her!

Philip. Wo werd ich denn noch hingebracht? ach wer erlöset mich, von alle den Gespenstern und Teufeln, die bald da seyn und in einem Augenblick wieder zum Henker fliegen?

Cathrine. Was fehlt euch, Philip, daß ihr so unruhig träumt und im Schlafe raset?

Philip. Nun zum Teufel, will mich noch der Teufel zum Narrn haben, ist es nicht genug, daß er mich mit seinen höllischen Klauen angepackt hat?

Cathrine. Sagt aber nur, ob ihr nicht im Bette liegt und ob wir nicht um dasselbe herum stehen?

Phi-

**Philip.** Ich im Bette? ja, in Schwefel Pfuhle liege ich.

**Cathrine.** Macht nur einmal eure Augen auf, so werdet ihr sehen, wo ihr seyd.

**Philip.** Ihr habt gut reden, denn ihr wüßt wohl, daß ich Pflaster davor habe.

**Cathrine.** So nehmet sie ab!

**Philip.** Wie denn? die Hände sind mir ja auf den Rücken fest gebunden.

**Cathrine.** Das sind lauter närrische Einbildungen, die euch den Kopf verrücken; ich sage, macht die Augen auf.

**Philip.** Ich kan wahrhaftig nicht.

**Cathrine** indem sie ihn nebst Antonetten hin und her schüttelt) Wir müssen ihn ein bissgen schütteln, daß er aufwacht.

**Philip.** Herr! Herr! ach ums Himmels willen kommen sie mir zu hülfe! sagt mir aber nur, gestrenge und wohlgebohrne Herrn Teufel, was ich euch ehrlichen Leuten gethan habe?

**Jacobine.** Nehmet dem armen Schelmen die Pflaster von den Augen.

**Cathrine.** Ganz wohl Madame.

**Philip.** O weh, o weh! nun fürchte ich mich wieder für alle das Licht; aber was Henker, ist das die Hölle? die sieht eher einem Himmel ähnlich; o, was sind das für niedliche Teufelchen? Potztausend Wein und Zucker an statt des Pechs und Schwefels; = = verflucht, der Mund fängt mir an zu wässern, wie Herr, sind sie das? Herr Pluto wird sie führen, wenn er merckt, daß sie ihm Hörner auffsetzen wollen.

Lude=

**Ludewig.** Schweig Einfältiger, und fürchte dich hinfüro für keine Gespenster mehr

**Philip.** Aber sagt mir nur, liebe Irrwische, warum ihr mir mein bisgen Geld gestohlen habt? es war mein ganzer Reichthum, über welchen ich so viele Jahre gespart; o, gebt mirs wieder, ich bitte euch; es sind ja keine Ducaten, und euch wird es wenig verschlagen.

**Ludewig.** Bezähme deine Zunge und brauche mehr Ehrerbietung.

**Philip.** Sie haben gut reden, Herr; ich wollte wohl auch mein Maul halten, wenn ich einen so niedlichen Gespenste im Arme läge;

**Cathrine.** Seht mich einmal an, Philip!

**Philip.** Nun! was soll das heissen?

**Cathrine.** Was dünckt euch von meiner Person?

**Antonette.** Und was haltet ihr von mir?

**Philip.** O weh! ich schwitze über und über; ich weiß nicht, wo ich für Furcht hin soll.

**Antonette.** Was seyd ihr nicht für ein Narr! macht fort, und wählt eine von uns beyden?

**Philip.** Ey ihr vexiret mich.

**Cathrine.** Nein, nein, wir sind beyde in euch verliebt, deswegen gehet mit euren Sinnen zu rathe, welche ihr zur Frau haben wollt.

**Philip.** Wenn ihr inwendig so beschaffen wäret, wie von aussen, so nehme ich euch alle beyde wohl; aber ich fürchte, daß mirs mit euch schlim gehn möchte, deswegen bedank ich mich für eure Gewogenheit; ich habe noch keine Lust zum Heyrathen.

**Antonette.** Ihr müßt.

und die spoockende Witwe. 159

Philip. Ich will aber nicht.

Antonette. Macht fort oder ich lasse euch sonst keine Ruhe; ihr sollt den Augenblick wieder vom Teufel träumen.

Sophie. Ach Frau Muhme, ich höre jemand kommen.

Jacobine. Ich gleichfals (zu Cathrinen) geschwinde, verberget den Herrn Ludewig und seinen Bedienten; sie werden so gütig seyn und sich dieses gefallen lassen, mein Herr, es hat seine Ursachen, die ihnen zu ihrer Zeit schon bekannt werden sollen.

Ludewig. Ihr Wille soll mir auch in diesem Stücke ein Gebot seyn, Madame.

Cathrine. Fort mit euch Philip.

Philip. Ich? ich lasse mich nicht aus dieser Hölle treiben und wenn zehn Teufel kämen.

Ludewig. Schweig Schelm!

Cathrine. Nur fort! nur fort!

Philip. Ach! Gnade! Gnade!

## Der sechste Auftritt.

Ferdinand, Sophie, Jacobine, Wilhelm, Antonette, Hanns, Peter.

Ferdinand. Ums Himmels willen, was sehe ich? wie Frau Schwester auf Herr Ludewigs Stube und zwar in einem solchen Aufzuge, was bedeuten alle die Kostbarkeiten? warum habt ihr eure Trauer abgelegt? und sie Frau Muhme sind gleichfalls mit allen ihren Bedienten hier?

Jacobine. Seyd nur stille Herr Bruder, ich habe mir indessen, da Herr Ludewig auf dem Balle ist, eine
kleine

kleine Lust machen wollen; in meinem Zimmer möchte sich dieses nicht so wohl geschickt haben, weil die Nachbarn ohngeachtet der Vorhänge hinein sehen können.

Ferdinand. O ich bitte euch, bindet mir nichts auf, Frau Schwester, hierunter liegt gewiß etwas anders verborgen.

Jacobine. Mein Bruder; ihr wißt, daß ich mich ohne Liebe und blos nach euren Willen verheyrathete, ihr wißt, das ich in meiner kurzen Ehe wenig Freude genossen habe, da euch doch meine aufgeräumte Gemüths-Art bekannt ist; deswegen entschloß ich mich, heute in Gesellschafft unserer Frau Muhme zu dieser unschuldigen Ergötzlichkeit.

Ferdinand. Warum aber so spät, und das in meiner Abwesenheit.

Jacobine. Ich konte leicht dencken, daß ihr mir hierinnen zuwider seyn würdet, deßwegen wählte ich die Zeit, da ich glaubte, daß ihr mit eurem Freunde dem Herrn Ludwig auf dem Balle am lustigsten wäret.

Sophie. So lange ich hier bin, Herr Vetter, wird nichts geschehen, was ihnen, nachtheilig seyn kan.

Jacobine. Aber in der That, Herr Bruder, so habe ich grosse Ursache mich über euer Mißtrauen zu beklagen. Ihr geht auf den Ball und saget, daß ihr vor Anbruche des Morgens nicht nach Hause kommen würdet und nun kommt ihr noch vor Mitternacht? kann ich dieses für etwas anders auslegen, als daß ihr mich habt beschleichen und zusehen wollen, ob vielleicht was unrechtes in eurer Abwesenheit hier vorgienge?

Fer-

Ferdinand. Habt keine solche Gedanken von mir, Frau Schwester; damit ihr sehet, wie viel Vertrauen ich zu euch habe, so will ich kein Wort mehr von eurem Verfahren erwehnen, die Ursache aber, die mich nach Hause getrieben hat, ist diese, daß sich Herr Ludewig mit seinem Diener vom Balle verlohren, weil ich nun befürchte, er möchte vielleicht in Händel gerathen seyn, so habe ich ihn schon überall gesucht, dachte ihn auch würklich auf seinem Zimmer zu finden, weil er vor kurzen eine Unpäßlichkeit vorgab; doch weil er nicht hier ist, so muß ich eilen und sehen, wo ich ihn antreffe. Leben sie wohl, Frau Muhme! Ich wünsche euch eine gute Nacht Frau Schwester.
Er gehet ab!

## Der siebende Auftritt.
Cathrine, Sophie, Jacobine, Wilhelm, Antonette, Hanns, Peter.

Cathrine. Ach Madame, ihr Herr Bruder hätte uns bey einem Haare ertappt; befehlen sie nun, daß ich sie beyde wieder hieher bringen soll?

Jacobine. Nein, dieses ist nicht rathsam, mein Bruder möchte wiederkommen, und es ist mir dran gelegen, daß diese Verwirrung noch etwas währet; gehe hin, und bringe sie beyde auf die Art wieder in dieses ihr Zimmer, wie du sie hergehohlet hast, wir wollen inzwischen Anstalt machen, daß alles von hier auf die Seite geschafft wird, damit sie nicht Unrath merken können.

Cathrine. Darf ich ihnen wohl sagen, wohin ich sie bringen soll?

Jacobine. Nein, sage es ihnen nicht eher bis du mit ihnen wieder im Hause bist; sage ~~dem~~ Kutscher, daß er fein lange mit euch herum fähret.

Cathrine. Was soll ich aber mit Philipen anfangen? der wird mir nun gewiß neue Händel machen.

Jacobine. Laß ihn nur beständig in der Einbildung, als ob er träumte, wenn er aber zu viel Lermen macht, so bitte den Herrn Ludewig, daß er ihn bändiget.

Cathrine. Ganz wohl, Madame.

Sophie. Was soll nun endlich herauskommen?

Jacobine. Die Zeit wird alles lehren, Frau Muhme; ich setze mein einziges Vertrauen auf sie und Ludewigs Liebe.

## Ende der vierten Abhandlung.

Die

## Die fünfte Abhandlung.
### Erster Auftritt.
Ludewig, Cathrine, Philip. (in Dunkeln.)

Cathrine.

Hier, mein Herr, sollen sie bleiben, itzo können sie sich der Ruhe ungestört bedienen.

Ludewig. Ich bedanke mich für eure Mühwaltung, mein Kind; geht und macht eurer Dame meinen gehorsamsten Empfehl.

Cathrine. Nun Philip, wie wirds?

Philip schreyt: Ich sage, packt mich nicht mit euren höllischen Klauen an; bringt mich lieber dafür wieder ins Licht.

Cathrine. Legen sie ihm doch das Stilleschweigen auf, mein Herr, wie leicht könnten wir hier durch jemand im Hause verrathen werden.

Ludewig. Schweig Flegel, oder . . .

Philip. O liebes Gespenstchen, bringt doch wenigstens ein Licht her, so will ich stille seyn.

Cathrine. Das geht nicht an.

Philip. Nun, so laßt mich wenigstens in Ruhe fürchten.

Cathrine. Meintwegen, geht nur in euer Bette und haltet das Maul.

Philip. Was! in mein Bette? ihr werdet den Schwefelpfuhl meynen.

Cathrine. O ihr einfältiger Teufel, ihr redet noch im Schlafe.

**Philip.** Wer? ich schliefe noch? nun gewiß, das ist ein poßierlicher Schlaf; wenn soll ich aber wieder davon aufwachen?

**Cathrine.** Morgen früh, so bald der Tag anbricht, sollt ihr in eures Herrn Zimmer seyn; verbieten sie ihm nur, mein Herr, daß er kein Lermen macht, denn es hängt unsre ganze Wohlfahrt daran ::

**Ludewig.** Sorget für nichts; anitzo entdeckt mir aber, in was für einem Orte wir uns befinden?

**Cathrine.** Ich darf das nicht thun, mein Herr, morgen aber werden sie alles wissen; legen sie sich nur ohne Sorge zu Bette; es wird schon zwey Uhr seyn, und vor sechsen bricht der Tag nicht an; geben sie mir nur die Hand und folgen sie mir nach.

**Ludewig.** Ich stelle euren Worten völligen Glauben bey.

**Cathrine.** Hier, mein Herr, legen sie sich in diesen Alkofen, und bedienen sie sich ihrer Bequemlichkeit; Ich muß gehen.

(Cathrine entwischt durch die bedeckte Thüre.)

## Zwenter Auftritt.

### Ludewig, Philip.

**Philip.** Herr, wo sind sie? In Kalkofen?

**Ludewig.** Ja.

**Philip.** Brennen sie schon?

**Ludewig.** Ich liege hier auf einem Bette in dem Alkofen und nicht in dem Kalkofen.

**Philip.** Können sie wohl an einem Orte ruhig schlafen, in den sie der Teufel geführt hat.

*Ludewig.* Schweig einfältiger Teufel, du liegst in einem ängstlichen Traume, der hat dir das Gehirn verrückt.

*Philip.* Ich? ich läge in einem Traume? Herr, ich stehe ja so lang hier, als mich der Himmel erschaffen hat.

*Ludewig.* Nun, wenn du stehest, so lege dich nieder, und störe mich nicht im Schlafe.

*Philip.* Mit ihrer Erlaubniß, nur noch ein Wort!

*Ludewig.* Was solls seyn?

*Philip.* Glauben sie, daß sie mich wirklich hier an der Erde liegen sehen?

*Ludewig.* Ja freylich?

*Philip.* Habe ich auch meine Augen zu?

*Ludewig.* Ey, ja doch.

*Philip.* Es ist nicht anders, als ob mir jemand mit einer eisernen Zange die Augenlieder auf und zu zöge.

*Ludewig.* Narr, du liegst ja gantz stille, und rührst anders nichts als den Mund.

*Philip.* Nun, so weiß ich, was mich neckt.

*Ludewig.* Was denn?

*Philip.* Den Augenblick sprang mir ein grosses schwarzes Thier aus dem Kopfe.

*Ludewig.* Was denn für eins?

*Philip.* Es ist die Nacht.

*Ludewig.* Was, die Nacht?

*Philip.* Ja, ja, der Nachtmohr; o, wie drückt er mich!

*Ludewig.* Schweig still, und mache keinen Lermen, sonst werde ich dir auf den Puckel kommen.

**Philip.** Ey Herr, träume ich denn nicht?

**Ludewig.** Ja wohl;

**Philip.** Nun, so träume ich auch, daß sie mich schlagen wollen; deswegen drohen sie nur, so viel ihnen gefällt, ich frage nichts darnach; ihr Drohen ist lauter Einbildung und bloſſer Schreck, denn ich träume Herr; Juchhey!

**Ludewig.** Wirst du das Maul halten?

**Philip.** Ey Herr, sie werden mir doch nicht das Träumen verbieten; wenn ich wache, sind sie mein Herr, aber wahrhaftig nicht, wenn ich träume; ein jeder Mensch kan träumen von was er will; weil sie sich mit dem Teufel oder seiner Großmutter verheyrathen wollen.

**Ludewig.** Wo ich auffstehe, Schlingel, so will ich dich im Traume dermaſſen prügeln, daß du es wachend noch fühlen sollst.

**Philip.** Nein, nein, das Tractament dient mir nicht, ich will lieber wachen. O Nachtmohr, ich weiß wohl, daß man dich nicht los werden kan, es wäre denn, daß man schrye; ich muß einmal versuchen, ob ich noch schreyen kan.

**Ludewig.** Schrey einmal, hast du das Herz.

**Philip.** Mord! Brand! Mord, Mord!

**Ludewig.** Wo bist du Schlingel? warte, ich will dir lehren, wie du gehorsam seyn sollst.

**Philip.** O gnädiger Herr Teufel, bleibt mir vom Leibe! Mord, Feuer, Feuer!

**Ludewig.** Was heiß das? (Herr Ferdinand kömmt mit einem Lichte.)

Drit-

### Dritter Auftritt.

Ferdinand mit einem Lichte zu vorigen.

Ferdinand. Wer schreyt denn hier so entsetzlich? Wie, Herr Ludewig, ich finde sie in ihrem Zimmer, nachdem ich sie schon überall gesucht habe? warum sind sie so heimlich vom Balle gegangen, und weswegen macht ihr Diener denn ein solches Geschrey?

Philip. Sind sie der Teufel in menschlicher Gestalt, oder sind sie Junker Ferdinand selbst? ich weiß nicht, ob ich traume oder wache?

Ludewig. Schelm, ich werde dir gleich weisen, wie du dich in Gegenwart deines Herrn und seines Freundes aufführen sollst; sie müssen ihm seine Grobheit zu gute halten, Herr Bruder, denn er ist nicht richtig im Kopfe; er träumt stets von Gespenstern, und itzo denkt er nicht anders, als daß er schläft; daß ich mich aber so heimlich vom Balle weggestohlen, hat nichts anders zur Ursache, als meine vorgeschützte kleine Unpäßlichkeit, die nun ein wenig wieder nachgelassen hat.

Ferdinand. Ihre Entschuldigungen dürfen in meinen Augen nicht ohne Grund seyn; was werden sie aber mit ihrem armseligen Diener anfangen? Glaubt ihr denn wirklich, daß ihr itzo schlaft, mein Freund!

Philip. Mein Herr will mir ja durchaus einbilden, als wenn ich schliefe, und nun fange ichs bald an wirklich zu glauben, denn das Zimmer sieht fast eben so aus, wie das, in welchem der Teufel aus der Hölle meinen Herrn drey bis viermal besucht hat.

Ferdinand. Was! ihr habt hier den Teufel gesehn.

Philip. Ja Herr, den leibhaftigen Teufel.

Ferdinand. Wie sah er denn aus?

Philip. Nicht immer einerley, denn einmal ließ
er wie ein schwarzer Calecutischer Hahn, war aber
wohl sechzig mahl grösser und hatte blaue und grüne
Federn; hernach sah er wieder aus, wie eine Jungfer, das weiß mein Herr wohl, denn der hat wohl zwey
Stunden Scheremonien und Pomplementen mit ihm
gemacht.

Ludewig. Endlich habe ich genug; wirst du
nicht einmal mit deinen närrischen Plaudereyen ein-
halten? - - - Hören sie ihm nicht länger zu, Herr
Bruder; es ist schon nach Mitternacht, und er wäre
im Stande, uns durch seinen Mischmasch bis morgen
früh vom Schlafe aufzuhalten.

Ferdinand. O, lassen sie ihn reden, ich bitte sie;
ich habe mein Vergnügen daran; Nun Philip, wo
war denn der Teufel, und wie kam er zu euch?

Philip. Ich will es ihnen sagen; hören sie nur,
mein Herr fand hier auf dem Tische einen Brief liegen, den der Teufel geschrieben und auch selbst gebracht hatte; hernach besuchte er uns gar leibhaftig,
bestimmte auch meinem Herrn eine Zeit, in welcher
er im Dunkeln ganz bequem nach der Hölle fahren
könnte; ich mußte mit, ich mochte wollen oder nicht.

Ludewig. Glauben sie nur, Herr Bruder, es sind
blosse Träume von ihm.

Ferdinand. Ich glaub es wohl; lassen sie ihn
aber nur fort reden.

Philip.

Philip. Wie gesagt, der Teufel besuchte meinen Herrn in Gestalt eines Frauenzimmers; es ließ ihm recht artig, aber es war doch wirklich Meister Hanns; er brachte uns endlich beyde mitten in einen schönen Saal, der voller Kostbarkeiten war; erst waren wir aber wohl zehntausend Meilen in einer Pech-schwarzen Kutsche gefahren; Kutscher, Lackeyen und Pferde hatten alle grosse feurige Augen, und alle sahen so schwarz wie die Raben aus; das besagte höllische Frauenzimmer war von lauter satanischen Trabanten und Fräuleins umgeben; sie hieß uns sehr freundlich willkommen, und ließ uns Wein und Confect im Uberflusse sehen.

Ludewig. Schelm, wie lange soll es noch währen.

Ferdinand. Dahinter steckt etwas; wenn kamt ihr denn wieder mit eurem Herrn ins Haus?

Philip. Vor kurzen sind wir erst durch einen Wirbelwind hieher gekommen.

Ferdinand. Nun habe ich Licht genug; wie Ludewig, heißt dieses recht edel seyn? habe ich das verdienet, daß sie mir einen solchen Streich spielen, und sind sie nur bles darum hergekommen, unserm Hause einen Schandfleck anzuhängen?

Ludewig. Womit habe ich sie denn beleidiget, Herr Bruder?

Ferdinand. Fragen sie noch, Undankbarer? hat es nicht Philip den Augenblick klar genug gestanden? hier hilft keine Verstellung mehr.

Ludewig. Er mag auch erzehlet haben, was er will,

will, so kan ich nicht einsehen, wodurch ich ihrer Ehre hätte zu nahe thun sollen.

Ferdinand. Wo und bey wem sind sie denn gewesen?

Ludewig. Das weiß ich nicht.

Philip. Beym Teufel sind wir ja gewesen; was wollen sie denn lange leugnen?

Ferdinand. Ich sehe nun wohl, sie haben zu ihrem niederträchtigen Vortheile ihren einfältigen Diener, die Gedanken von Gespenstern beygebracht, damit sie ihre unauslöschliche Schandthat desto besser bedecken können; allein, ich versichere sie, daß wir noch nicht so aus einander sind.

Ludewig. Aber, Herr Bruder, er hat sich diese Narrheit von selbst in Kopf gesetzet.

Ferdinand. Wohlan dann, das will ich inzwischen glauben; antworten sie mir aber nur jetzo auf einige Fragen; kennen sie das besagte Frauenzimmer nicht?

Ludewig. Nein, ich habe sie noch Zeit Lebens nicht gesehen, als diese Nacht.

Ferdinand. Wissen sie auch nicht ihren Namen, ihren Stand oder ihr Geschlecht?

Ludewig. Nein.

Ferdinand. Sie wissen das nicht?

Ludewig. Nein, ich schwöre ihnen das bey meinem adelichen Worte.

Ferdinand. Waren sie vor kurzen nicht noch bey ihr?

Ludewig. Ja.

Ferdinand. Verstörte ich sie aber nicht in ihrer Freude und Unterredung.

Ludewig. Das ist mir nicht bewußt.

Philip. Zum Henker Junker Ferdinand, haben sie vielleicht mit der Teufelin auch Bekanntschafft?

Ferdinand. Ihr sollt es gleich hören. Wissen sie denn also ungetreuer Freund, daß dieses Frauenzimmer meine Schwester ist, und daß sie in eben dieser Stube vor kurzen mit ihnen gewesen ist.

Ludewig. Wie, was! ihre Schwester? in eben dieser Stube?

Ferdinand. Ist es wohl adelich, ja, ist es wohl ehrlich, auf eine solche Weise seinen Freund zu beschimpfen? habe ich sie darum so freundschafftlich in meinem Hause aufgenommen, daß sie es gleich in der ersten Nacht entehren sollen? Verstellter Freund, der Schimpf macht, daß ich meine Schuldigkeit und alle mir geleisteten Dienste vergesse. Ich erkenne sie vor keinen Freund mehr, deswegen ziehn sie vom Leder; Meine Faust soll diese Schande in ihrem Blute abwaschen.

Philip. Das kömmt davon, wenn man den Teufel zu geschwinde hört.

Ludewig. Aber, mein Herr, glauben sie mir ⹁ ⹁ ⹁

Ferdinand. Meine Augen können mich nicht betrügen.

Ludewig. Erwegen sie doch! ⹁ ⹁ ⹁

Ferdinand. Das habe ich schon gethan.

Ludewig. Ich will beweisen ⹁ ⹁ ⹁

Ferdinand. Beweisen sie nur durch ihren Degen, ob sie mehr Muth als Aufrichtigkeit besitzen.

Lude-

**Ludewig.** Wohlan dann, weil sie mich darzu zwingen, so will ich auch itzo meine Aufrichtigkeit durch meinen Muth darthun.

**Philip.** Helft! helft! helft! sie bringen sich einander um.

## Der vierdte Auftritt.
### Jacobine mit Cathrine durch die verborgene Thüre zu vorigen.

**Jacobine.** Haltet ein, Bruder, und unterlasset dieses tödtliche Gefechte; Es ist euch keine Schande wiederfahren, ihr habt also keine zu rächen; Herr Ludewig ist in dieser Sache ganz unschuldig, mein Antrieb ist es allein gewesen, deswegen rächet euch an mir, wenn ihr glaubt, daß etwas schändliches in diesem Hause vorgegangen ist. Ich bin es, die euren Freund durch Briefe verleitet, etwas früher vom Balle zu gehen, und sich zu mir zu begeben; ich bin es, die ihn auf eine unvermerkte Art in diesem Zimmer besucht hat, ja, ich bin es auch, die ihn durch verschiedene Umwege mit seinem Diener hierher bringen lassen.

**Ferdinand.** So erfordert es dann die Billigkeit, daß sich mein Zorn von ihm zu euch kehret. Habt ihr also nichts gethan, worüber ihr roth werden könnt? Es geschah eurer Ehre zu viel, wie ich mir nur die geringste schlimme Vermuthung merken ließ, das aber beleidiget sie nicht, wenn ihr euch des Nachts allein mit einem Cavalier unterhaltet. Betrauret ihr euren kürzlich verstorbenen Mann auf solche Weise?

Jaco-

*Jacobine.* Was man nicht liebt, Herr Bruder, das läßt sich leicht vergessen; die Zeit meines Ehestandes ist mir unvergnügt genug gewesen, deswegen darf es euch so sehr nicht befremden, daß mir sein Tod so wenig zu Herzen gehet.

*Ferdinand.* Wohlan denn, wenn euch der Tod eines Mannes so wenig zu Herzen gienge, so sollte wenigstens eure Ehre über euch noch etwas mehr Vermögen haben; allein, es schadet nichts, ich will nunmehro mit meiner eigenen Hand den Zorn auslassen, den ich über eine solche Schmach empfinde.

*Ludewig.* Halten sie ein, Herr Ferdinand, und hören sie mich zuvor, ehe sie sich so unbedachtsam rächen; ihre Schwester hat gar nichts ungeziemendes begangen, wodurch sie ihren Zorn verdienet hätte, und verstattet wohl die Freundschafft, daß sie was niederträchtiges von mir gedenken können? und habe ich nicht die größte Ursache mich über ihre Unbilligkeit zu beklagen.

*Jacobine.* Hier kömmt unsre Muhme, diese ist eine Zeugin von allem, was vorgegangen ist; sie wird der Sache den Ausschlag geben.

## Der fünfte Auftritt.

Sophie, Ferdinand, Ludewig, Jacobine, Philip, Cathrine, Antonette, Wilhelm, Hanns, Peter.

*Jacobine.* Kommt, Frau Muhme, und helft mir meines Bruders Zorn stillen; er bildet sich ein, daß diesen Abend etwas vorgegangen sey, welches die Ehre re unsres Hauses befleckt habe, entdecket meine Unschuld, und saget, wie der Handel zusammen hängt.

Sophie. Wie können sie so was vermuthen, Herr Vetter, von einer Schwester, die sich jederzeit die Tugend zu einer Vorschrift dienen laſſen? ich weiß um alles, ich habe alles mit angesehen, und kan aufrichtig schwören, daß Scherz und Unschuld allein zu unsern Unternehmungen Anlaß gegeben haben.

Ferdinand. Ich bin beschämt und von eurer Redlichkeit überzeugt, liebste Schwester; ich habe so wohl Ursache, euch meiner Hitze wegen um Vergebung zu bitten, als auch sie Herr Ludewig; o, setzen sie künftig eine Freundschafft fort, die mir unschätzbar ist, und lassen sie ihre Dauer nichts unterbrechen.

Ludewig. Ist es wohl möglich, daß sie den noch freundschafftlich lieben können, auf den sie noch vor kurzen so unwillig waren? Ja, liebster Freund, ich bitte mir gleichfalls auch nichts als ihre Gewogenheit, und wünsche nichts mehr, als daß unsere Freundschafft bald in eine Verwandschafft könnte verwandelt werden.

Jacobine. Ihr sehet, Herr Bruder, daß es ohnfehlbar vom Schicksal beschlossen ist, daß wir uns einander lieben sollen; ihr habt mich ihm schon ehmals ohne sein Wissen versprochen, ihr habt mir seine Vollkommenheiten jederzeit so vortheilhaft abgebildet, daß ich euch als die einzige Ursache meiner Liebe ansehe; bin ich gleich heute ein wenig zu weit gegangen, so ist es als eine Probe anzusehen; gesetzt aber, dieses wäre auch nicht, so steht ja der Liebe leicht eine Ausschweifung frey.

*Lude-*

und die spoockende Witwe. 175

Ludewig. O Himmel, was höre ich? Sind sie es, Madame, die mein Vater ehemals für mich auserſehen gehabt? O wie glücklich wäre ich, wenn nun geſchehen könnte, was da durch eine falſche Nachricht verhindert ward!

Jacobine. Ja, ich liebe ſie, mein Herr, und zwar mit dem aufrichtigſten Herzen von der Welt, und wenn ſich nur mein Bruder entſchlüſſen kan, ſein Wort zu unſrer Verbindung zu geben, ſo würde dieſelbe gleich nach Verlauf meines Trauer-Jahres geſchehen können.

Ferdinand. Liebet euch, meine Kinder, ja verbindet euch miteinander, ich wünſche dieſes itzt ſo, als ich es Anfangs für ohnmöglich gehalten.

Ludewig. Was für Dank bin ich ihnen ſchuldig, liebſter Freund, und wie glücklich ſchätze ich mich in dem künftigen Beſitze ihrer reitzenden Perſon.

Jacobine. Die Liebe, mein Bruder, der ihr heute ſo redlich gedient habt, wird euch ſchon einmal ihre Süßigkeit, ſtatt eines Dankes, empfinden laſſen; ſie aber mein Herr, empfangen allhier meine Hand, und mit derſelbigen mein Herz, es müſſe nichts unſre Liebe ſtöhren, ſo wird dieſer Tag noch einſt bey unſern Nachkommen als ein Gedächtniß-Tag gefeyert werden.

Sophie. Wie froh bin ich, daß dieſe Verwirrung zu einem ſo glücklichen Ende gediehen iſt; meine Wünſche zu dieſer neuen Ehe würden überflüſſig ſeyn, weil ihr ohne dieſelben ſchon alles genüſſen werdet, was ſie euch vielleicht gönnen möchten.

Fer-

**Ferdinand.** Wir wollen zu Bette gehen, und wenn ich mir noch von allen, die hier gegenwärtig sind, was ausbitten sollte, so wäre es dieses, daß man die heutige Begebenheit ein wenig geheim hielte.

**Cathrine.** Da ist euer Geld wieder, Philip.

**Philip.** O, nun bin ich zufrieden, und wünsche nichts mehr als daß in der ersten Nacht auch eine so schöne junge Witwe zu mir spoocken käme. Meine Furcht hat mich heut betrogen, und ich werde ihr gewiß in meinem Gehirne niemals wieder so viel Macht einräumen.

Ende dieses Lustspiels.

## III.

# Die vertraute Mutter,

Ein **Lustspiel**
von drey Aufzügen
aus dem Französischen
des Herrn Mariveaux
übersetzt.

## Personen:

Frau von Wohlgesinnt.

Fräulein Charlotte, ihre Tochter.

Hannchen, ihr Mädgen.

Baron von Treulieb, der Fräulein Liebhaber.

Herr von Trübenthal, sein Vetter.

Steffen, ein Bauer, der Frau von Wohlgesinnt Diener.

Der Schauplatz ist auf dem Lande, bey der Frau von Wohlgesinnt.

# Der erste Aufzug.

## Der erste Auftritt.

Der Baron von Treulieb, Hannchen.

Treulieb.

Ihr kommt Hannchen, und Charlotte nicht mit?

Hannchen. Sie wird bald da seyn; sie ist noch bey ihrer Mama; ich habe ihr gesagt, daß ich voraus gehen wollte, und ich habe blos darum so geeilt, daß ich einen Augenblick mit ihnen sprechen könnte, ohne daß sie etwas davon weiß.

Treulieb. Und was wollt ihr denn, Hannchen?

Hannchen. Ach! mein Herr, wir, das Fräulein und ich, wir kennen sie nun, weil wir sie von ohngefehr hier auf dem Lande beym Spaziergehen angetroffen haben.

Treulieb. Das ist wahr.

Hannchen. Sie sind beyderseits liebenswürdig; die Liebe hat sich dazu gefunden; das ist natürlich; und wir haben nun schon sechs oder siebenmal eine Unterredung mit ihnen gehabt, ohne daß jemand etwas davon weiß. Die Mutter, welche sie gar nicht kennet,

kennet, dürfte etwas davon erfahren; und dann würde alles über mich gehen. Wir wollen also damit ein Ende machen. Das Fräulein ist reich; wie sie sagen, so sind sie einander gleich am Stande; bringen sie ihre Anverwandten dahin, daß man um sie wirbet, und hierbey verlieren sie ja keine Zeit.

Treulieb. O, das ist keine so leichte Sache.

Hannchen. Zum wenigsten glaube ich nicht, daß sie leicht eine bessere Partie finden können.

Treulieb. Sie ist so gut, daß sie nicht besser seyn kan.

Hannchen. Ich verstehe sie nicht.

Treulieb. Meine Familie ist sicher so gut als die ihrige; aber ich habe kein Vermögen, mein Kind.

Hannchen. Wie?

Treulieb. Ich sage was die Wahrheit ist; ich habe nichts als ein sehr mäßiges Erbtheil.

Hannchen fähret auf) Sie? desto schlimmer; ich bin damit gar nicht zufrieden. Wer sollte ihnen das ansehen? Muß man denn so einnehmend gebildet seyn, wenn man nichts hat? Sie haben mich hintergangen, mein Herr.

Treulieb. Das bin ich nicht willens gewesen.

Hannchen. Nun so sage ich ihnen, aus unsrer Sache wird nichts werden; wie soll man es denn mit ihnen wohl anfangen? Charlotte würde sie gewiß herzlich gern heyrathen, aber wir haben eine Mutter, die auf ihr geringes Erbtheil niemals wird anbeissen wollen; und ihre Liebe würde ihnen nur eine Marter seyn.

Treulieb. Ach! liebes Hannchen, laßt die Sache
nur

nur so gehen; es kan sich vielerley begeben, und ich kan sie doch wohl heyrathen, und da will ich gewiß euer Glück auch machen; ich schwöre es euch, ihr sollt euch von niemanden so viel zu versprechen haben, und ich will mein Wort gewiß halten.

Hannchen. Sie mein Glück machen?

Treulieb. Ja, ich verspreche euch das; Charlottens Reichthum ist das gar nicht, wornach ich strebe; wenn ich sie nicht hier angetroffen hätte, so würde ich wieder nach der Stadt zurücke gehen, und eine sehr reiche Witwe heyrathen, die vielleicht noch mehr als sie im Vermögen hat. Alle Welt weiß es; aber das geht nun nicht mehr an; ich liebe Charlotten, und wenn ihr mir darzu behülflich seyd, daß ich sie erhalte, so will ich euch gewiß versorgen.

Hannchen nachdenkend) Sie sind gefährlich, mein Herr. Ich finde hier eine Art zu lieben, der ich mich schon halb und halb annehme; ich bin versichert, daß Charlotte glücklich mit ihnen seyn würde.

Treulieb. Ich würde in der Welt nichts auffer ihr lieben.

Hannchen. Sie würden also ihr Glück so wohl als das meine machen. Aber, sie haben ja nichts, mein Herr, wie sie sagen. Das ist wahrhaftig etwas hartes. Haben sie denn von niemanden zu erben, und sind alle ihre Anverwandten verarmet?

Treulieb. Ich habe einen nahen Oheim, der sehr reich ist, der mich sehr lieb hat, und der mich als sein eigen Kind hält.

Hannchen. Je, warum sagen sie denn das nicht? was kömmt ihnen denn ein, daß sie mich mit so traurigen

rigen Nachrichten furchtsam machen, da sie solche tröstliche zu erzählen haben. Einen reichen Vetter! das ist ja vortreflich! und er wird ohne Zweifel alt seyn, denn das sind die Herren Vettern gemeiniglich?

Treulieb. Nein, denn von dem meinigen kan ich dieses leider nicht sagen; er ist jung.

Hannchen. Jung ist er? und wie viel Jahre hat er denn?

Treulieb. Nicht mehr als fünf und dreyßig.

Hannchen. Ach, das GOtt erbarm! 35. Der Mann ist ja zu nichts gut, als daß er eines andern Vetter seyn kan.

Treulieb. Das ist wahr.

Hannchen. Zum wenigsten ist er doch kränklich?

Treulieb. Ganz und gar nicht, er befindet sich vollkommen wohl; er ist so gesund als ein Fisch im Wasser, GOtt sey Dank; denn ich habe ihn lieb.

Hannchen. Fünf und dreyßig Jahr! vollkommen gesund seyn, und einen so nahen Anverwandten haben wie sie! das laßt mir einen Herrn Vetter seyn! was hat denn der ehrliche Herr für eine Gemüths-Art?

Treulieb. Er ist kaltsinnig, ernsthaft, mit einem Worte, ein Philosoph.

Hannchen. Nun das geht noch. Ein solcher Umstand des Gemüthes kan uns das gut machen, was wir an dem Alter und den Schwachheiten, die ihm fehlen, nicht gewinnen; er darf uns nur sein Vermögen versprechen.

Treulieb. Das wird er nicht thun; man redet davon, daß er auf dem Lande mit einer Heyrath umgehe.

Hann-

*Hannchen.* Was! der Philosoph! will er noch Erben von seiner eignen Person haben?

*Treulieb.* Wie man davon spricht.

*Hannchen.* Ach! mein liebster Herr, es jammert mich recht, daß sie in so schlechten Umständen sind; das ist ja unerträglich; man mag ihre Sachen auch angreifen auf welcher Seite man will, so sehe ich nirgend einen Trost.

*Treulieb.* Sie hat also die Lust, mir zu dienen, gänzlich verlohren?

*Hannchen.* Nicht doch. Ihr Unglück rührt mich; ich will ihm zu helfen suchen. Begeben sie sich aber itzt weg, ich sehe Fräulein Charlotten kommen; ich habe ihr nicht gesagt, daß ich sie herbestellet habe, aber sie vermuthet gleichwol, sie hier zu sehen; kommen sie also nur in einem kleinen Weilgen zurück, und thun als ob sie von nichts wüßten. Lassen sie mir Zeit, daß ich von allem mit ihr reden, und sie von ihrer Person unterrichten kan, denn sie müssen wissen, daß sie mir aufgetragen hat, mich nach ihren Umständen zu erkundigen. Lassen sie mich nur machen.

## Der zweyte Auftritt.

### Charlotte, Hannchen.

*Hannchen.* Mir war schon leid, daß sie gar nicht kommen würden, Fräulein!

*Charlotte.* Es waren Leute gekommen, und ich mußte in Gesellschafft bleiben. Nu Hanne, hast du mir was von Treulieben zu sagen? Hast du mit der Ausgeberin des Schlosses, da er sich aufhält, geredet?

**Hannchen.** Ja, ich weiß alles. Er ist ein recht liebenswürdiger Mensch, den alle Welt lieb und werth hält; mit einem Worte, es ist der beste Herr, den man sich wünschen kan.

**Charlotte.** Ach Hanne, daran habe ich gar nicht gezweifelt, das ist gar nichts neues; das versteht sich von sich selbst.

**Hannchen.** Ja, man darf ihn nur gesehen haben, so hat man schon eine gute Meynung von ihm. Sie müssen aber gleichwol von ihm ablassen, denn er schickt sich für sie nicht.

**Charlotte.** Ablassen von ihm, nachdem du ihn so heraus gestrichen hast?

**Hannchen.** Ja gnädiges Fräulein, er schickt sich für sie nicht.

**Charlotte.** Entweder du haselirst, oder du bist verrückt im Kopfe?

**Hannchen.** Keines von beyden; aber er hat einen erschrecklichen Fehler an sich.

**Charlotte.** Du machst mir angst und bange.

**Hannchen.** Er hat nichts im Vermögen.

**Charlotte.** Ach, ich erhole mich; ist nichts mehr als das? rede doch deutlicher Hanne, das ist kein Fehler, das ist ein Unglück, welches ich für eine Kleinigkeit ansehe.

**Hannchen.** Sie thun recht dran; aber sie haben eine Mutter, fragen sie diese wegen der Kleinigkeit um einen Rath, und hören sie, was sie dazu sagen wird. Fragen sie, ob sie gesinnet ist, sie an den Herrn von Treulieb zu geben.

**Charlotte.** Sage mir erst deine Meynung darüber, Hanne.

Hann-

**Hannchen.** O, die meinige, die ist ganz anders. Ich würde wahrhaftig sehr edel denken, und würde es für eine schöne That halten, den Herrn von Treu‍lieb zu heyrathen.

**Charlotte.** Doch schäme dich, Hanne, und geh nicht so gelinde mit meinem Herzen um; es ist nicht geringer als deines; sage mir kühn, was für eine schöne That ich begehen kan.

**Hannchen.** Nein, Fräulein, der Baron ist der jüngste in seiner Familie, der nichts hat; und weil das die Mode ist, so muß man ihn gehen lassen.

**Charlotte.** O, ich kan ihn ja reich machen! was für ein Vergnügen!

**Hannchen.** Sie werden mir das so oft vorsagen, daß ich selbst Lust bekommen werde.

**Charlotte.** Je mehr er mir wird zu danken ha‍ben, desto lieber und werther wird er mir seyn.

**Hannchen.** Sie sind beyde die liebenswürdigsten Personen von der Welt; er ist, wie man sagt, eben so gesinnt, und schlägt ihrentwegen eine sehr reiche Wit‍we aus.

**Charlotte.** Er? wohl! er ist so bescheiden ge‍wesen, daß er nichts davon erwähnet hat. Ich ent‍decke beständig neue gute Eigenschafften an ihm.

**Hannchen.** Nun Fräulein, so ist auch das der Mann, den sie nehmen müssen; der Himmel hat eins dem andern bestimmt, das sieht man augenscheinlich. Erinnern sie sich nun an ihrer Begebenheit. Wir gehen beyde mit einander in dem Gehölze spatzieren; es sind tausend Gänge darinnen, da man gehen kan; und der Herr, den wir allbeyde nicht kennen, muß doch

nur in den unsern kommen, weil er uns begegnen
müssen. Was thaten sie denn? sie lasen. Und was
that er? er las? kan wohl etwas sichtbarer seyn, als
das?

**Charlotte.** Gewiß nicht.

**Hannchen.** Er grüßt sie, und wir danken ihm.
Den Tag darauf eben die Promenade, eben dieselbe
Gänge, eben dieselbe Begegnung, eben dieselbe Neigung auf beyden Seiten, und von beyden Seiten kein
Buch mehr. Das ist wunderbar.

**Charlotte.** Setze nur darzu, ich habe mich enthalten wollen ihn zu lieben, aber ich habe es nicht
darzu bringen können.

**Hannchen.** Das trauete ich ihnen auch nicht zu.

**Charlotte.** Ich besorge nichts als meine Frau
Mutter; diese meine Mutter, die mich auf ihren Händen trägt, die mich noch nichts als immer ihre zärtliche Liebe empfinden lassen, und die nichts beschleußt,
als was ich will.

**Hannchen.** Gut. Das thut sie, weil sie niemals
etwas wollen, was ihr nicht gefiele.

**Charlotte.** Ja; wenn sie nun so wohl thut, daß
das, was sie will, mir auch gefällt, ist das nicht, als
wenn ich allemal meinen Willen hätte?

**Hannchen.** Fürchten sie sich denn schon?

**Charlotte.** Nein; du machst mir Herze; aber
der nichtswürdige Reichthum, den ich besitze, der wird
mir schädlich seyn; o wie kränke ich mich doch, daß
ich so reich bin!

**Hannchen.** Vortrefliches Kränken! je sind sie
denn nicht reich genug für zwey Personen?

Char-

Die vertraute Mutter.

Charlotte. Das ist wahr. Wird man ihn heute nicht sehen? wenn wollte er denn kommen?

Hannchen. Warten sie, ich will es ihnen sagen: (sie sieht nach Charlottens Uhr.)

Charlotte. Wie? hast du ihn zur Stunde bestellt?

Hannchen. Ja, er wird kommen, er wird nicht zwey Minuten mehr ausbleiben, er ist accurat.

Charlotte. Du bedenkst es aber nicht, Hanne, er wird denken, daß ich ihm die Stunde habe geben lassen.

Hannchen. Nein, nein; wir zwey sind es allemal, die sie mit einander abreden: sie aber halten sie, ohne daß sie es wissen.

Charlotte. Er hat wohl gethan, daß er mir nichts davon gedacht hat, ich würde sonst nicht eine einzige gehalten haben; und weil du mich diesesmal daran erinnerst, so weiß ich nicht, ob es der Wohlstand erlaubt, daß ich da bleibe; ich habe grosse Lust zu gehn.

Hannchen. Sie haben Überrecht gnädiges Fräulein, kommen sie denn.

Charlotte. Wenn du ihn ein andermal bestellest, so sage nur mir nichts davon, das ist alles, was ich dich bitten kan.

Hannchen. Werden sie nur nicht böse, da ist er.

## Der dritte Auftritt.

Treulieb, Charlotte, Hanne, Stephen von weiten.

Charlotte. Ich habe mich ihrer nicht versehen, Herr Baron.

Treu-

**Treulieb.** Ich weiß gar wohl, gnädiges Fräulein, daß ich das Glück sie hier zu sehen, niemanden als Hannchen zu danken habe.

**Hannchen** ohne ihn anzusehn) Ich habe ihm aber doch gesagt, daß sie kommen würden.

**Charlotte.** Ja; diesen Augenblick hat sie mirs allererst gesagt.

**Hannchen.** Sie waren auch gleich im Begrif wegzugehen.

**Charlotte.** Schweig doch Hanne.

**Treulieb.** Sehen sie mich ungern gnädiges Fräulein?

**Charlotte.** Nein, Herr Baron, wenn ich sie nicht gern sähe, so würde ich nicht an einen Ort kommen, wo sie sind, oder wo ich vermuthen könnte, sie anzutreffen.

**Hannchen.** Sie haben sich nicht darüber zu beklagen, Herr Baron. Ich muß dem Fräulein hierinnen Recht wiederfahren lassen, es kan nichts so verbindlich und schön gedacht werden, als sie jetzt mit mir von ihnen gesprochen hat.

**Charlotte.** Aber Hanne ∗ ∗ ∗

**Treulieb.** O mißgönnen sie mir doch das Vergnügen nicht, das sie mir macht.

**Hannchen.** Wo ist denn das Ungereimte, wenn ich ihn nichts als lobenswürdige Sachen wiederhole. Warum soll ers nicht wissen, es sey ihnen eine Freude zu vernehmen, daß ihn alle Welt lieb und werth hält? ist es was böses, wenn ich ihm sage, daß sie sich vorgesetzt ihm das Vergnügen zu machen, und ihn bey seinem schlechten Glücke glücklich wissen wollen; wenn
ich

## Die vertraute Mutter.

ich ihm sage, daß sie ihn um deswillen noch viel werther halten? Bey einer solchen Art zu denken darf niemand roth werden; denn das ist die Lobes-Erhebung ihres Herzens.

Treulieb. Wie, allerschönstes Fräulein, mein Glück sollte so groß seyn? darf ich mich wohl unterstehen, etwas von demjenigen zu glauben, was sie mir da sagt?

Charlotte. Ich muß es gestehen, daß sie sehr unbedachtsam redet.

Treulieb. Ich habe sonst nichts als mein Herz, das ich ihnen anbieten kan; das ist wahr, aber es ist auch niemalen ein Herz mehr eingenommen und mehr zärtlich als das meinige.

(Steffen läßt sich sehen.)

Hannchen. Sachte, sachte! reden sie nicht so laut; mich deucht dort steht der Vetter unsers Pachters, der auf uns acht giebt, was muß doch das Thier hier zu suchen haben?

Charlotte. Ja, er ist es; o wie wird mir angst; er wird alles meiner Mutter sagen; leben sie wohl, Herrn Baron, wir werden uns wohl wieder sehen, ich will mich wegmachen; thun sie desgleichen.

(Der Baron will weggehen, Hannchen
hält ihn.)

Hannchen. Nein, bleiben sie nur, es fällt mir was ein; man muß versuchen, ob man ihn mit in unser Verständniß bringen kan, er ist mir nicht gram.

Treulieb. Weil er uns gesehen hat, so ists freylich am besten.

Der

## Der vierdte Auftritt.
Treulieb, Hannchen, Steffen.

Hannchen zum Baron.) Lassen sie mich nur machen. Sieh da Steffen, seyd doch ihr da; was macht ihr denn da?

Steffen. Ich? erst gieng ich spatzieren, und jetzt sehe ich zu.

Hannchen. Und was seht ihr denn?

Steffen. Allerhand Vögel; zwey blieben da; einer aber ist davon geflogen, der der schönste unter allen war. (Siehet den Baron an.) Siehe, da ist einer, der ist auch gar schön, und potz velten, ich denke, sie werden was bey ihr lernen, Jungfer Hannchen, denn sie pfeift ihnen recht allerliebst vor.

Hannchen. Ihr wollt sagen, daß ihr es gesehen habt, wie ich und das Fräulein mit dem Herrn da geredet haben.

Steffen. Ja, ja; ich habe alles mit Lust gesehen, und habe auch ein wenig gehört, was sie gesungen haben.

Hannchen. Es ist von ohngefähr geschehen, daß wir den Herrn hier angetroffen haben; es ist doch das allererstemal, daß wir ihn sehen.

Steffen. Potzstern, dieses Erstemal hat ein so schönes Ansehen, daß man es wohl vor das 20ste halten sollte.

Treulieb. Ich denke doch, daß man nicht umhin kan, eine Dame zu grüssen, wenn man sie antrift?

Steffen lacht.) Ha, ha, ha! also streichen sie ihren Reverenz mit Worten aus; und wenn sie eine

Viertel

## Die vertraute Mutter. 191

Viertelstunde geplaudert haben, so heissen sie das den Hut abgezogen!

Hannchen. Wir müssen zur Sache kommen; hättest du wohl Lust uns in unserm Vorhaben beyzustehen?

Steffen. Vielleicht, vielleicht auch nicht; es kömmt nun alles auf die Manieren an, wie man einem eine Sache beybringt, darnach geht alles; und ich, ich bin gerne manierlich.

Treulieb giebt ihm Geld.) Nun wohl Steffen, ich bitte dich denn recht sehr, uns zu dienen; ich bezahle dich dafür.

Steffen. Nun, so muß ich mich ihnen wohl geben; Sagen sie mir nun ihre Sache noch einmal, sie wird nun schon besser seyn als das vorigemal: Sie begegneten einander nun so, ist das nicht wahr? das pflegt mannichmal so zu gehen; und jemanden zu begegnen, das ist doch nichts unehrliches.

Hannchen. Und hernach grüßt man einander.

Steffen. Und hernach, wenn man gegrüsset hat, so plaudert man; das ist meine Gewohnheit auch; allemal wenn ich grüsse, so sage ich was darzu; und wenn das bey dem Frauenzimmer geschieht, so müssen sie doch wohl ein paar Worte für eins antworten. Wir Mannsbilder reden, und die Frauenzimmer schwatzen. Gehen sie nur immer; das ist nun so gar gut, gar vernünftig, gar höflich. Die Begegnung, der Gruß, die Anrede, die Antwort, das ist alles bezahlt. Wir müssen uns nur wegen des Weglaufens mit einander vergleichen.

Treulieb. Siehe, das ist fürs Weglaufen.

Steffen.

Steffen. Gehen sie nur, wohin sie können; was sie antreffen, das ist für sie; ich verlange dafür nichts, wenn ich nur auch mein Theil finde. Sein Diener. Man kan einem andern so gern begegnen, als ich ihnen; sie sind gar zu angenehm.

Hannchen. Also kan man nunmehr auf deine Freundschafft Staat machen.

Steffen. Nun ja doch; verlasset euch nur auf mich. Alle meine Freundschafft ist für den Preiß zu euren Diensten.

Hannchen. Weil wir denn nun mit dir ins reine sind, willst du denn nun wirklich Wache bey uns halten, und uns Nachricht geben, wenn jemand kömmt, besonders aber die gnädige Frau.

Steffen. Seyd nur ruhig mit einander; ich stehe vor alle, die eine ganze Meile in die Runde herum vorbey gehen werden.

(Er gehet ab.)

## Der fünffte Auftritt.
### Treulieb, Hannchen.

Hannchen. Weil wir einen Augenblick allein sind, Herr Baron, so lassen sie uns noch von ihrer Liebe reden. Sie haben mir grosse Versprechungen gethan, wenn die Sache glücklich abläuft; aber wie kan sie glücklich ablaufen? Das Fräulein ist die einzige Erbin; ich weiß, was ihre Mama mit ihr vor hat; so viel Zärtlichkeit sie auch für ihre Tochter haben mag, welche sie liebet, so wird sie sie doch ihnen nicht geben; daran können sie steif und fest glauben. Gesetzt

### Die vertraute Mutter.

setzt nun, daß dem so ist; was fällt ihnen wohl ein, wie der Sache zu helfen wäre?

Treulieb. Noch nichts, Hannchen. Ich habe bisher an nichts gedacht, als an das Vergnügen, die unvergleichliche Charlotte zu lieben.

Hannchen. Aber können sie denn nicht zu gleicher Zeit auch daran denken, wie dieses Vergnügen dauren möge?

Treulieb. Das will ich; aber wie soll ichs machen?

Hannchen. Das frage ich sie.

Treulieb. Ich will darauf denken, Hannchen.

Hannchen. Ja, ja; sie werden wohl darauf denken. Es ist nur eine einzige Kleinigkeit dabey zu befürchten; und das ist die: unterdessen da sie darauf denken, ihre schöne Gebietherin zu erhalten, könnte man sie schon verheyrathen.

Treulieb. Ach, was sagt ihr mir, Hannchen? ich wäre für Schmerzen des Todes.

Hannchen. Nun, so halte ich sie schon für todt.

Treulieb hitzig.) Will man sie denn verheyrathen?

Hannchen. Bey der Mama ist die Parthie schon geschlossen, und der Bräutigam ist schon erwählt, das habe ich von guter Hand.

Treulieb. Ach Hannchen, ich verzweifle; wir müssen dieses Unglück zu hintertreiben suchen, es koste was es wolle.

Hannchen. Damit wirds aber nicht angehn, daß man sagt: ich liebe, und immer nur sagt: ich liebe sie. Wissen sie sonst nichts?

O           Treu-

Treulieb. Ach Hannchen, ihr bringet mich ganz auſſer mir.

## Der ſechſte Auftritt.

Steffen zu vorigen gelauffen.

Steffen. Fort, fort guten Freunde, macht euch aus dem Staube; der Feind kömmt!

Hannchen. Was für ein Feind?

Steffen. Der allerſchlimmſte Feind; es iſt die gnädige Frau.

Hannchen zum Baron.) Geschwinde, mein Herr, verſtecken ſie ſich ins Holz, ich will fortgehen.

Gehet ab.

Steffen. Und ich, ich thue, als wenn ich kein Waſſer betrübt hätte.

## Der ſiebende Auftritt.

Steffen, Fr. v. Wohlgesinnt.

Fr. v. W. Siehe da! biſt du es Steffen? biſt du ganz allein? es kam mir vor, als wenn ich Leute hätte reden hören.

Steffen. Nein, Ihr Gnaden, ich bins allein geweſen; ich rede mich an, und gebe mir auch Antwort, ſo iſts, als wenn ich Geſellſchafft hätte, und das vertreibt mir die Zeit.

Fr. v. W. Betrügſt du mich auch?

Steffen. Potztauſend; halten ſie mich denn für einen Schelm?

Fr. v. W. Nein, ich halte dich für ehrlich; es iſt mir lieb, daß ich dich antreffe, denn ich habe dich geſucht.

sucht. Ich will dir etwas auftragen, daß ich niemand andern von meinen Leuten anvertrauen will, nemlich: du sollst auf meine Tochter Achtung geben, wenn sie spatzieren geht, und mir alles sagen, was vorfällt; ich habe ihr abgemerkt, daß sie seit einiger Zeit öfters zu einer gewissen Stunde mit Hannchen ausgehet; ich möchte doch gerne wissen, was dahinter steckt.

Steffen. Das ist artig. Sie wollen mich also für einen Spion miethen?

Fr. v. W. Bey nahe so.

Steffen. Ich habe wohl gemerkt, was das zu sagen hat; ich bin schon versprochen.

Fr. v. W. Du?

Steffen. Ja, ich; das Ding bringt was ein. Es ist mir leid, daß sie ein wenig zu spät kommen, ihr Gnaden; ich habe schon versprochen, Eur. Gnaden auszukundschafften.

Fr. v. W. Was hör ich, Steffen? mich?

Steffen. Ganz gewiß; wenn das gnädige Fräulein ingeheim mit ihrem Geliebten spricht, so muß ich sehen und acht geben, ob sie kommen.

Fr. v. W. Das ist eine wichtige Zeitung. Du bist aber auch sehr verwegen, Steffen, daß du eine solche Commißion auf dich nimmst.

Steffen. Mein GOtt, ist es denn was böses, diesen jungen Leuten zu sagen: die Mama kömmt, oder sie kömmt nicht. Hindert denn das, daß sie kommen oder nicht kommen können? Dabey finde ich keine Schelmerey.

Fr. v. W. Nun ich vergebe dirs; weil du nicht

gedacht haſt was Böſes zu thun; doch mit dem Bedinge, daß du mir alles wieder ſagſt, was du ſehen und hören wirſt?

Steffen. Muß ich denn zugleich ſehen und auch hören? Auf dieſe Art werde ich noch einmal ſo viel für ſie zu thun haben als für jene.

Fr. v. W. Ich erlaube dir ſo gar, daß du es ihnen ſagen dürfeſt, wenn ich komme, wo du mir nur alles treulich wieder ſageſt; und das kan dir gar nicht ſchwer fallen, weil du dich nicht weit von ihnen entfernen wirſt.

Steffen. Freylich; ich werde mich recht ſehr auf meine Zeitungen legen, und es wird mir ſehr bequem fallen, denn ich kan ſie ſo gleich ausgeben, wenn ich ſie einbekommen habe, ich darf ſie nicht lange bey mir behalten.

Fr. v. W. Vor allen Dingen aber verbiete ich dir, ihnen nicht zu ſagen, wie du mit mir ſteheſt, ob du mir gleich geſagt haſt, was ſie dir aufgetragen haben. Meine Sachen muſt du verſchwiegen halten.

Steffen. Wie ſie befehlen, gnädige Frau; wenn ſie haben wollen, daß ich ſchweigen ſoll, ſo will ich ſchweigen. Hätten jene mir das auch befohlen, ich würde nichts geſagt haben. Es kömmt nur darauf an, daß mirs geſagt wird.

Fr. v. W. Ich binde dirs ein; verſchnappe dich ja nicht; und weil ſie nicht dafür ſorgen, ob du verſchwiegen biſt, ſo erzähle mir die Sache nur vollends, du ſollſt nichts dabey verlieren.

Steffen. Erſtlich, an ſtatt daß ich etwas dabey verlieren ſollte, ſo gewinne ich

Fr.

## Die vertraute Mutter.

Fr. v. W. Das heißt, sie bezahlen dich.

Steffen. Richtig.

Fr. v. W. Ich verspreche dir es auch zu thun, wann ich werde zu Hause seyn.

Steffen. Ich sage es ihnen nicht, daß sie sich ein Exempel daran nehmen sollen; aber was sie thun werden, wird allemal wohlgethan seyn.

Fr. v. W. Hat meine Tochter denn also einen Liebhaber? und wen?

Steffen. Einen schönen jungen Herrn, er sieht aus, als wenn er gemahlt wäre; er ist freygebig; er hat eine Miene, ein Ansehen, eine Gesichtsbildung − − Potz − − ich glaube es, und sie werden es auch glauben, er ist das allerangenehmste Mannsbild, das man sehen kan; er bringt seine Liebe mit so süssen Worten an; es ist nur eine Lust anzuhören, wie er seine Sächelgen vorbringt, er sagt nicht ein Wörtchen, das nicht bezaubert.

Fr. v. W. Und meine Tochter, was antwortet sie denn?

Steffen. Ihre Tochter; ich denke, daß sie einander gar bald alle beyde bezaubern werden.

Fr. v. W. Hast du nichts von ihren Unterredungen behalten?

Steffen. Nichts, als ein kleines bisgen; ich habe kein Vermögen, das sagte er; und ich, ich habe genug, das sagte sie; aber sagte er, ich habe so ein zärtlich Herze, aber sagte sie: meine Mama, was wird die dazu sagen? und hernach sagten sie einander von dem Mehr oder Weniger; von der Armuth des einen und

von dem Reichthum der andern; das waren recht
Herz brechende Unterredungen.

Fr. v. W. Wer ist denn der junge Herr?

Steffen. Halt, ich denke, es wird der Herr von
Treulieb seyn; und weil der ein Nachbar von uns
ist, so können wir ihn nur den Nachbar Treulieb
nennen.

Fr. v. W. Treulieb? der Name ist mir nicht
unbekannt; wie haben sie denn einander zu sehen bekommen?

Steffen. Sie haben einander gesehen, weil sie einander angetroffen haben; nun aber treffen sie einander nicht mehr an, sondern sie finden einander.

Fr. v. W. Und Hannchen, ist die auch dabey?

Steffen. Die vor allen andern; die ist der Di-
rector über die verliebten Zusammenkünfte, die macht
eben die Anstalten dazu; das Mädgen ist ein rechter
Schatz für die Verliebten.

Fr. v. W. Siehe, da geht ja meine Tochter, und
stellt sich als ob sie spazieren gienge; sie kömmt zu
uns; gehe nur fort Steffen; fahre fort, acht zu haben, und mir treulich Nachricht zu geben; ich will dir
es schon einbringen.

Steffen. Gar gut, gnädige Frau; und das zu
Hause, es ist nicht weit.

# Der achte Auftritt.

Fr. v. Wohlgesinnt, Charlotte.

Fr. v. W. Ich fragte Steffen, ob er euch nicht
gesehen hätte, mein Kind.

Char-

**Charlotte.** Haben sie mir was zu sagen, Mama?

**Fr. v. W.** Ja Lottchen; ihr kennet doch den Herrn Trübenthal; ihr habt ihn doch oft in N ✳ ✳ ✳ gesehen; er verlangt euch zur Ehe.

**Charlotte.** Er, Herzens-Mama; Herr von Trübenthal; der so finstre und ernsthafte Herr? es scheinet gar nicht, als wenn der Herr zu einem Ehemanne gemacht wäre.

**Fr. v. W.** Es ist an seiner Gestalt nichts auszusetzen.

**Charlotte.** Ich habe wider seine Gestalt nichts einzuwenden; ich sehe darauf nicht gerne.

**Fr. v. W.** Er ist etwas kaltsinnig.

**Charlotte.** Sagen sie lieber, er ist frostig, eiskalt, verschwiegen, melancholisch, mürrisch, traurig.

**Fr. v. W.** Ihr werdet ihn bald zu sehen bekommen; er wird uns besuchen; wenn er euch aber nicht gefällt, mein liebes Kind, so sollt ihr ihn wider euren Willen nicht nehmen; ihr wisset wohl, wie wir mit einander leben.

**Charlotte.** Ach liebste Frau Mutter, ich besorge von ihrer Seite gar keinen Zwang; das ists gar nicht, was mich beunruhiget.

**Fr. v. W.** Seyd ihr gewiß überzeugt, daß ich euch liebe?

**Charlotte.** Es vergehet kein Tag, da ich nicht neue Proben davon erhalte.

**Fr. v. W.** Und ihr, meine liebe Tochter, liebt ihr mich auch so?

**Charlotte.** Ich glaube gewiß, daß auch sie daran nicht zweifeln werden.

Fr. v. W. Nein, gewiß nicht; aber damit ich noch mehr davon überführet werde, so sollt ihr mir eine Gefälligkeit erweisen.

Charlotte. Eine Gefälligkeit, allerliebste Frau Mutter! das ist ein Wort, so sich für mich nicht schickt. Befehlen sie, und ich werde gehorsamen.

Fr. v. W. Wenn ihr es so nehmet, mein Kind, so liebt ihr mich nicht so, als ich wohl glaubte; ich habe euch nichts zu befehlen, meine Tochter; ich bin eure Freundin; ihr seyd die meinige; und wenn ihr anders mit mir umgehet, so habe ich euch weiter nichts zu sagen.

Charlotte. Ich gebe mich, allerliebste Frau Mutter, sie haben mich völlig eingenommen; ich weine für lauter Zärtlichkeit darüber; welches ist denn nun die Gefälligkeit, die sie von mir verlangen; ich verspreche sie ihnen schon zum voraus.

Fr. v. W. Kommt, laßt euch umarmen, meine Tochter. Sehet, ihr seyd nun in einem so reifen Alter, wo ihr meinen guten Rath und meine Erfahrung nöthig habt; erinnert ihr euch noch des Gespräches, so wir vorgestern mit einander gehabt, der Lust, die wir uns beyde zu geben versprachen, wenn wir mit einander in der grösten und allergenausten Vertraulichkeit leben, wenn eine nichts, gar nichts vor der andern geheim halten würde? Besinnet ihr euch noch darauf? wir wurden zwar darinnen unterbrochen, aber ihr hattet eure besonders grosse Freude darüber; wir wollen es also ins Werk richten; redet mit mir offenherzig; machet mich zu eurer Vertrauten.

Charlotte. Sie? zur Vertrauten ihrer Tochter?

Fr

Fr. v. W. O, meine Tochter; wer redet denn von der mit euch? eure Mutter will eure Vertraute nicht werden, ich sage euch das noch einmal, eure Freundin ists, die es seyn will.

Charlotte lacht.) Wohl denn! aber meine Freundin wird meiner Mutter alles wieder sagen? sie sind unzertrennlich von einander.

Fr. v. W. Gut; so trenne ich sie denn von einander; ich schwöre es euch zu. Ja, mein Kind, stellet euch vor, daß eure Mutter von allem, was ihr mir auf diese Art vertrauen werdet, gar nichts höre und wisse; und so muß es auch seyn; es wäre gar nicht rechtschaffen gehandelt, wenn dem anders wäre.

Charlotte. Es ist doch sehr schwer, das zu hoffen, was sie sagen.

Fr. v. W. Ach, wie betrübt ihr mich! ich verdiene nicht, daß ihr so widerstrebt.

Charlotte. Nun wohlan, es sey so. Sie fordern dieses auf eine gar zu edle Art; ich willige drein; ich will ihnen alles sagen.

Fr. v. W. Wenn ihr wollt, so nennet mich nicht eure Mutter, gebt mir einen andern Namen.

Charlotte. O, dieses gehet nicht an; der Name ist mir gar zu lieb. Wenn ich ihn änderte, so würde es doch nicht mehr und nicht weniger seyn; es wäre eine unnöthige Scharfsinnigkeit; lassen sie mir den Namen, ich fürchte mich nicht mehr vor ihm.

Fr. v. W. Wie ihr wollt, mein allerliebstes Lottchen. Nun wohl, ich bin itzt eure Vertraute; habt ihr mir gegenwärtig nichts zu vertrauen?

**Charlotte.** Nichts, was ich wüßte; aber es soll künftig allemal geschehen.

**Fr. v. W.** Wie steht es mit eurem Herzen? hat es bisher noch niemand angegriffen?

**Charlotte.** Noch nicht.

**Fr. v. W.** Hum! ihr trauet mir noch nicht; ich fürchte, ihr antwortet immer noch eurer Mutter.

**Charlotte.** Sie fangen auch mit einer gar zu schrecklichen Frage an.

**Fr. v. W.** Die Frage schickt sich für euer Alter.

**Charlotte.** Ach!

**Fr. v. W.** Ihr seufzet?

**Charlotte.** Das ist wahr.

**Fr. v. W.** Was ist euch wiederfahren? redet, ich verspreche euch zu trösten und zu rathen.

**Charlotte.** Sie werden es mir nimmermehr zu gute halten.

**Fr. v. W.** Ihr habt immer noch euer zu Gute halten, euer Vergeben im Kopfe; ihr haltet mich noch für eure Mutter.

**Charlotte.** Es ist doch wohl erlaubt, sich hierinnen zu irren; zum wenigsten ist sie die Allerwürdigste, die Allerzärtlichste auf der Welt, und die von ihrer Tochter so stark geliebet wird, als es nur möglich ist.

**Fr. v. W.** Das sind Ausdrücke, wie sie sich für euch schicken; ich werde ihr dieses sagen; aber itzt ist die Rede nicht von ihr; sie ist nicht da. Wir wollen auf unsere Sache kommen; was ist es denn, was euch beunruhiget?

Char-

Charlotte. Sie haben mich gefragt, ob man mein Herz angegriffen? mehr als zu sehr? denn ich liebe.

Fr. v. W. ernsthaft.) Ihr liebet? ¿ ¿ ¿

Charlotte lacht.) Sehen sie doch, ist das nicht meine Frau Mutter? sie ist abwesend; aber sie antwortet mir gleichwol. Allein, geben sie sich nur zu frieden, es ist mein Scherz.

Fr. v. W. Nein, ihr scherzet nicht; ihr sagt mir die Wahrheit; ich finde dabey nichts, worüber ich mich wundern sollte; ich meines Theils habe nur ernsthaft geantwortet, weil ihr so mit mir redetet. Seyd also ruhig! ihr vertrauet es mir nunmehro, daß ihr liebet.

Charlotte. Ich hätte fast Lust es zu läugnen.

Fr. v. W. Ach, mein allerliebstes Lottchen, ihr vergeltet mir nicht Zärtlichkeit mit Zärtlichkeit.

Charlotte. Ach, sie werden mich strafen; sie haben sich nur so angestellt, daß ich mich gefürchtet. Aber ich fürchte mich nun nicht mehr. Ja, ich liebe; es ist dieses eine Neigung, die sich meiner unversehens bemächtigt hat.

Fr. v. W. O, ihr seyd die erste nicht, der es begegnet; es kan allen Menschen so gehen. Wer ist es denn aber, den ihr liebet, ist er in M.

Charlotte. Nein, ich kenne ihn nur von hier.

Fr. v. W. Von hier, mein liebes Kind, erzählet mir doch diese Begebenheit, sie muß mehr lustig als ernsthaft seyn; es kan nichts seyn, als ein ohngefährer Anstoß, dergleichen sich auf dem Lande manchmal zutragen.

Char-

Charlotte. Nicht anders.

Fr. v. W. Ein junger artiger Herr hat euch gegrüßt, und hat es so geschickt gewußt anzustellen, daß er euch eine Weile mit einem Gespräche unterhalten.

Charlotte. So ist es.

Fr. v. W. Ich wundere mich über seine Dreistigkeit. Euer Ansehen ist doch so beschaffen, daß er sichs hätte sollen vergehen lassen. Haltet ihr nicht dafür, daß er ein wenig wider den Respect gehandelt hat?

Charlotte. Nein, es ist alles von ohngefähr geschehen, und Hannchen ist die unschuldige Ursache dazu gewesen. Sie trug ein Buch in der Hand, und das entfiel ihr; er hub es uns auf, und da redeten wir mit einander; das ist ganz natürlich.

Fr. v. W. Geht doch nur, mein liebes Kind, ihr seyd nicht klug, daß ihr euch einbildet, ihr liebet den Menschen Hannchen hat euch das nur weiß machen wollen. Ihr seyd so weit über solche Kleinigkeiten weg, daß ihr ehester Tage selbst darüber lachen werdet.

Charlotte. Nein, das glaube ich nun wohl nicht; ich vermuthe das keinesweges.

Fr. v. W. Es sind Possen, sage ich euch; das Ding sieht nur ein wenig einem Romane ähnlich; darum gefällt es euch.

Charlotte. Wie! ich lese ja keine; und zu dem ist ja diese Begebenheit gar nicht so sonderbar.

Fr. v. W. Ihr werdet es wohl sehen, sage ich; ihr seyd zu klug, und das ist genug; aber habt ihr ihn oft gesehen?

Charlotte. Zehn oder zwölfmal.

Fr.

Die vertraute Mutter.

Fr. v. W. Wollt ihr ihn noch sehen?

Charlotte. Ganz gewiß; es würde mir schwer ankommen, es zu unterlassen.

Fr. v W. So will ich, wenn es euch gefällt, die Mutter-Stelle wieder einnehmen, damit ich es euch verbieten kan.

Charlotte. O nein; ändern sie nichts; ich bitte gehorsamst. Es muß dieses ihnen als einer solchen ein Geheimniß bleiben; ich verlasse mich drauf, daß sie nichts davon wissen; zum wenigsten haben sie mirs versprochen.

Fr. v. W. Ich will mein Wort auch halten. Aber dieses ist eine sehr ernsthafte Sache, und es fehlt nicht viel, so vergiesse ich Thränen über die Gefahr darein ihr gerathen seyd, euren guten Namen, den ihr unter den Leuten habt, zu verlieren.

Charlotte. Wie das? Sie sind meines guten Namens wegen so sehr besorgt, daß sie zittern; glauben sie denn, daß ich mich vergehen werde?

Fr. v. W. Ach, meine liebste Tochter, denkt nur, was ihr schon gethan habt. Hättet ihr euch wohl selbst für fähig gehalten, eure Mutter zu hintergehen, ohne ihr Wissen einen jungen Menschen zu sehen, seiner Schwatzhaftigkeit und Pralerey wegen in Gefahr zu laufen, alles von euch sagen zu lassen, was er nur will, in so viele heimliche Besuche, die niemanden wohl anstehen, zu willigen, niemanden als ein nichtswürdiges Mädchen bey sich zu haben, die sich um die Folgen der Dinge nicht bekümmert, wenn sie nur ihren Vortheil dabey siehet, wie sie ihn denn
gewiß

gewiß dabey haben wird. Wenn man euch vor einem Monate gesagt hätte, daß ihr euch so weit vergehen würdet: solltet ihr das wohl geglaubt haben.

Charlotte traurig.) Ich könnte freylich wohl Unrecht haben; aber solche Betrachtungen sind mir niemals eingefallen.

Fr. v. W. O mein allerliebstes Kind, wer sollte euch auch dazu Anlaß gegeben haben. Gewiß das Gesinde nicht, welches euch zu verrathen, erkauft ist; gewiß der Liebhaber nicht, der sein ganzes Glücke darinnen suchet, daß er euch verführt. Ihr habt nur bey euren Feinden Rath gesucht; selbst euer eigen Herz hat sich auf ihre Seite geschlagen; ihr habt niemanden zum Beystande, als eure Tugend, die gewiß nicht damit zufrieden seyn kan, und an mir eine rechtschaffene aufrichtige Freundin, der ihr doch nicht trauet. O, in was für einer Gefahr seyd ihr!

Charlotte. Ach, meine liebste Mutter, meine theuerste Freundin, sie haben vollkommen recht, sie öfnen mir die Augen, sie beschämen mich ganz. Hannchen hat mich verführt; ich breche mit dem jungen Herrn. O, wie viel Dank bin ich ihrem guten Rathe schuldig!

Steffen. Gnädige Frau, es ist jemand da, der sie zu sprechen verlanget.

Fr. v. W. Als eure Vertraute lasse ich euch völlige Freyheit, ich rathe euch aber doch, mir nachzufolgen, denn der junge Mensch könnte vielleicht da seyn.

Char

### Die vertraute Mutter.

**Charlotte.** Laſſen ſie mir nur Zeit, einen Augenblick nachzuſinnen, und ſorgen ſie für nichts. Wenn er da iſt, und das Herz hat, ſich ſehen zu laſſen, ſo will ich ihm ſeinen Abſchied geben; das verſichere ich ſie.

**Fr. v. W.** Es mag ſeyn, aber bedenket, was ich euch geſagt habe.

## Der neunte Auftritt.

### Charlotte, Steffen.

**Charlotte** einen Augenblick allein.) Ja; es bleibt dabey, ich will ihn nicht mehr ſehen.

**Steffen** giebt ihr, ohne ſich aufzuhalten, einen Brief in die Hand.)

**Charlotte.** Halt Steffen, von wem iſt der Brief?

**Steffen** von weiten.) Von dem ſchönen Herrn. Euer Liebhaber ſchickt ihn.

**Charlotte** wirft ihn weg.) Ich habe keinen Liebhaber; da trage ihn wieder fort.

**Steffen.** Er iſt geſchrieben, daß er da bleiben ſoll.

**Charlotte.** Ich ſage dirs, mache dich fort, und nimm ihn mit.

**Steffen.** Was zum Henker iſt denn das für eine Grille. Ich ſage ihnen nun, daß er da bleiben ſoll, damit ſie ihn leſen ſollen. Das iſt mir und ihnen ſo anbefohlen. Es ſtehet ein Beſuch darinnen, zu einer Stunde, die ihnen gefallen wird, und ich habe Order, Hannchen die Stunde, nicht aber den Brief

*zu*

zu hinterbringen. Nehmen sie ihn doch; ich kan ihn nicht nehmen, denn ich fürchte, man möchte mich damit sehen, und hernach können sie mir auch die Antwort darunter schreiben.

Charlotte. Nimm ihn ja weg, und packe dich fort, ich befehle dirs.

Steffen. Da sehe mir nur einmal jemand, wie böse sie wird. Nein, ich will ihn gewiß nicht nehmen, es muß niemand sagen, daß ich meine Sache verkehrt ausrichte.

Charlotte im Weggehen.) Der Verwegne!

Steffen sieht ihr nach.) Sollte sie denn wohl einen Abscheu vor der Schreiberey haben!

## Ende des ersten Aufzuges

## Der zweyte Aufzug.
### Erster Auftritt.
Der Baron von Treulieb, Steffen.

Steffen.

Es kömmt kein Mensch. (der Baron kömmt) Ey potz hunderttausend, so kommen sie doch; ich bin schon länger als eine Stunde hier, und warte auf sie.

Treulieb. Nun, was hast du mir denn zu sagen?

Steffen. Daß sie itzt hier nicht von der Stelle gehen sollen, Hannchen hat mir befohlen, ihnen das zu sagen.

Treulieb. Hat sie dir nicht gesagt, welche Stunde das Fräulein hieher kommen will.

Steffen. Nein, das wird sie ihnen schon sagen.

Treulieb. Ists das alles?

Steffen. Was sie angeht, da ists alle? aber, was mich angeht, da ist noch etwas zu sagen.

Treulieb. Was wirds nun wieder seyn?

Steffen. Daß es mir leid ist, daß ⁕ ⁕ ⁕

Treulieb. Was nennst du denn leid seyn?

Steffen. Ich verstehe die Scrupel darunter, die mir über eure Zusammenkünfte entstehen, die ich vertuschen helfe; manchmal kömmt mirs an, daß ich dem Dinge ein Ende machen, und uns alle drey verklagen will.

Treulieb. Du schwärmst; wo wäre denn etwas böses bey unsern Unterredungen? was befürchtest du denn? bin ich nicht ehrlich?

Steffen. Und ich auch; und so ehrlich, daß es gar nicht möglich ist, daß ich ein Schalk bleibe, wenn man mir nicht das Herze stärkt, weil ich täglich mit meinem Gewissen zu streiten habe; ich fühle Tag vor Tag etwas, das in meinem Herzen anklopft; bey allen Schritten, die ich thue, habe ich die Schwachheits-Fehler, daß ich stehn bleibe, wenn mich nicht jemand wieder fortstößt; und es ist nun an ihnen, daß sie stoßen sollen.

Treulieb giebt ihm einen Ring vom Finger) da hast du das noch, und fahre fort.

Steffen. Das giebt mir wieder Stärke.

Treulieb. Nun sage mir, wird Charlottchen bald kommen?

Steffen. Vielleicht bald, vielleicht spät, vielleicht auch gar nicht.

Treulieb. Vielleicht gar nicht, was will das sagen? wie hat sie denn meinen Brief aufgenommen?

Steffen. Wie! soll ich ihnen auch noch bey ihr spioniren, und auf alles Achtung geben. Ich werde bald der ganzen Welt Spion seyn.

Treulieb. Du! je bey wem bist du es denn noch?

Steffen. Je, - - - - bey der Mama; die mirs aufgetragen, aber auch befohlen hat, daß ich nichts sagen soll.

Treulieb. Nichtswürdiger! du handelst also bey ihr, wider uns.

Steffen. Wider sie, mein Herr, nicht mit einem Worte, weder vor noch wider sie; ich verdiene mein Geld, und das ists alle. Müssen sie denn das auch wissen?"

Treu-

Treulieb. Erkläre dich näher; du willst sagen, daß du nichts weist, als wie du Geld von ihr bekömmst, ohne uns zu schaden?

Steffen. So ists wahrhaftig. Ich schröpfe den, ich schröpfe die; ich nehme, wo ich was krigen kan.

Treulieb. Mache fort; sage mir, was sagte Charlotte, als sie meinen Brief empfieng?

Steffen. Reden sie mit ihr, wenn sie wollen, aber schreiben sie ja niemals an sie; ihre Schreiberey hat ihr Glücke nicht gemacht.

Treulieb. Wie, ist sie ungehalten über meinen Brief geworden?

Steffen. Sie hat ihn gar nicht annehmen wollen, so böse hat sie das Papier gemacht.

Treulieb. Hat sie dir ihn denn wieder gegeben?

Steffen. Sie hat mir ihn auf die Erde geworfen; ich habe ihn aufgehoben, und nun hat ihn Hannchen.

Treulieb. Ich verstehe es nicht, wie das zugegangen ist.

Steffen. Da kömmt Hannchen, die können sie drum fragen; ich will nunmehr auf meine Schildwache gehen, und Achtung geben.

## Der andere Auftritt.
### Treulieb, Hannchen.

Treulieb. Ach! was hab ich gehört, Hannchen; das Fräulein hat meinen Brief nicht angenommen.

Hannchen. Leider, ja. Hier ist er. Steffen hat ihn mir gegeben. Ich weiß nicht, was ihr muß in Kopf gekommen seyn; das ist aber gewiß, daß sie sehr

übel

übel aufgeräumt ist, und ich habe gar keine Gelegenheit finden können, durch eine Unterredung mit ihr, Licht hierinnen zu bekommen, weil zu viel Leute zu Hause waren. Sie ist aber so traurig, sie nimmt sich keines Dinges mit Ernst an; ich finde sie ganz und gar anders; ich habe sie aber doch dorthinten gesehen, und bin hergekommen, es ihnen zu sagen; wir wollen so lange warten, ihre Schwermüthigkeit könnte sie wohl unvermerkt bis hieher bringen.

Treulieb. Nein, Hannchen, wenn sie mich sähe, würde sie vielleicht nur noch mehr wider mich aufgebracht werden; wenn sie mir abgeneigt ist, so ists meine Schuldigkeit, mich darnach zu achten. Ich würde ihren Unwillen unmöglich ertragen können; ich will mich wegmachen.

Hannchen. Wie lächerlich sind nicht manchmal die Verliebten, und was sagen sie nicht für abgeschmackt Zeug. Wohl denn, Herr Baron, fliehen sie, denn sie kömmt; wenn sie ihre Hochachtung bezeigen wollen, so fliehen sie.

## Der dritte Auftritt.

### Charlotte, Treulieb, Hannchen.

Charlotte. Wie mein Herr, sind sie hier? ich bin mich ihrer hier nicht vermuthen gewesen.

Treulieb. Ich wollte mich gleich wegbegeben. Hannchen wird es ihnen sagen, daß ich mich ihnen nicht habe zeigen wollen; die Verachtung, die sie gegen meinen Brief bezeigt haben, läßt mich genug sehen, wie sehr ich ihnen zuwider bin.

Charlotte. Sie mir zuwider? Nein, es ist genug,

aug, daß sie mir gleichgültig sind, und sehr gleichgültig. Was ihren Brief betrift, den habe ich angenommen, wie er es verdienet. Ich glaubte nicht, daß man berechtigt wäre an Leute zu schreiben, die man nur von ohngefähr gesehen hat; dieses ist mir, zumal gegen eine Person meines Geschlechts, sehr sonderbar vorgekommen; an mich zu schreiben? mein Herr; sagen sie mir, wie sie sich das haben einkommen lassen; meines Wissens habe ich ihnen keine Gelegenheit zu einer so grossen Kühnheit gegeben. Worauf kömmt es denn zwischen uns beyden an?

Treulieb. Bey ihnen gnädiges Fräulein, auf gar nichts; bey mir aber, bey einem Unglücklichen, den sie martern, auf alles.

Charlotte. Diese Ausdrücke sind so wohl übel angebracht, als vergebens; und ich gebe ihnen die Nachricht, daß ich nicht drauf schlage.

Treulieb. Ach, haben sie doch die Gnade, mein Fräulein, und spotten sie meiner nicht noch, bey alle dem, was sie mir sonst empfindliches und grausames sagen. Verachten sie meine Schmerzen, aber halten sie sich nur nicht drüber auf; denn ich stelle das, was ich leide, nicht grösser vor, als ich es empfinde.

Charlotte. Sie verhindern mich, daß ich itze nicht mit meinem Mädgen reden kan, mein Herr; unterbrechen sie mich doch nicht.

Hannchen. Ohne daß ich vorwitzig seyn will, gnädiges Fräulein, darf man wohl fragen, was sie wollen?

Charlotte. Dich will ich; ich bin bloß hieher gekommen, weil ich dich suchte, siehst du, das hat mich hergeleitet.

*Treulieb.* Befehlen sie, daß ich mich entferne, gnädiges Fräulein?

*Charlotte.* Wie sie wollen, mein Herr.

*Treulieb.* Himmel!

*Charlotte.* Sie können aber doch da bleiben, weil sie einmal da sind; es ist mir lieb, wenn sie so erfahren, was ich ihnen zu sagen habe. Sie haben mir geschrieben; sie sind einigemal mit mir umgegangen; sie könnten sich deswegen rühmen, wie denn das sehr oft zu geschehen pflegt, und ich will sie es sehr gerne wissen lassen, was ich davon denke.

*Treulieb.* Ich mich rühmen, mein Fräulein, was für einen abscheulichen Begrif haben sie sich von mir gemacht. Ich will nichts zu meiner Vertheidigung vorbringen, ich habe so viel Kraft nicht. Habe ich durch meinen Brief sie beleidigt, so bitte ich sie deswegen um Vergebung. Geben sie mir nichts Schuld, welches wider den Respeckt wäre. Die Hochachtung, so ich gegen sie trage, ist mir lieber als mein Leben, dieses will ich ihnen dadurch beweisen, daß ich mir die Strafe auflege, sie nimmermehr wieder zu sehen, weil ich das Unglück habe, ihnen zu mißfallen.

*Charlotte.* Ich habe ihnen schon gesagt, daß es mir genug ist, gleichgültig gegen sie zu seyn. Aber nun lassen sie mich mit Hannchen reden.

*Hannchen.* Weil denn nun mich die Reihe trift, gescholten zu werden, so laßt uns doch vernehmen, was mein Verbrechen ist, ich kan mir nichts Schuld geben, ich habe ihnen nicht geschrieben, ich habe sie auch nicht von ohngefähr angetroffen, und angeredet; was habe ich denn nun gethan?

*Char-*

*Charlotte.* Sage mir nur, ob ich, wenn es bey dir allein stünde, nicht eine vollkommene gute Neigung gegen diesen Herrn haben würde. Habe ich nicht durch deine Vermittelung so viel Unterredungen mit ihm gehabt? Hast du mir ihn nicht allemal, ohne mir vorher ein Wort zu sagen, zugeführt? denn du hast mir niemals etwas von ihm gedacht; hast du wohl überlegt, was das für Folgen haben kan?

*Hannchen.* Nein; so scharffsinnig bin ich nicht gewesen.

*Charlotte.* Wenn der Herr, wie ich schon gesagt, nach dem Exempel der meisten jungen Herren, ein Mensch wäre, der eine Ehre darinnen suchte, sich mit einer Begebenheit zu rühmen, zu der ich ganz unschuldig gekommen bin, wie würde mir es gehen?

*Hannchen zu Treulieb.)* Bedenken sie sich doch, Herr Baron.

*Treulieb.* Ach ich kan nicht ein Wort aufbringen.

*Charlotte.* Wenn du deiner Seits eine von den eigennützigen Mädgen bist, die sich kein Gewissen draus machen, ihre Herrschafft übel anzuführen, wenn sie nur ihren Vortheil dabey finden, in was für einer Gefahr bin ich nicht?

*Hannchen.* O, ich werde wohl antworten; ich habe die Sprache nicht verlohren. Wenn der Herr nun ein rechtschaffener Herr ist, und sie ihn Unrecht thun, wenn ich ein ehrliches und edelgesinntes Mädgen bin, die nichts damit gewinnt, als das schöne Compliment, womit sie mich beehren; wo bleibt denn nun ihre Erkenntlichkeit gegen mich?

*Charlotte.* Woher kömmts denn aber, daß du

den Baron so treulich gedienet hast? Was ist der Bewegungs-Grund eines so eyfrigen Bestrebens gewesen? Und durch was für Mittel hat er es dahin gebracht, daß du alles für ihn gethan hast?

Hannchen. Ich merke es, wo sie hinwollen; ich bin sicher, sie würden darauf wetten, daß er mich mit Geschenken verführt hat. Wetten sie einmal, gnädiges Fräulein, sind sie so gnädig und gehen so galant mit mir um; sie werden verlieren, und das würde eine recht edle Art, etwas wegzuschenken seyn.

Treulieb. Ich sie beschenken? mein Fräulein; was könnte ich ihr wohl geben zur Vergeltung deß, was ich ihr zu danken habe?

Hannchen. Gedult, Herr Baron, wir wollen doch die Wahrheit reden, haben sie mir nicht versprochen, sehr erkänntlich zu seyn, wo sie jemals so glücklich seyn, und das Fräulein erhalten würden, ist das nicht wahr?

Charlotte. Eh, ich würde selbst die erste seyn, dich zu beschenken.

Treulieb. O wie unglücklich, wie beklagenswürdig bin ich, daß ich einer so grossen Liebe in meinem Herzen Raum gegeben!

Hannchen. Ihr Schmerz ist gerecht mein Herr, aber machen sie es wie ich. Ich hatte lauter gute Absichten, so ungerecht mein Fräulein auch ist, liebe ich sie dennoch, ich wollte sie zu ihrem Glücke mit einem Menschen zu vereinigen suchen, der ihr das Leben ruhig und vergnügt gemacht hätte: Mein Bestreben kömmt ihr verdächtig vor; und ich stehe davon ab. Machen sie es auch so; entziehen sie sich ihrer Seits

das

das Vergnügen, mein Fräulein zu sehen. Stehen sie, weil es zu ihrer Beruhigung dienet, von der Liebe gegen sie ab; sind sie wohl fähig, sich so einen Zwang anzuthun?

Charlotte. Gut so.

Hannchen zu Treulieb sachte) Machen sie sich nur einen Augenblick fort.

Treulieb. Ich verlasse sie gnädiges Fräulein, weil sie es haben wollen. In dem Zustande, darein sie mich gesetzt haben, ist mir mein Leben zur Last; ich entferne mich voll tödtlicher Angst, und werde ihr nicht widerstehen können. Niemand hat jemals so viel Liebe, so viel Hochachtung gegen sie gehabt, als ich, und niemals hat sich jemand unterstanden, weniger Gegenliebe zu hoffen, als ich. Ihre Gleichgültigkeit ist es gar nicht, die mich martert; ich verdiene sie, ich würde dabey nur geseufzet haben, ohne mich jemals darüber zu beklagen. Weder ich, noch sonst jemand in der Welt, ist vielleicht berechtiget, Ansprüche auf ihr Herz zu machen, aber ich konnte hoffen, mir ihre Gewogenheit zu verdienen. Ich glaubte für der Verachtung gesichert zu seyn, und weder meine Leidenschafft, noch meine Aufführung und Gemüths-Beschaffenheit haben das Unrecht verdient, so sie mir anthate.

## Der vierdte Auftritt.

Charlotte, Hannchen, worzu Steffen kömmt.

Charlotte. Ist er weg?

Hannchen. Ja, gnädig Fräulein.

Charlotte ist einen Augenblick stille, hernach sagt sie für sich) Ich bin doch zu geschwinde gewesen. Meine Mutter hat bey aller ihrer Erfahrung übel geurtheilet, und der Herr Baron ist ein rechtschaffener Herr.

Hannchen. Sie sinnt nach, sie ist traurig. Diese Zwistigkeit wird uns keinen Schaden thun.

Steffen zu Charlotten) Ich werde dort drunten jemand gewahr, der auf uns zukömmt; wollen sie sich von ihm sehen lassen?

Charlotte. Ey was gehet das mich an?

Hannchen. Laßt ihn gehen, was liegt uns daran?

Steffen für sich) Da hat der Hagel in den Topf geschlagen. Ich will mich wieder wegmachen; aber ich will doch ein wenig in der Nähe bleiben, wenn ich zu weit weggehe wird mir die Zeit zu lang. Ich mag gerne Leute sehn, und ihr werdet mir zur Unterhaltung dienen, nicht wahr?

Hannchen. Wie du willst, gehe nur 10. Schritte von uns.

Steffen. Die will ich ehrlich abzehlen, (für sich) ich bin viel feiner wie sie. Hier werde ich einen hübschen Vorrath Nachrichten für die gute Mama sammlen können. (er entfernt sich.)

## Der fünfte Auftritt.

Charlotte, Hannchen, Steffen von weiten.

Hannchen. Sie haben auch dem Herrn Baron ungemein übel begegnet.

Charlotte. Du hast wohl recht; es ist mir auch leid; aber laß mich zufrieden, ich bin böse auf dich.

Hannchen. Sie werden wissen, ob ichs verdiene.

Charlotte. Du bist Ursache daran, daß ich gewohnt worden bey ihm zu stehen. Hann-.

Hannchen. Wenigstens bin ich dabey niemals willens gewesen, ihnen einen unangenehmen Dienst zu erweisen, und diese Begebenheit läuft für niemanden betrübter ab, als vor ihn; haben sie wohl acht gehabt, in was für Umständen er war. Der Herr ist nicht weit von der Verzweiflung.

Charlotte. Ich kan ihm nicht helffen; warum ist er weggegangen?

Hannchen. Daß kan jemand leicht sagen, der sich um ihn gar nicht bekümmert; sie wissen aber doch, mit was für Zärtlichkeit er sie liebt.

Charlotte. Und du glaubst, daß ich mich um ihn nicht bekümmere? du bist boßhaft.

Hannchen. Kan ich aber anders glauben. Sie sind ruhig, und er vergoß Thränen, da er wegging.

Steffen. Wie sie das Ding listig herum bringt!

Charlotte. Er?

Hannchen. Das ganz gewiß.

Charlotte. Und dem ohngeachtet, gieng er doch fort.

Hannchen. Haben sie ihm nicht seinen Abschied gegeben. O was verlieren sie nicht!

Charlotte (nachdem sie sich bedacht) Nun, so laß ihn wiederkommen, wenn er noch da ist. Man muß mit ihn reden, wenn er so bekümmert ist.

Hannchen. Er muß hier im Holze noch ganz in der Nähe seyn; er kan sich bey seiner Schwermüthigkeit nicht weit verlaufen haben. Herr Baron! Herr Treulieb!

Der

### Der sechste Auftritt.

Treulieb, Hannchen, Charlotte, Steffen.

Treulieb. Wer ruft mich? ist es das Fräulein?

Hannchen. Ja, ich rufte zwar, aber das Fräulein befiehlt es.

Charlotte. Sehen sie, ich begehe eine Schwachheit, der ich gerne wäre überhoben gewesen.

Treulieb. Was habe ich zu hoffen, schönstes Fräulein; was verlangen sie von einem Menschen, dessen Anblick sie nicht mehr vertragen können.

Charlotte. Es ist sehr wahrscheinlich, daß sie sich irren.

Treulieb. Ach, sie achten mich ja nicht mehr.

Charlotte. Beklagen sie sich nur, ich muß es leiden, denn ich habe doch ein wenig Unrecht.

Treulieb. Charlotte hat an meiner Liebe zweifeln können!

Charlotte. Sie hat nur daran gezweifelt, damit sie destomehr davon versichert seyn könnte; ist das ihnen wohl widerlich?

Treulieb. Wie, habe ich das Glück, daß sie mich nicht hassen?

Charlotte. Ich fürchte ganz und gar das Gegentheil.

Treulieb. Sie machen mich ganz wieder lebendig.

Charlotte. Wo ist denn der unglückhafte Brief, den ich nicht habe annehmen wollen. Wenn es nur darauf ankommt, daß ich ihn lese, so will ichs gerne thun.

**Treulieb.** O ich höre sie viel lieber sprechen.

**Charlotte.** Sie werden nichts dabey einbüssen.

**Treulieb.** O! setzen sie doch ja kein Mißtrauen mehr in ein Herz, welches sie anbetet.

**Charlotte.** Ja Treulieb, das verspreche ich ihnen, und damit ist unser Zwist gestillet, haltet mir beyderseits eine Verwirrung zu gute, darein ein Frauenzimmer meines Alters manchmal geräth, wenn sie zugleich furchtsam und tugendhaft ist. Man hat so viel Nachstellungen in seinem Leben zu vermeiden, und ich habe so wenig Erfahrung, daß es gar nicht schwer fallen könnte, mich zu betrügen, wenn man wollte. Ich habe nichts als meine Vorsichtigkeit und Unschuld, worauf ich sehen und mich verlassen muß, und wenn man nichts als diese hat, so kan man sich wohl fürchten. Doch meine Furcht ist nunmehr vergangen, ich habe nur noch eine grosse Sorge auf dem Herzen. Was wird aus dieser Liebe werden; ich verspreche mir nichts als lauter Betrübniß. Wissen sie, daß mir meine Mama einen Gemahl vorgeschlagen, den ich vielleicht noch diese Viertelstunde werde zu sehen bekommen. Ich habe ihnen nicht alles gesagt, worüber ich so unruhig gewesen. Sie sehen wohl, daß es mir unter den Umständen nicht zuzurechnen ist, daß ich verdrüßlich und übel aufgeräumt bin.

**Treulieb.** Ach Charlotte, ich setze meine ganze Hoffnung auf sie.

**Hannchen.** Wie wäre es denn, wenn sie der Mutter, die sie so sehr liebt, ihre Liebe entdeckten, sollte sie denn wohl unerbittlich seyn? sie dürften nur thun als hätten sie diesen Herrn schon in M. gekannt, und daß er itzt hier sey.

Char-

**Die vertraute Mutter.**

Charlotte. Das würde uns zu nichts dienen, Hannchen, zu gar nichts; ich weiß gar wohl, was ich sage.

Treulieb. Werden sie also eines andern seyn wollen?

Charlotte. Sie erschröcken mich.

Treulieb. Der einzige Gedanke, daß ich sie verlieren soll, macht mich verwirrt. Ich unterstehe mich, ihnen alle erlaubte Ausschweifungen darwider vorzuschlagen, die mir nur möglich sind.

Charlotte. Erlaubte Ausschweifungen?

Hannchen. Ich merke fast wo er hinaus will.

Charlotte. Wie! soll ich mich zu ihren Füssen werfen? daß will ich wohl thun, aber einer so zärtlichen Mutter widerstehen, daß werde ich wohl nicht können.

Hannchen. Gut, einer zärtlichen. Wenn sie recht zärtlich wäre, würde sie sie wohl bey ihrem grossen Reichthume noch wozu zwingen wollen? ich sage es nochmals, sie brauchen nur einen rechtschaffenen und redlichen Mann.

Charlotte. Du hast wohl Recht, daß es eine sehr übel verstandene Zärtlichkeit ist, ich gebe dirs zu.

Treulieb. Ach allerschönste Charlotte, wenn ihre Liebe so stark wäre wie die meinige, sie würden ihren Entschluß bald gefasset haben. Fragen sie mich nicht, was ich gedenke. Ich bin verwirrt. Ich weiß gar nicht, wo ich bin.

Charlotte zu Hannchen) Was für eine Noth ist das nicht. Siehe doch, wie du ihm zu rechte hilfst. Was will er denn sagen?

Hann-

Hannchen. Wohlan denn Herr Baron; reden sie doch, was haben sie für einen Anschlag.

Treulieb fällt ihr zu Fusse) Charlotte, wollen sie, daß ich sterben soll?

Charlotte. Nein, stehen sie auf und reden sie, ich befehle es ihnen.

Treulieb. Ich gehorche, ihre Mama wird unerbittlich seyn, und in der Gefahr, da wir sind ∙ ∙ ∙

Charlotte. Was ist wol zu thun?

Treulieb. Wenn ich Schätze hätte, die ich ihnen anbieten könnte, so würde ich es ihnen viel freyer sagen.

Charlotte. Ihr Herz ist ein Schatz; reden sie nur aus, ich will es haben.

Treulieb. Wer an unster Stelle ist, der muß sich sein Glück selbst machen.

Charlotte. Und wie denn?

Treulieb. Man entweicht.

Steffen von weiten) Diebe! Diebe!

Charlotte. Hernach.

Treulieb. Die Mutter wird böse; endlich giebt sie sich; man verträgt sich mit ihr, und so ist man mit der Geliebten vereinigt.

Charlotte. Wenn ich recht verstehe, so sieht das einer Entführung ähnlich; ists nicht so Herr Treulieb.

Treulieb. Das ists alles, was ich zu sagen habe.

Charlotte sieht ihn an) Ich habe sie zu reden genöthiget, und nun habe ich, was ich verdient.

Hannchen. O halten sie doch seiner Verwirrung etwas zu gute; es ist ein hartes Mittel; aber es ist zu bedauren, daß kein andres mehr möglich ist.

Char-

**Charlotte.** Heißt ihr das ein Mittel? kan denn so eine Ausschweifung wol ein Mittel seyn. Ach ich kenne sie nicht mehr, Herr Baron. Das sieht ihnen nicht ähnlich. Ich will lieber nicht glücklich als nicht tugendhaft seyn. Können sie mir zumuthen, daß ich so unbesonnen, so niederträchtig handeln soll? Nein, ich liebe sie nicht mehr.

**Treulieb.** Sie lieben mich nicht mehr. Dieses Wort bringt mich um; es drückt mir das Herz ab.

**Hannchen.** Wahrhaftig sein Zustand dauret mich.

**Treulieb.** Leben sie wohl, schönste Charlotte, ich werde den Unfall, den sie mir drohen, nicht überleben.

**Charlotte.** Aber sind sie klug, Herr Baron?

**Hannchen.** Es ist wol wahr, er schlägt ihnen ein Wagestück vor; aber es ist doch keine Sünde.

**Charlotte.** Eine Entführung, Hanne?

**Treulieb.** Meine wertheste Charlotte; ich muß sie entbehren. Begreifen sie wohl, was das ist, sie entbehren müssen? wenn sie mich nur noch ein wenig lieben, so werden sie selbst erschrocken, wenn sie nur gedenken, daß sie niemals die meinige seyn sollen. Sind sie denn weniger berechtiget, ein Unglück zu vermeiden, weil sie tugendhaft sind? Eine Dame, die zu meinem grossen Glück, nur eine Viertelstunde von hier ist, und zu der ich sie bringen wollte, würde uns beystehen.

**Steffen.** He, he, husch!

**Charlotte.** Nein Treulieb, denken sie mir nicht an die Dame. Ich will mit meiner Mama reden; sie ist gut, ich werde sie vielleicht rühren; ja ich hoffe es, daß ich sie bewegen werde. Ach!

Der

Die vertraute Mutter.

## Der siebende Auftritt.

Steffen, Hannchen, Charlotte, der Baron.

Steffen. Geschwinde, geschwinde auseinander, da kömmt der Herr, den ich bey ihnen einmal in N. gesehen habe, der gar nicht redet: (geht bey Seite.)

Charlotte. Das ist vielleicht der, den mir meine Mutter ausgesehen hat. Entfernen sie sich ein wenig, Herr Baron. Wir wollen uns bald wieder sehen. Bekümmern sie sich nicht so.

## Der achte Auftritt.

Charlotte, Hannchen, Herr von Trübenthal.

Charlotte. Ja, ja, das ist er selber. Was für ein sonderbarer Mensch!

Hannchen. Er sieht nicht aufgeweckt aus.

Trübenthal geht sehr langsam.) Ich bin ihr gehorsamer Diener, mein gnädiges Fräulein, die Mama hat mich voraus zu ihnen gesendet; sie hat ein wenig zu thun, sie sagte mir, daß sie spatzieren giengen.

Charlotte. wie sie sehen.

Trübenthal. Und ich habe geeilt, ihnen meinen Reverenz zu machen.

Hannchen für sich.) Das heißt er eilen.

Trübenthal. Bin ich ihnen itzt wohl ungelegen.

Charlotte. Nein, mein Herr.

Hannchen für sich.) Das gefällt ihnen so zu sagen.

Trübenthal. Sie sind schöner als jemals.

Charlotte. Ich bin es noch niemals gewesen.

Q                    Trü-

**Trübenthal.** Sie sind zu bescheiden.

**Hannchen.** Er redt, wie er geht.

**Trübenthal.** Es ist hier auf dem Lande sehr schön.

**Charlotte.** Es ist noch so, so.

**Hannchen** für sich.) Wenn er ein Wort gesagt hat, so ist er so müde, daß er ausruhen muß.

**Trübenthal.** Es ist sehr einsam.

**Charlotte.** Viel Leute bekömmt man hier nicht zu sehen.

**Hannchen.** Hier und da einen, der ungelegen kömmt.

**Trübenthal.** Dergleichen giebt es überall. (*Er ist eine Weile stille.*)

**Hannchen.** Da hat nun unsre Unterhaltung ein Ende, ich werde es doch nicht seyn sollen, die sie wieder ins Geschicke bringt.

**Trübenthal.** Sieh da, Hannchen, guten Tag.

**Hannchen.** Guten Abend, Herr, ich sage guten Abend, denn ich fange an einzuschlafen. Merken sie nicht, daß es sehr schwüle ist.

**Trübenthal.** Ja, es deucht mich.

**Hannchen.** Sie denken sonder Zweifel bald wieder nach Hause?

**Trübenthal.** Nicht eher, als Morgen. Die Fr. von Wohlgesinnt hat mich hier behalten.

**Charlotte.** Und sie gehen spazieren, mein Herr.

**Trübenthal.** Ich soll noch itzt auf das nächste Schloß gehen, und einen Brief befördern; ich bin ersucht worden, ihn eigenhändig abzugeben, hernach will ich wieder kommen.

Char-

*Charlotte.* Thun sie, was ihnen gefällt, mein Herr, lassen sie sich von mir nicht abhalten.

*Trübenthal.* Sie erlauben mir es?

*Charlotte.* Ja, mein Herr?

*Hannchen.* Eilen sie nicht zu sehr; wenn man was zu bestellen hat, muß man sich allemal die gehörige Zeit dazu nehmen. Haben sie sonst keinen Brief mehr.

*Trübenthal.* Nein, dieses ist der einzige.

*Hannchen.* Wie, auch nicht einmal ein Compliment ausserdem wo abzulegen?

*Trübenthal.* Nein.

*Charlotte.* Sie werden vielleicht auf den Abend da speisen, wo sie hingehen.

*Hannchen.* Und auf dem Lande schläft man da, wo man isset.

*Trübenthal.* Keines von beyden, mein Fräulein; ich werde ungesäumt wieder hier seyn, (im Weggehen.) Ich weiß mein Tage nicht, was ich mit dem Frauenzimmer reden soll, wenn sie mir gleich gefallen.

## Der neunte Auftritt.
### Charlotte, Hannchen.

*Hannchen.* Der Mann hat grosse Gaben zum Stillschweigen. Wie selten sind nicht die Worte bey ihm. Ich glaube, er wird bald gar durch Zeichen reden.

*Charlotte.* Er sagte, meine Mama würde kommen, ich will nur gehen, ich könnte in meiner itzigen

Verwirrung des Gemüthes unmöglich mit ihr reden; und ich wollte sie doch über das Capitel von Treulieb gern weichherzig machen.

Hannchen. Wenn ich ihnen rathen soll, so gedenken sie ja nichts davon gegen sie; Sie würden sie nur noch mehr aufbringen, und sie würde ihre Sache desto mehr beschleunigen.

Charlotte. Nur sachte, sachte; ich würde alsdenn vielleicht auch aufgebracht werden.

Hannchen lachend.) Sie, gegen diese Mutter, welche spricht, sie liebt sie so sehr.

Charlotte im Weggehen.) Nun so mag sie mich denn noch mehr lieben, denn so bin ich nicht mit ihr zu frieden.

Hannchen. Machen sie fort; ich denke, sie kömmt.

## Der zehnde Auftritt.

Fr. von Wohlgesinnt, Hannchen die weggehen will.

Fr. v. W. hält sie zurück.) Sieh da du abgeschmitzte ⹁⹁⹁ von einem Mädchen, wart einen Augenblick. Wo ist meine Tochter, ich dachte sie mit dem Herrn von Trübenthal hier zu finden.

Hannchen. Sie sind den Augenblick alle beyde da gewesen, gnädige Frau, der Herr von Trübenthal ist da in das Schloß gegangen, einen Brief an jemand abzugeben, und das Fräulein wird meines Erachtens noch dort unten seyn.

Fr. v. W. Gehe, und sage ihr, daß ich sie gern sprechen möchte.

Hann-

## Die vertraute Mutter.

Hannchen für sich) Sie redet ganz kaltsinnig mit mir. Gleich will ich gehn, Ihro Gnaden. Sie sehen so traurig aus; ich fürchte mich, sie dürften uns gehalten auf mich seyn.

Fr. v. W. Auf dich? hast du es verdient, Hanne?

Hannchen. Nein, gnädige Frau.

Fr. v. W. Es ist wahr, daß ich ein wenig ernsthafter aussehe, als sonst; du weist auch, daß ich itzt damit umgehe, meine Tochter mit dem Herrn von Trübenthal zu verheyrathen, und da fällt mir manchmal ein, sie dürfte etwas dagegen auf ihren Herzen haben. Du würdest mirs doch wohl sagen, wenn dem so wäre.

Hannchen. Ja, ich müßte es auch wissen.

Fr. v. W. Ich zweifle daran nicht. Geh nur, ich weiß, daß du treu bist. Hanne, ich traue auf dich, und ich werde dich dafür belohnen, wie du es verdienet. Sage meiner Tochter, ich wartete auf sie.

### Der eilfte Auftritt.
Steffen, Fr. von Wohlgesinnt.

Fr. v. W. Du kömmst gleich zu rechte, hast du mir was zu sagen?

Steffen. Ich dächte, daß ich was zu sagen hätte. Ich habe Beleidigungen und Vergebungen gesehen; ich habe sehen gehen, ich habe sehen kommen, und endlich habe ich ein Mittel gefunden, einen Mann zu haben.

Fr. v. W. Mache fort, und sage mir, was du zu

sagen haſt. Charlotte wird bald kommen, was weiſt du?

Steffen. Weil es geſchwinde ſeyn muß, ſo will ich alles auf einmal ausſchütten.

Fr. v. W. Nun ſo rede.

Steffen. Ich weiß von einer Beſchuldigung, von einer Unſchud, und denn von einer andern ſehr wichtigen Sache; wie heiſſen ſie es doch?

Fr. v. W. Ich verſtehe dich gar nicht; aber geh nur, da kömmt meine Tochter; du magſt mirs hernach ſagen, wie es iſt. Sie muß uns nicht beyſammen ſehen.

Steffen. So will ich denn wieder auf was neues ausgehen.

## Der zwölfte Auftritt.

Fr. v. Wohlgeſinnt, Charlotte.

Fr. v. W. für ſich.) Was wird ſie doch ſagen?

Charlotte für ſich.) Nein, keine Vertraute mehr Hanne hat recht; das iſt das ſicherſte. Hanne hat mir geſagt, daß ſie mich ſprechen wollte, liebſte Mama.

Fr. v. W. Ja; ihr habt nun den Herrn von Trübenthal geſehen; ſeyd ihr noch immer ſo abgeneigt gegen ihn, wie vorher.

Charlotte lachend.) Herr Trübenthal iſt ja nicht anders geworden.

Fr. v. W. Wißt ihr wohl noch, daß ihr mir viel Gutes von ihm geſagt habt, ehe wir hieher kamen.

Charlotte. Das will ich wohl noch thun, denn
ich

ich halte viel auf ihn; aber ich liebe ihn nicht. Doch hochachten und gleichgültig seyn, können sich sehr wohl zusammen vertragen.

Fr. v. W. Wir wollen von was anders reden; habt ihr eurer Vertrauten nichts zu entdecken?

Charlotte. Nein, es ist nichts Neues vorgefallen.

Fr. v. W. Habt ihr den jungen Menschen unterdessen nicht wieder gesehen?

Charlotte. Ja, Mama, ich habe ihn angetroffen, ich habe ihm gesagt, was ihm zu sagen war, und nun ist die ganze Historie aus.

Fr. v. W. lachend.) Wie, ist gewiß alles aus?

Charlotte. Ja, ganz und gar.

Fr. v. W. Ihr bezaubert mich ganz. Ich kan es euch nicht ausdrücken, was ich für eine Freude über euch habe. Ich habe nichts schätzbarers als mein liebes Lottchen, und es ist nichts über das Vergnügen, es euch zu sagen, denn ich traue darauf, daß ihr wahr redet; ich überlasse mich meiner Freude völlig; ihr würdet mich nicht so lange darinnen lassen, wenn sie falsch wäre, das wäre eine Grausamkeit, zu der ihr nicht aufgelegt seyd.

Charlotte furchtsam.) Ja, gewiß nicht.

Fr. v. W. Schweigt nur; ihr habt nicht nöthig mich zu versichern. Meine Tochter, ihr würdet mir Unrecht thun, wenn ihr nur glaubtet, daß ich daran zweifele. Nun mein allerliebstes Lottchen, so werdet ihr denn Treulieben nicht mehr sehen; ihr habt ihm Abschied gegeben, das ist gewiß, bey einem Frauenzimmer von solcher Gemüths-Art, wie die eure!

re! kan man nicht in Gefahr laufen, zu leichtgläubig zu seyn. Saget mir also weiter nichts mehr davon; ihr werdet ihn nicht wieder sehen; ihr versichert mich, und das ist gnug. Lasset uns nun von der Klugheit, von der Herzhaftigkeit und von der Tugend reden, die ihr bewiesen habt.

**Charlotte bestürzt.)** Ach, ich bin beschämt.

**Fr. v. W.** Dem Himmel sey Dank, ihr seyd nun noch viel mehr Hochachtung und Liebe würdig. Ihr verdient mehr als jemals, daß ich alle meine Wollust und Zufriedenheit an euch habe. Was für Ehre, was für Ruhm habe ich nicht an euch Lottchen?

**Charlotte weint.)** Ach hören sie auf, allerliebste Mama.

**Fr. v. W.** Was sehe ich? ihr weint meine Tochter; ihr habt so einen Sieg über euch selbst erhalten; ich bin vor Freuden über euch ausser mir, und ihr weinet?

**Charlotte wirft sich zu Füssen.)** Nein, meine Mutter, ich siege nicht über mich; ihre Freude, ihre Zärtlichkeit beschämen mich; ich verdiene es nicht.

**Fr. v. W. hebt sie auf.)** Stehet auf, mein liebes Kind! woher kommen euch jetzund diese Regungen, dabey ich euch immer erkannt habe? was wollen sie sagen?

**Charlote.** Ach, daß ich sie betrogen habe.

**Fr. v. W.** Ihr? (sie schweigt einen Augenblick.) Nein, ihr betrügt mich nicht, weil ihr mir es gestehet; redet, lasset hören, was es ist.

**Charlotte.** Sie werden erschrecken darüber; man hat mir von Entführen vorgesagt.

Fr.

**Fr. v. W.** Das wundert mich gar nicht; habe ichs euch doch gesagt, diese rohe Wagehälse sind im Stande alles zu unternehmen; ich weiß, daß ihr euch mehr dafür entsetzt habt, als ich.

**Charlotte.** Ich habe gezittert und gebebt, das ist wahr, aber ich habe doch die Schwachheit begangen, es ihm zu vergeben, wenn er mir niemals wieder davon sprechen will.

**Fr. v. W.** Daran liegt nichts; ich verlasse mich darinnen auf eure Klugheit und Überlegung, diese werden euch ihn verächtlich genug werden lassen.

**Charlotte.** Ach das betrübt mich nur noch bey meinem Bekänntnisse, das ich ablege, daß sie ihn nunmehr auch verachten werden; er ist verlohren; sie war schon gar zu sehr wider ihn eingenommen, und gleichwohl verdient er es noch nicht, so verächtlich gehalten zu werden. Erlauben sie mir, daß ich ihn rechtfertigen möge, ob ich gleich vielleicht selbst fälschlich eingenommen bin; aber sie lieben mich ja; haben sie doch also die Gnade für mich, und treiben ihre Gütigkeit so weit, daß sie mich anhören. Sie halten ihn für einen jungen Menschen, der gar nichts ist, und an sich hat, der mehr Eitelkeit als Liebe besitzt, der mich nur zu hintergehen sucht. Aber es ist nicht an dem; ich versichere es ihnen. Er hat sehr übel gethan, daß er mir angemuthet, was ich ihnen gesagt; allein sie müssen es ansehen als eine That eines Menschen, der verzweifeln will; der Thränen vergossen hat, als ich nur ein wenig aufgebracht zu seyn schien, den die Furcht, mich zu verlieren, verwirrt macht; er hat kein Vermögen, das weiß er, das hat er selbst gegen

gen mich gestanden. Er wuste sich also keinen andern Rath zu geben, als diesen, von dem ich rede. Ich verwerfe diesen Rath so sehr als sie, aber er hat mir ihn nur in der Absicht gegeben, damit er der Meinige seyn könnte; weiter hat er nicht gesehen; denn er liebet mich aufs äuserste, daran ist gar nicht zu zweifeln.

Fr. v. W. O meine Tochter, es werden sich andere genug finden, die euch noch mehr als er lieben werden.

Charlotte. Das kan vielleicht seyn; aber ich würde sie nicht wieder lieben, wenn sie mich gleich noch viel heftiger lieben sollten, und das ist doch unmöglich.

Fr. v. W. Zudem weiß er ja, daß ihr sehr reich seyd.

Charlotte. Er wuste es aber nicht, da er mich zuerst sahe. Es hätte ihn dieses abhalten sollen, mich zu lieben. Er weiß es wohl, wenn ein Mädchen reich ist, so giebt man sie niemanden, der nicht wieder Reichthümer hat, wenn sie gleich zu nichts helfen. Wenigstens ist es die Mode so, daß man Verdienste und gute Eigenschafften für nichts rechnet.

Fr. v. W. Ihr vertheidigt ihn auf so eine Art, daß mir bange wird. Was denkt ihr wohl von dieser Entführung? sagt mirs. Ihr seyd die Freymüthigkeit selber. Solltet ihr wohl geneigt seyn, darein zu willigen?

Charlotte. Nein, das glaube ich nicht, Mama.

Fr. v. W. Eure Mama! ach, sie weiß nichts davon, daß man euch so etwas nur angemuthet. Der
Himmel

Himmel hat sie dafür behütet. Bedienet euch dieses Namens nicht mehr: Sie würde ihn bey dieser Gelegenheit von euch nicht haben annehmen können. Allein, könntet ihr sie wohl verlassen? Trauet ihr euch wohl so viel Gewalt zu, daß ihr sie so sehr betrüben, daß ihr sie ums Leben bringen, daß ihr ihr das Schwerdt in die Brust stossen könntet.

Charlotte. Ich würde lieber selbst des Todes seyn wollen.

Fr. v. W. Würde sie die Schande überleben können, in die ihr euch stürzet. Erlaubt mir demnach, daß meine Freundschafft bey euch ein Wort für sie rede. Hört: was wollt ihr wohl lieber? eure Mutter, die euch so viele Tugenden beygebracht hat, oder einen Liebhaber, der euch um alle dieselben bringen will?

Charlotte. Ach, ich kan nicht widerstehen. Sagen sie ihr, daß sie von ihrer Tochter nichts befürchten dürfe; sagen sie ihr, daß ich nichts in der Welt höher liebe, als sie, und daß ich den Treulieb nicht mehr wieder sehen werde, wenn sie mich damit straft, daß ich ihn verlieren soll.

Fr. v. W. Ey mein! was wollt ihr denn an einem unbekannten Menschen verlieren, der nichts hat?

Charlotte. Alle mein zeitlich Glück. Haben sie die Gewogenheit, und sagen sie ihr auch, daß grosse Reichthümer uns nicht glücklich machen, daß ich so viel und mehr hätte als er, und wir beyde benöthiget wären; daß ich bey einem andern mit dem allen nur mißvergnügt seyn würde; sagen sie ihr alles, was ich ihnen hier erzähle, und noch dieses dazu, daß ich mich

allen,

allen, was sie für gut befinden würden, überlassen wollte.

Fr. v. W. Wenn ihr nun ohne ihm zu sehen einige Zeit leben könntet, würdet ihr es wohl thun? ihr antwortet mir nicht? woran denkt ihr?

Charlotte. Soll ich es ihnen sagen. Es reuet mich, daß ich alles gesagt habe. Meine Liebe ist mir lieb. Ich habe die Freyheit, sie zu verwerfen, weggegeben, und es fehlt sehr wenig, daß es mir nicht leid ist. Ja, es kränkt mich so gar, daß ich so erleuchtet bin; ich hatte nichts von alle dem eingesehn, was mich beunruhiget und in Gefahr bringt, und ich bin nun schwermüthiger, als ich jemals gewesen bin.

Fr. v. W. Kennet mich Herr Treulieb?

Charlotte. Wie er mir gesagt hat, nicht.

Fr. v. W. Gut; laßt mich ihn sehen; ich will mit ihm reden, und mich für eure Muhme ausgeben, der ihr euch vertrauet hättet, und die euch behülflich seyn wollte. Kommt meine Tochter, und überlasset meinem Herzen die Sorge, das eurige zu leiten.

Charlotte. Ich weiß es nicht; aber ich verspreche mir von dem Einfalle, den ihnen ihre Zärtlichkeit eingegeben, sehr viel Gutes.

## Ende des zweyten Aufzugs.

Der

Die vertraute Mutter.

## Der dritte Aufzug.

### Der erste Auftritt.

Fr. v. Wohlgesinnt, Steffen.

Fr. v. W.

Kan uns jemand sehen?

Steffen. Es kan uns kein Mensch sehen, so lange wir niemanden sehen.

Fr. v. W. Es kommt mir vor, als hätte ich den Herrn von Trübenthal dort unten spatzieren gehen sehen.

Steffen. Wen? den fremden Herrn? Mit dem hats keine Gefahr; der sieht und hört nichts; der schläft, wenn er geht.

Fr. v. W. Es thut nichts; wir müssen ihn doch aus dem Wege gehen; jetzund sage mir denn, was du mir zu sagen hast, und womit du noch nicht fertig werden können. Es wird doch etwas wichtiges seyn?

Steffen. Freylich, was wichtiges. Jetzt geht man damit um, daß der Liebhaber ihre Tochter auf die Seite bringen will.

Fr. v. W. Was heißt du denn auf die Seite bringen?

Steffen. Er will sie wo anders hinbringen; ihr eine andere Wohnung geben; sehen sie, das ists.

Fr. v. W. Was hat denn sie dazu gesagt?

Steffen. O, es ist noch nichts beschlossen; ihre Tochter sagte: Wie? Eine Entführung, mein Herr, von einer Mutter, die mich so lieb hat; wohl, sagte

Hannchen, eine vortrefliche Freundschafft; ihre Tochter aber sagte, daß das nicht recht wäre; sie wollte lieber mit ihnen reden; sie wollte sie bewegen; sie wollte sich zu ihren Füssen werfen; darnach gieng ein jedes seine Wege, und ich meinen auch.

Fr. v. W. Da will ich schon Anstalt zu machen wissen. Wird der Baron herkommen?

Steffen. Freylich wird er kommen. Ich habe ihm von der Fräulein Tochter Befehl dazu hinterbracht; er wird ganz gewiß kommen, und die Post-Kutsche steht schon am Ende der Allee.

Fr. v. W. Eine Kutsche?

Steffen. Ganz gewiß, mit einer Frau, die in ihren Jahren ist; sie ist schon in der Dorfschenke abgetreten.

Fr. v. W. Wozu hat er denn die hergebracht?

Steffen. Damit sie den Fräulein Gesellschafft leisten soll, wenn sie etwan Lust hätte auszufahren; und darauf wollen sie zur Nacht in der Stadt essen; das hab ich so verstohlner Weise erschnappt, denn sie redeten sehr sachte.

Fr. v. W. Das sind ganz verzweifelte Anschläge; nun guten Tag, Steffen, ich will gehen; aber sage Hannen ja nichts, daß ich da bin.

Steffen. Nun muß ich zu jenen auch gehen; ich muß machen, daß ein jedes mit mir zufrieden seyn kan; ich bin der guten Kindrichen ihr Bothschaffter auch. Wenn sie nun kommen werden, soll ichs ihnen denn sagen?

Fr. v. W. Du must ihnen nur nicht sagen, daß ichs bin, denn der Herr Treulieb würde gewiß nicht

da

# Die vertraute Mutter.

da bleiben, du darfst nur sagen, es kommt jemand Fremdes. (Ich will ihm auch nicht alles so sagen, wie es ist.)

Steffen. Ich verstehe sie schon. Jemand, ohne ihn mit Namen zu nennen ⸺ ich werde meine Sache schon machen, Ihro Gnaden, machen sie das Ihrige auch; ich will indessen da bleiben, und auf alles acht geben.

## Zweyter Auftritt.
Herr v. Trübenthal, Steffen.

Steffen. Wer kommt denn da hinten herum hergeschlichen?

Trübenthal nachdenkend.) Ich will doch den Bauer fragen, er ist aus dem Hause.

Steffen geht spazieren und singt.) la, la, la!

Trübenthal. Guten Tag, guter Freund!

Steffen. Sein Diener. la, la, (singt.)

Trübenthal. Wie lange seyd ihr schon hier?

Steffen. Das weiß niemand zu sagen, als die Uhr, wie lange es seyn mag, und ich sehe nicht darnach.

Trübenthal. Er ist sehr unhöflich.

Steffen. Nehmen denn die Leute aus der Stadt ihren Weg hierdurch? Werden sie denn hier bleiben, Herr?

Trübenthal. Vielleicht!

Steffen. Potz tausend, nein. Das läßt ihnen die Höflichkeit nicht zu.

Trü-

**Trübenthal.** Warum denn nicht.

**Steffen.** Sie sind mir hier hinderlich; ich habe diese Gegend zu einer heimlichen Unterhaltung nöthig.

**Trübenthal.** Ich will euch gerne darinn zu frieden lassen, ich beunruhige niemanden; aber sagt mir einmal, kennt ihr nicht jemanden, der Treulieb heißt?

**Steffen.** Treulieb, Ja!

**Trübenthal.** Kömmt er nicht manchmal hieher? Ist er nicht mit dem Fräulein Charlotte bekannt?

**Steffen.** Warum das nicht; bin ich doch auch bekannt mit ihr.

**Trübenthal.** Wartet ihr nicht hier auf ihn?

**Steffen.** Das darf ich nur allein wissen, wenn ich ja sagte, wüsten wirs alle beyde.

**Trübenthal.** Mich deucht, ich habe von weiten jemand gesehen, der ihn ähnlich war.

**Steffen.** Nun gut, wenn sie höflich seyn wollen, so werden sie diese Aehnlichkeit nicht in der Nähe wahrzunehmen suchen.

**Trübenthal.** Gar recht. Aber ich habe schon anfänglich gemerkt, daß er in das Fräulein verliebt ist, und ich habe mich nur deswegen mit euch eingelassen, damit ich es desto besser erfahren möchte.

**Steffen.** Besser? ⸺ So müssen sie erst vergessen, was sie schon wissen; was will man denn einem Menschen sagen, der so viel weiß, wie sie?

**Trübenthal.** Nun, ich will euch nichts mehr fragen.

**Steffen.** Wollen wir wetten, sie wissen es auch, daß sie verliebt in ihn ist?

Trüben-

Trübenthal. Nein, aber ich höre es.

Steffen. Ja freylich, weil sie es schon wissen. Allein, packen sie sich nur fort, und machen ihm Platz; und behalten sie die Sache bey sich, mein Herr; denn sie ist von Wichtigkeit.

Trübenthal. Von Herzen gerne. (geht ab.)

Steffen sieht ihm nach.) Was das für ein dummer – – – Wenn der nicht alles mit einander weiß, so ists mein Fehler gewiß nicht.

## Dritter Auftritt.
### Treulieb, Steffen.

Steffen. Brav! sie sind doch ein Herr, der Wort hält; allein sagen sie mir doch, entsinnen sie sich, einen gewissen Herrn zu kennen, er heißt Trübenthal, er sieht aus als wenn er von Glaß wäre, man sollte sagen, daß er weder gienge, noch krieche, wenn man ihn kommen sieht.

Treulieb. Ein ernsthafter Mann.

Steffen. So ernsthaft, daß ich noch ganz traurig davon bin.

Treulieb. O ja, den kenn ich, wenn er Trübenthal heißt. Ist er denn hier?

Steffen. Den Augenblick ist er hier gewesen; aber ich habe ihn listiger Weise überredt, daß er wieder weggegangen ist.

Treulieb. Erkläre mir das doch, Steffen, was macht er denn hier?

Steffen. O, halten sie mich ja nicht auf, ich habe nicht Zeit, hier zu plaudern, ich muß gehen, dem

gnä-

gnädigen Fräulein Nachricht zu geben, aber gehn sie nicht vom Flecke.

Treulieb. Sagt mir zuvor erst ⸳ ⸳ ⸳

Steffen thut böse.) Den Augenblick werd ich es dort erzehlen müssen ⸳ ⸳ ⸳ Gehn sie doch nur; ich habe nicht Zeit hier länger zu plaudern.

## Vierdter Auftritt.
### Treulieb, Trübenthal.

Treulieb noch allein.) Trübenthal, sagte er, kennt denn der Charlotten hier auf dem Lande?

Trübenthal nachdenkend.) Das ist Treulieb selber.

Treulieb. Siehe, das ist er. Betrüge ich mich, oder sind sie es, mein Oheim.

Trübenthal. Ja, Herr Vetter.

Treulieb. Je, wie kommts denn, daß ich sie hier antreffe?

Trübenthal. Ich habe einige gute Freunde hier zu besuchen ⸳ ⸳ ⸳ Aber er, was macht denn er da; er sieht mir aus, als wenn er hier auf gut Glück herum schwärmte, ich habe ihn jetzt sehen mit einem Bedienten reden, der ihm eine Nachricht hinterbracht, oder gar eine Zusammenkunft mit ihm abgeredet hat.

Treulieb. Ich würde mir ein Gewissen machen, es vor ihm geheim zu halten. Ich gestehe es, mein Herr, daß es auf eine Liebe angesehen ist.

Trübenthal. Ich habe gar nicht daran gezweifelt. Man hat mir hier von einem sehr liebenswürdigen Frauenzimmer gesagt, die Charlotte heißt, ists die, um die er sich Mühe giebt?

Treu-

**Treulieb.** Ja, die ists.

**Trübenthal.** Also hat er Zutritt bey ihrer Frau Mutter.

**Treulieb.** Nein, die kenne ich gar nicht; ich habe das Fräulein nur ohngefehr zu sehen bekommen.

**Trübenthal.** Damit wird es ihn nicht glücken, Herr Vetter. Er bemühet sich umsonst; denn dieses Fräulein ist sehr reich; man wird sie keinem Menschen geben, der nichts hat.

**Treulieb.** Ich würde auch von ihr ablassen, wenn es mir nur um ihr Geld zu thun wäre; aber ich liebe sie, und ich habe das Glück, daß sie mich wieder liebt.

**Trübenthal.** Hat sie ihm das gewiß zugesagt?

**Treulieb.** Ja, ich bin ihres Herzens versichert.

**Trübenthal.** Das ist viel. Aber es ist noch eine grosse Schwierigkeit dabey zu heben. Man sagt, ihre Mutter habe schon eine sehr reiche Partie für sie im Vorschlage.

**Treulieb.** Ich weiß das gar wol, das Fräulein hat mir davon Nachricht gegeben.

**Trübenthal.** Wie ist sie denn dabey gesinnet?

**Treulieb.** Sie will fast verzweifeln. Sagen sie mir doch, wenn sie es wissen, was ist denn mein Nebenbuhler für ein Mann?

**Trübenthal.** Ich kenne ihn. Es ist gar ein rechtschaffner Mann.

**Treulieb.** Zum wenigsten muß er nicht sehr zärtlich seyn, wenn er ein Mädgen nehmen kan, die ihn nicht leiden will; und weil sie ihn doch kennen, mein Herr Oheim, so würden sie ihm und mir einen angenehmen Dienst erweisen, wenn sie ihm sagten, wie sehr er schon zum voraus verhaßt sey.

Trübenthal. Aber er könnte vielleicht noch daran zweifeln.

Treulieb. Wenn er nur noch zweifelt, und nicht absteht, so ist er schon ein Mann, auf den nicht viel zu halten ist.

Trübenthal. Weiß er doch noch nicht, was geschehen könnte.

Treulieb. Wenn Charlotte mir glaubt, so fürchte ich mich nicht vor ihm; aber es komme, wie es will, er kan sie nicht heyrathen, wenn er mir nicht das Leben nimmt.

Trübenthal. Ich kenne den ehrlichen Mann, ich denke nicht, daß er der Mann ist, der ihm wird das Leben nehmen wollen, und er ist wol auch nicht gesinnt, sich an ihm zu vergreifen; wenn er ihm seine Sache mit einer guten Art vortrüge, so glaube ich fast, daß er sich geben möchte. Will er ihn wohl sehen?

Treulieb. Das wäre sehr viel gewagt. Sie haben vielleicht eine bessere Meynung von ihm, als er verdienet. Er könnte mich wol hintergehen, und hernach, wo sollte ich ihn finden?

Trübenthal. Nichts ist leichter als das. Hier steht er vor ihm, und ist bereit, ihn anzuhören.

Treulieb. Wie? Sind sie es, mein Herr?

Trübenthal. Wie er gesagt hat, Herr Vetter.

Treulieb Es ist mir sehr leid, daß mir ein paar Worte entfahren sind, und sie haben vollkommen Recht, daß ihr Leben dißmal in Sicherheit ist.

Trü-

**Trübenthal.** Und er wird; wie er sieht, auch damit in keine Gefahr gerathen.

**Treulieb.** Ich habe mein Leben mehr für sie, als für mich. Ich bin ihnen alles schuldig, Herr Oheim. Ich streite ihnen das Fräulein nicht ab.

**Trübenthal.** Erwartet er sie hier?

**Treulieb.** Ja, Herr Vetter, sie will herkommen; ich werde sie aber nunmehr nur sehen, um ihr zu sagen, daß es mir unmöglich fällt, sie künftig jemals wieder zu sehen.

**Trübenthal.** Bey leibe nicht; mache er seine Sachen nur immer fort; meine Art zu lieben, ist viel ruhiger als die seine; ich bin mehr Meister über mich, und ich habe Mitleiden mit seinem Zustande.

**Treulieb.** Wie? Sie erlauben mir, daß ich fortfahren darf, sie zu lieben?

**Trübenthal.** Das steht ihn völlig frey. Fahre er nur fort, sage ich ihm; thue er, als wenn er mich gar nicht gesehen hätte; sage er keinen Menschen etwas davon, daß ich hier bin, ich verbiethe ihm das. Da kommt das Fräulein! Sie sieht mich noch nicht; ich will ihr ein Wort im Vorbeygehen sagen. Sey er deswegen ohne Sorgen.

## Fünfter Auftritt.
Trübenthal, Charlotte kömmt heraus, wie sie aber
Trübenthalen gewahr wird, will sie
wieder weggehen.

**Trübenthal.** O sie dürfen sich meinetwegen nicht entfernen, gnädiges Fräulein, ich weiß alles; ich weiß, daß dieser Herr sie liebt, der doch kein Vermögen hat.

Steffen hat mir alles gesagt, und ich habe meine Sachen darnach eingerichtet. Ich empfehle mich ihnen. *(er geht ab.)*

## Sechster Auftritt.
### Treulieb, Charlotte.

*Treulieb.* Da ist nun unsere ganze Heimlichkeit entdeckt. Er wird aus Rache, alles ihrer Frau Mutter sagen.

*Charlotte.* Und zu allem Unglück vermag er etwas bey ihr.

*Treulieb.* Wie es das Ansehen hat, so sehen wir einander zum letztenmale, meine wertheste Charlotte.

*Charlotte.* Das weiß ich wol nicht. Weswegen ist aber Herr Trübenthal denn hier? *(vor sich)* Sollte denn meine Frau Mutter etwas mit ihm vorhaben?

*Treulieb.* Es kömmt nunmehr alles aufs äusserste an. Die Zeit kommt uns über den Halß. Ich wills kurz machen; lieben sie mich? halten sie mich für liebenswerth?

*Charlotte.* Ob ich sie liebe? Sie sagen, daß wir keine Zeit zu verlieren haben, und thun so unnütze Fragen.

*Treulieb.* Geben sie mir endlich eine völlige Uberzeugung davon. Ich habe eine Kutsche am Ende der Allee stehen. Die Dame, von der ich ihnen gesagt habe; und deren Hauß eine Viertelstunde von hier ist, erwartet unser im Dorfe. Kommen sie fort, wir wollen sie aufsuchen, und uns alsdenn zu ihr begeben.

**Charlotte.** Treulieb! denken sie mir ja nicht mehr daran, ich befehl es ihnen.

**Treulieb.** Wollen sie denn, daß ich sie auf ewig verlassen soll?

**Charlotte.** Ich verbiete es ihnen noch einmal. Stellen sie sich einmal vor, wenn sie so unglücklich wären, daß sie mich darzu beredeten, so würde ich untröstlich seyn. Ich sage, wenn sie das Unglück hätten. Wäre es denn nicht eins für sie, mich unter diesen Umständen zu sehen? Ich glaube es. Und also laßt uns gar nicht mehr daran gedenken. Aber lassen sie die Hoffnung deswegen nicht sinken; ich habe einen andern Vorschlag, der glücken kan.

**Treulieb.** Und was denn für einen?

**Charlotte.** Wissen sie, zu was ich mich anheischig gemacht habe? Ich will sie eine Dame von meinen Anverwandten vorstellen.

**Treulieb.** Eine von ihren Anverwandten?

**Charlotte.** Ja, sie ist meine Tante, und wird hieher kommen.

**Treulieb.** Und sie haben ihr unsere Liebe anvertraut?

**Charlotte.** Ja!

**Treulieb.** Wie viel haben sie sie denn wissen lassen?

**Charlotte.** Ich habe ihr alles mit einander entdeckt, damit sie mir ihren Rath darzu geben sollte.

**Treulieb.** Was? auch so gar die Flucht, die ich ihnen vorgeschlagen?

**Charlotte.** Kan man denn wol etwas verbergen, welchen man sein ganzes Herz entdeckt? Alles,

R 4

was

was ich dabey noch Unrecht gethan habe, ist, daß ich ihnen noch lange so bestürzt nicht vorgekommen bin, über ihr Zumuthen, als sie es verdient. Und eben dieses macht, daß ich noch unruhig bin.

Treulieb. Und das nennen sie einen Vorschlag, der gut ablaufen soll?

Charlotte. Nicht recht. Das ist noch sehr ungewiß und zweifelhaft, ich weiß mich nicht besser zu besinnen.

Treulieb. Und sie können noch anstehen, meinem Rathe zu folgen?

Charlotte. Ich stehe nicht allein an, sondern ich verwerfe ihn ganz und gar.

Treulieb. Nein, ich höre nun nichts mehr. Um unsrer Liebe willen, allerliebstes Lottgen, kommen sie fort; verlassen sie mich nicht; erhalten sie mir das, was ich liebe, und sich einen Menschen, der sie anbetet.

Charlotte. Um des Himmels willen, mein liebster, stehen sie davon ab. Verführen sie mich nicht zu einer solchen Ausschweifung. Dieses heist wahrhaftig meine Zärtlichkeit mißbrauchen, sie sollten das, was ich ihnen befehle, besser beobachten.

Treulieb. Sie haben unsere ganze Sache verrathen. Wir haben nur noch einen einzigen Augenblick übrig, und dieser Augenblick muß den Ausschlag von der ganzen Sache geben.

Charlotte zweifelhaft.) Ach Treulieb, ich kan mich unmöglich darzu entschließen.

Treulieb. Ich muß sie also auf ewig verlassen.

Charlotte. Wie werde ich nicht verfolgt. Ich habe

habe Hannchen nicht bey mir; ich habe gar niemanden, der mir räth!

Treulieb. Ach! so lieben sie mich nicht.

Charlotte. Können sie das sagen?

## Siebender Auftritt.
Treulieb, Charlotte, Steffen.

Steffen geht ohne sich aufzuhalten zwischen sie beyde.) Nehmen sie sich in acht, verschieben sie ihr Vorhaben auf eine andere Zeit, es kommt jemand.

Treulieb. Und wer denn?

Steffen. Es sieht aus, wie eine Mutter.

Treulieb. Ihre Mutter kommt, leben sie wohl, Charlotte, ich habe es wol zum voraus gesehen, es ist nun keine Hoffnung mehr für mich. (gebt ab mit Steffen.)

Charlotte will ihn zurück halten.) Nein, er irrt sich; es ist meine Tante. Er hört mich nicht; was soll ich machen? Ich weiß nicht, wie ich dran bin.

## Achter Auftritt.
Frau von Wohlgesinnt, Charlotte.

Charlotte geht ihr entgegen.) Ach Mama!

Fr. v. W. Was ist euch denn, meine Tochter, woher kömmts, daß ihr so zerstreut aussehet?

Charlotte. Ach! verlassen sie mich doch nicht! Kommen sie mir zu Hülfe; ich kenne mich bald nicht mehr.

Fr. v. W.

Fr. v. W. Euch zu Hülfe kommen? Wider wen denn, meine Tochter?

Charlotte. Ach! wider mich; wider den Treulieb; und wider sie selbst. Denn sie werden uns vielleicht von einander trennen. Steffen kam her, und sagte, daß sie da wären. Treulieb hat sich davon gemacht. Er wird des Todes seyn. Ich beschwere sie, lassen sie ihn zurücke ruffen, denn sie wollen ja mit ihm reden.

Fr. v. W. Seine Freymüthigkeit nimmt mich ein. Ja mein Kind, ich habe es euch versprochen, es soll geschehen. Laßt ihn herkommen, er soll mir vor euern Augen gestehen müssen, daß er durch sein Zumuthen ungebührlich an euch gehandelt. (zu Steffen.) Steffen! suche den Treulieb, sage, er solle herkommen, ich wartete auf ihn mit meiner Muhme.

Steffen. Ihrer Muhme. Sind sie denn auch die Tante von ihrer Tochter?

Fr. v. W. Geh nur, und bekümmere dich darum nicht. Doch, da werde ich die Hanne gewahr, die muß nicht dabey seyn. Sehet, wie ihr sie los werdet, ehe Treulieb kommt; sie wird mich unter dieser Verkleidung nicht kennen, ich will mich in meine Kappe verhüllen.

## Neundter Auftritt.
Frau von Wohlgesinnt, Charlotte, Hannchen.

Hannchen zu Charlotten.) Vermuthlich wird Treulieb weiter drunten auf uns warten. (zu Frau v. Wohlgesinnt.) Werfen sie keinen Argwohn auf mich, gnädige Frau, ich weiß von der ganzen Sache;
sie

### Die vertraute Mutter.

sie werden mein Fräulein von einer Unterthänigkeit befreyen, die ihr sehr schwer fällt; ihre Frau Mutter würde ihrer Neigung ohnfehlbar Gewalt angethan haben. (zu Charlotten.) Sie aber mein Fräulein, machen sie sich doch nicht eine so ungeheure Sache aus ihrer Flucht; was kan man ihnen denn wohl vorrücken, wenn sie sich mit der gnädigen Frau entfernen?

Fr. v. W. entdeckt sich.) Wirst du dich fortmachen ، ، ، ?

Hannchen entläuft.) O!

Fr. v. W. Das war der allerkürzeste Weg sie los zu werden.

Charlotte. Da kommt Treulieb; ich zittere! ach liebste, Frau Mutter, bedenken sie, daß ich mich aller Mittel entschlagen habe, wodurch ich ihnen mißfallen könnte, und lassen sie sich diese Gedanken ein wenig geneigt und willig gegen uns machen.

## Der zehnde Auftritt.

Treulieb, Fr. v. Wohlgesinnt, Charlotte, Steffen.

Charlotte. Kommen sie näher, Herr Baron. Madame hat alles Gutes mit uns im Sinne, ich habe ihnen gesagt, daß es meine Tante ist.

Treulieb grüßt sie.) Ich habe gedacht, daß sie mit ihrer Mama da wären, gnädiges Fräulein!

Charlotte. Steffen ist Ursache daran gewesen, der sich versehen, und uns betrogen hat.

Treulieb. Wird sie aber nicht herkommen,

Fr. v. W. Steffen mag darauf Achtung geben. Geht Steffen, und sagt es uns, wenn sie kommen sollte.

Steffen

Steffen lacht.) Gehen sie nur Fr. von Wohlgesinnt, und sorgen sie für nichts. Ich denke nicht, daß sie euch hier überfallen soll; sie könnte aber doch wohl kommen, wenn sich der Teufel ins Spiel mischt. (geht lachend ab.)

## Der eilfte Auftritt.

Fr. v. Wohlgesinnt, Charlotte, Treulieb.

Fr. v. W. Meine Muhme hat mir alles erzählt, mein Herr, fassen sie sich nur; sie kommen mir sehr unruhig vor.

Treulieb. Ich muß es gestehen Madame, ihre Gegenwart hat mich anfänglich ein wenig stutzig gemacht.

Charlotte bey seite.) Was halten sie von ihm, Frau Mutter?

Fr. v. W. Sachte, ich bin nur hergekommen, von ihnen zu vernehmen, was sie für Ursachen haben, daß sie meiner Muhme, sie zu entführen, vorschlagen können.

Treulieb. Eine Entführung, Madame, ist eine verzweifelte Sache; aber die gewisse Furcht, das was man liebt zu verlieren, macht, daß man so etwas wohl noch vergeben kan.

Charlotte. Ich halte mich verbunden, zu gestehen, daß er eben nicht allzusehr darauf bestanden ist.

Treulieb. So viel ist gewiß, daß man in unsere Vereinigung niemals willigen wird; mein Stand ist nicht geringer als der ihrige. Aber der Unterscheid des Vermögens läßt mich nichts von ihrer Fr. Mutter hoffen.

Fr.

# Die vertraute Mutter. 253

**Fr. v. W.** Sehen sie sich wohl vor, mein Herr, man könnte ihrer so grossen Furcht, sie zu verlieren, eigennützigen Absichten Schuld geben. Wenn sie gleich nein sagen, kan man ihnen denn das auf ihr Wort so gleich glauben?

**Treulieb.** Ach gnädige Frau, man behalte alle ihr Vermögen, man setze mich ausser Stande, jemals etwas davon zu erhalten. Der Himmel strafe mich, wenn ich jemals daran gedacht habe.

**Charlotte.** So hat er allemal auch gegen mich geredet.

**Fr. v. W.** Redet nur nicht darzwischen meine liebe Muhme, (zum Baron) es mag seyn, daß sie allein aus Liebe alles unternehmen; man hat mir aber gesagt, daß sie ein rechtschaffner Herr sind; und ein rechtschaffner Herr liebt ganz anders, als andere Leute; die heftigste Liebe kan ihm niemals etwas eingeben, was wider die Ehre seiner Geliebten läuft. Bedenken sie es einmal, schickt sich das wohl für sie, und ist ihnen das wohl ähnlich, daß sie meine Muhme zu einer so schändlichen Ausschweifung verleiten wollen?

**Charlotte für sich.**) Das ist ein schlechter Anfang.

**Fr. v. W.** Können sie wohl mit ihrem eigenen Herzen zufrieden seyn? Gesetzt, sie liebt sie, verdienen sie es wohl? Ich bin nicht gekommen, mich zu erbittern; es stehet ihnen allemal frey, mir zu antworten; allein, ist sie nicht zu beklagen, daß sie einen Menschen liebt, der so wenig auf seine eigene Ehre sieht; der die Frucht ihrer tugendhaften Neigungen so wenig beherziget; der seine Zärtlichkeit nur braucht, ih-

re

re Vernunft zu verführen; ihr die Augen, vor allem, was sie sich selbst schuldig ist, zu verschliessen; sie so einzunehmen, daß sie nicht acht hat auf den unauslöschlichen Schandfleck, den sie sich anhängen soll. Heissen sie das Liebe? Können sie sie wohl ärger strafen, wenn sie gleich ihr abgesagter Feind wären?

Treulieb. Mit ihrer Erlaubniß, gnädige Frau, daß ich ihnen antworte. Ich finde nichts in meinem Herzen von allen dem, was sie ihm hier beylegen. Eine unendliche Liebe, eine Hochachtung, die mir vielleicht noch lieber und kostbarer ist, als diese Liebe selbst: Das ist es, was ich für Charlotten empfinde. Hernach ist es mir auch unmöglich, meine Ehre hintan zu setzen. Man ist aber alsden, wenn man verliebt ist, nicht im Stande, gewisse gar zu ernsthafte Betrachtungen anzustellen. Eine Entführung ist keine Schandthat; es ist nur eine kleine Unordnung, die von der ehelichen Verbindung wieder gut gemacht wird; wir würden einander eine ewige Treue geschworen haben; und wäre mir Charlotte gefolgt, so würde sie nur mit ihrem Gemahl entflohen seyn.

Charlotte für sich.) Mit diesen Ursachen wird sie sich nicht abspeisen lassen.

Fr. v. W. Ihr Gemahl, mein Herr, ist das gewiß? Braucht man nichts weiter, als sich den Namen zu geben, wenn man es seyn will? Was für eine Würkung würde wohl die gegenseitige Treu, die sie einander zuschwören wollen, gehabt haben, sagen sie mir das; konnten sie sich denn nun schon für vermählt halten, weil es ihnen in der Hitze eines verliebten Paroxismi eingekommen, zu sagen, wir sind es,

Wie

Wie leicht und bequem würde man nicht seinen Leidenschafften den Zügel lassen können, wenn sie sich durch ihre Ausschweifungen noch rechtfertigen könnten.

**Charlotte.** O Himmel!

**Fr. v. W.** Wissen sie auch wohl, daß dergleichen Verbindnisse ein Frauenzimmer verunehren; daß sie ihren guten Ruf einen Schandfleck anhängen; daß die ganze Stadt gar nichts mehr auf sie hält. Daß dem Herrn Gemahl die Gedanken auf einmal einkommen kan, daß seine Gemahlin einmal ihre Tugend vergessen gehabt, und daß die schimpfliche Schwachheit, die sie begangen, sie in seinen eigenen Augen nichtswürdig und verächtlich machen muß?

**Charlotte lebhaft.)** Ach Treulieb! wie strafbar waren sie nicht; o meine Freundin, ich überlasse mich ihnen, und ihrem Rathe gänzlich; befehlen sie, was habe ich zu thun; sie haben völlig über mich zu gebieten; denn mein Leben ist mir so lieb nicht, als das Licht, so sie mir jetzt angestecket haben. Und sie Treulieb, alles was ich gegenwärtig für sie noch thun kan, ist, daß ich ihnen eine Zumuthung vergebe, die ihnen entsetzlich vorkommen muß.

**Treulieb.** Ja, wertheste Charlotte, es ist wahr, ich bin überzeugt, ich bereue, ich verwünsche sie. Ich bin gar nicht deswegen bestürzt, weil ich fürchte, ihre Hochachtung gegen mich sollte geringer werden, denn ich weiß, daß das nicht möglich ist; aber darüber entsetze ich mich, daran kan ich ohne äusserste Betrübniß nicht gedenken, daß sie die Hochachtung anderer Menschen verlieren sollten. Ja, ich begreife es, gnädige bige Frau; diese Gefahr ist gewiß; sie haben auch mich zur Erkänntniß gebracht; ich würde sie um ihre Ehre bringen. Und was ist doch meine Liebe, und ihre Absichten gegen ein so erschreckliches Unglück?

Fr. v. W. Ein Gegenunglück, das gewiß Charlotten den Tod gebracht haben würde, weil ihre Mutter sie unmöglich würde gelitten haben.

Charlotte. O wie stark muß ich sie doch lieben. Diese Mutter, die mir in allen unsern Absichten, Anschlägen und Handlungen, im geringsten nichts in den Weg geleget hat. Nunmehr will ichs ihnen sagen, Herr Treulieb, daß ich ihr meine und ihre Liebe, ihre Anschläge, meine Unschlüßigkeit, alles und jedes entdeckt habe.

Treulieb. Was hör ich?

Charlotte. Ja, ich habe ihr alles entdeckt, ihre Zärtlichkeit, ihre Gütigkeit, verbinden mich dazu. Sie war meine Freundin, meine Vertraute. Sie hat sich niemals etwas anders über mich angemaßt, als das Recht mir zu rathen; sie hat sich, meiner ganzen Auffführung wegen allein auf meine zärtliche Liebe gegen sie verlassen, und mir übrigens in allem meinen freyen Willen gelassen. Es hat also bloß bey mir gestanden, ihnen zu folgen, höchst undankbar gegen sie zu seyn; sie ungehindert aufs äuserste zu kränken; denn sie hatte mir zugesagt, daß ich meine völlige Freyheit haben sollte.

Treulieb. O was machen sie mir doch für eine ehrwürdige Abschilderung von ihr! ob ich gleich ein Liebhaber bin, so muß ich gleichwol Theil an ihren Neigungen und Absichten nehmen; ich trete gänzlich auf ihre Seite; ich würde mich für den nichtswürdigsten unter allen Menschen ansehn, wenn ich eine so schöne, eine so tugendhafte Vereinigung, als zwischen ihnen ist, hätte zerreissen sollen.

Char-

### Die vertraute Mutter.

**Charlotte** für sich.) Ach! liebste Mutter, darf ichs ihm sagen, daß sie es sind?

**Treulieb.** Ja, schönste Charlotte, sie thun recht daran. Uberlassen sie sich beständig ihrer zärtlichen Gewogenheit, worüber ich voller Verwunderung bin, und fast erstaune. Fahren sie fort, sie allemal zu verdienen, ich ermahne sie selbst. Meine Liebe mag dabey gewinnen oder verlieren, so müssen sie es thun. Ich würde verzweifeln, wenn ich den Sieg über sie davon getragen hätte.

**Fr. v. W.** nachdem sie ein wenig nachgedacht hat.) Meine Tochter, ich erlaube euch den Treulieb zu lieben.

**Charlotte.** Sie ist es selber. Sieht ihr dieses nicht ähnlich.

**Treulieb.** Meine Hochachtung ist so . . .

**Fr. v. W.** Halt! hier kommt Herr v. Trübenthal.

### Letzter Auftritt.
#### Trübenthal zu vorigen.

**Trübenthal.** Gnädige Frau, ich muß einiger wichtigen Angelegenheiten halber wieder in die Stadt. Meine Verbindung mit Charlotten war zwar fest geschlossen, ich habe aber dem Dinge nachgedacht; ich muß befürchten, sie dürfte mich bloß aus Gehorsam gegen sie genommen haben. Ich spreche sie also von ihrer Zusage hiermit los. Uber dieses habe ich dem Fräulein, einen andern jungen, reichen und angesehenen Bräutigam vorzuschlagen; ihr Herz kan sich zwar vielleicht schon für einen andern erklärt haben; aber das thut nichts.

**Charl.** Ich bin ihnen verbunden, mein Herr. Es ist meiner Frau Mutter noch gar nicht angst darum, wie sie mich geschwind los werden will.

S     Fr.

**Fr. v. W.** Mein Schluß ist schon gefaßt, Herr Trübenthal. Ich gebe meine Tochter dem Hrn. Treulieb, den sie hier sehen; er ist zwar nicht reich, aber er hat mir ein Gemüthe sehen lassen, das mich für ihm einnimmt; er wird meiner Charlotten Glück und Zufriedenheit machen. Herr Treulieb, es kommt nur noch darauf an, daß ich wissen mag, wer sie sind.

**Treulieb.** (wirft sich der Fr. v. W. zu Füssen, sie hebt ihn gleich wieder auf.)

**Trübenthal.** Das will ich ihnen sagen, gnädige Frau. Er ist meines Brudern Sohn; das ist eben der junge Herr, den ich ihnen vorgeschlagen habe, und alle mein Vermögen erben soll.

**Fr. v. W.** Ihres Brudern Sohn?

**Charlotte.** O was haben wir uns nicht bey ihnen zu entschuldigen.

**Treulieb.** Liebster Herr Oheim! wie soll ich ihnen ihre Wohlthaten vergelten.

**Trübenthal.** Mache er nur keine unnützen Worte. Ich habe es dem Fräulein versprochen, daß sie keinen Menschen heyrathen sollte, der nichts im Vermögen hatte. Ich habe nur noch eins zu erinnern; ich will vor Hannchen ein gut Wort einlegen, und für sie eine Vergebung bitten.

**Fr. v. W.** Es mag ihr dißmal so hingehen. Die jungen Leute können sie belohnen, aber sie müssen sie sich vom Halse schaffen.

**Steffen.** Und wenn man mit mir umgehen will, wie sichs gebühret, so muß man mich belohnen, und auch behalten.

**Fr. v. W.** Es soll beydes geschehen.

## Ende dieses Lustspiels. IV.

## IV.
## Der Schiffbruch
### Oder
## Crispins Leichen-Begängniß,
### Ein
## Lustspiel
von einem Aufzuge
aus
dem Französischen
übersetzt.

## Vorbericht.

Der Schiffbruch hat den Monsieur de la Font zum Verfasser, der uns die Danae, die drey Brüder und Nebenbuhler, die rächende Liebe, und andere kleine Lustspiele mehr geliefert hat. Man findet darinnen lebhafte lustige Einfälle, geschickte Abwechslungen und niedlich verwickelte Umstände. Das Auge und das Ohr haben das ihrige darinnen. Crispin spielt seine lustige Rolle vortreflich, und die Zärtlichkeit und Liebe blicken aus jedem Worte, das Eliante und Licander hervorbringen. Es ist schon vor ein paar Jahren eine andere deutsche Ubersetzung dieses Stückes auf der Neuberischen Schaubühne in Leipzig mit grossem Beyfalle aufgeführet worden, daß man sich also dem gütigen Leser zu verpflichten glaubt, ihm dasselbe gedruckt, und in eben so viel Zeilen übersetzt, zu liefern. Man glaubt inzwischen, daß auch der Harlekin, wo er nemlich gelten muß, die Rolle des Crispins machen kan, Mr. de la Font hätte diese Partie vielleicht selbst einem gegeben, wenn er nicht von der grossen Geschicklichkeit seines Crispins versichert gewesen wäre.

## Personen:

Der Gouverneur, über die Wilden.
Der Oberpriester der Insel.
Die Oberpriesterin.
Licander, ein Europäer.
Eliante, seine Braut.
Marine, ihr Mädgen.
Piracmon, ein Insulaner, Marinens Mann.
Crispin, Licanders Diener.
Ein redender Insulaner, und noch viele andere Einwohner der Insul.

### Der erste Auftritt.
#### Eliante, Marine.
##### Marine.

Wie, seit der Schiffbruch uns so Lust als Gut entrissen,
Seit wir bey Wilden hier als Fremde leben müssen,
Zählt ihr nicht mehr als nur acht Tage Jungfer?

##### Eliante.

Ja;
Ich bin nun sonder Trost und der Verzweiflung nah,
Armselge Eliant, Licander stirbt so kläglich,
Und du lebst noch!

##### Marine.

Ja, ja, die Sach ist sehr beweglich,
Ihr aber lebt doch itzt; der Himmel segne den,
Durch dessen Beystand wir vom Tod uns frey gesehn;
Er ist bezahlt, indem er mich zur Frau genommen;
Gleich nach der edeln That ward auch sein Glück vollkommen;
Der liebe Piracmon! doch, weint ihr allezeit?
Verzweifelt nicht zu früh, es ist noch nicht so weit;
An eures Liebsten Tod kan man noch Zweifel tragen,
Vielleicht ist er erlöst und auch wohin verschlagen.

Elian-

#### Eliante.
Ihn in acht Tagen nicht zu sehn!
#### Marine.
Ja, das ist schwer.
#### Eliante.
Es ist kein Zweifel dran, Licander lebt nicht mehr;
Mich meines Vaters Zorn und Eyfer zu entziehen,
Wollt er mit mir aus Lieb in fremde Länder fliehen;
Doch nah am Hafen muß ein Felß ihm schädlich seyn,
Den Wehrten schließt das Meer statt eines Sarges ein,
Und ich muß Rettung hier bey den Barbaren finden,
Hier, wo ein scharf Gesetz durchaus mich will verbinden,
Daß ich mir einen Mann so gleich erwählen soll.

#### Marine.
Mir scheint das Recht nicht scharf: ihr seyd wahrhaf-
tig toll,
Mein Mann, den ich mir hier auch auf Befehl erkohren,
Ist hübsch und gut genug, ob er gleich hier gebohren.

#### Eliante.
Bey dieses Volkes Wuth empfind ich neue Pein;
Daß jeder Frembdling doch gleich muß verehlicht seyn,
Wenn er hier leben will! wie seltsam sind die Rechte
In dieser Insel nicht, und zwar für mein Geschlechte!
Ach!

#### Marine.
Still, Crispin betrügt heut Volk und Gouver-
neur,
Ihr wißt, er stellet sich als liebt er euch recht sehr;
Der Wilde denkt, daß ihr als Frau mit ihm sollt
leben.

Elian-

#### Eliante.
Darüber kan ich mich auch kaum zufrieden geben.
Es wird doch kund, daß man sie nur zum besten hält,
Und daß ein schlechter Knecht sich mich zu ehlgen stellt,
Um mich für seinen Herrn als Gattin zu bewahren.

#### Marine.
Wie Henker können sie das immer mehr erfahren?
Sie glauben, ist nur erst der Hochzeit-Tag vorbey,
Daß Crispin euer Mann, und wahrer Liebster sey,
Ja, daß ihr ihn recht liebt; wie wollten sies ergrün-
den,
Daß insgeheim euch noch Licanders Ketten binden?
Um dessentwillen sey von euch die Furcht nur fern;
Man hält hier den Crispin für einen grossen Herrn,
Sein Aufwand : : :

#### Eliante.
  Was kan er denn wol für Aufwand machen?
Er hat ja nichts;

#### Marine.
   Sind euch das schon vergeßne Sachen,
Was der Crispin gethan? das wundert mich doch
sehr.

#### Eliante.
In meinem grossen Schmerz, denk ich an gar nichts
mehr.

#### Marine.
Indem er unser Schiff dem Schiffbruch nahe siehet,
Verliert er nicht den Muth, der allen doch entfliehet.
Er geht zum Capitän, und scheut nicht die Gefahr,
Nimmt ihm sein Kästgen weg, das voll vom Gelde
war,

Wirft sich darauf ins Meer, und ruft um Both und
                    Kähne.
Mich, mich, ihr Herren mich! helft doch dem Capi=
                    täne!
Drauf kommen ihrer zwey, zu aller Beystand her,
Die finden den Crispin, und ziehn ihn aus dem Meer;
Der rechte Capitän muß schmählich untersinken,
Und mit viel andern gleich in tiefen Meer ertrinken,
Doch, was erzehl ichs viel? ihr habt mirs abgefragt,
Crispin hat es euch ja wol zehnmal selbst gesagt;
Und als mein Männgen kam uns allen beyzustehen,
Habt ihrs ja selbst gesehn;
Eliante.
            Wer wird auf alles sehen?
Marine.
Sagt, was ihr wollt, da kömmt Crispin gleich! nun,
                    bonjour!

## Der zweyte Auftritt.
Crispin, Eliante, Marine.
(Crispin froh zu Marinen, traurig zu
            Elianten.)

Bonjour, bonjour!
Marine.
        Ey, ey, dir fehlt was; sag es nur!
Crispin.
Ich bin verdrüßlich, = = froh, = = ich hoff, = = und ich
                    erwege = =
So lieb als Ehrfurcht wird in mir auf einmal rege = =
So, daß der Schmerz; = = die Lust, beherrscht mein
                    Herz so sehr,
                            Und

oder Crispins Leichenbegängniß.

Und nimmt es völlig ein; Genug, der Gouverneur,
Weiß, es sey unser Band der Eh noch nicht geschlos-
sen;
Man hat es ihm entdeckt; „was sind denn das für
Possen?
„Hat er ganz stolz gesagt, werd ich allhier verlacht?
„Wird unser Grundgesetz von Fremden so veracht?
„Man sag dem kühnen Paar, daß sie gleich sterben
müsten,
„Wenn heut nicht ∙ ∙ ∙

        Eliante.
    Stirb mit mir!
      Crispin.
        O, ich bin nicht mit Lüsten.
        Eliante.
Wie!
        Crispin.
∙ ∙ Folgt vielmehr dem Wort des Gouverneurs mit
mir,
        Eliante.
Doch, meine Ehr, Crispin?
        Crispin.
      Ach, laßt die Ehre hier,
Es geht aus Leben!
        Eliante.
  Doch, dein Herr ∙ ∙ sein Liebes-Feuer ∙ ∙
        Crispin.
Er ist ersoffen; denkt nicht mehr dran;
        Eliante.
           Ungetreuer!

        Crispin.

#### Crispin.
Bin ich Schuld, daß mein Herr im Meer crepieret ist?
Daß ihr mich selbst zum Mann begehrt, wie ihr wol
wißt?
Damit kein Wilder euch zur Ehe kriegen möchte,
Der so viel heimlichs nicht bey euch zu finden dächte,
Und wenn der Gouverneur an euch mich geben will,
Bin ich Schuld?

#### Marine.
Doch du weißt was unter uns? ⸗ ⸗

#### Crispin.
Ey, still!
Ich weiß nichts.

#### Marine.
Du wirst doch die Ehrfurcht nicht verletzen.

#### Crispin.
Mein Herz muß sich an euch und eurem Reitz ergötzen.
Der Oberpriester selbst knüpft dieses schöne Band,
Und heut noch setzt er mich in den vergnügtsten
Stand.
(Denkt, uns vereinigte des Oberpriesters Hand,
Wir sind ein Paar, das ist hier schon genug be=
kannt.)

#### Eliante.
Du weißt ja, daß es nur Verstellung war, du Range!

#### Crispin.
Ja, doch der Gouverneur der machte mir so bange ⸗ ⸗
Er ist verteufelt hart; ⸗ ⸗ noch mehr ⸗ ⸗ es denkt mein
Herz ⸗ ⸗ ⸗
Bey eurem holden Reitz, auf etwas mehr als Scherz,
Ich lieb euch Eliant; ich werde nie beglücket,

Wo

Wo mich die Leidenschafft nicht bis aufs Hemd ent-
zücket.
Eu'r Bräut'gam that recht wohl, daß er so bald ersoff,
Heilt mich, weil ich von euch nur Trost und Hülfe hoff.
### Eliante.
Darfst du so reden, Schelm, indem ich bey dir stehe?
### Crispin.
Warum nicht? denket doch nur an das Band der Ehe!
### Eliante.
Geh mir aus dem Gesicht!
### Crispin.
Ich eil zum Gouverneur,
Der sich sein Ansehn schützt, und des Gesetzes Ehr;
Ich sags, daß wenn er nicht gnug Unterthanen krieget,
Dieß Land unfruchtbar ist, an mir die Schuld nicht
lieget.
### Marine.
Zum Henker, hört ihr wol, welch eine Greuelthat,
Sich der verfluchte Schelm, in Kopf gesetzet hat!
Du Schlingel!
### Eliante.
Höher kan dein Frevel nicht mehr steigen,
Unselger! frecher Knecht!
### Crispin.
Gedult, bald sollt ihr schweigen!
Es soll dem Gouverneur gleich alles wissend seyn,
Doch, was mich anbelangt, so sag ichs euch nun fein
Daß ich eu'r Ehmann bin, daß ich nicht Spas ver-
stehe,
Daß ich will ••• daß es mir gefällt; ••• gehorcht
••• ich gehe.

Der

### Der dritte Auftritt.
Eliante, Marine.
#### Eliante.
Marine, Himmel, ach! was wird er thun?
#### Marine.
Der Dieb,
Er selbst spielt den Betrug, ich seh, er hat euch lieb,
Und weiß der Gouverneur um unsre Heimlichkeiten,
So hat nur er ⸱ ⸱ ⸱
#### Eliante.
Ach, ach, was hab ich zu bestreiten!
Marine, was siengst du bey solchem Unglück an?
#### Marine.
Ich weiß nicht; doch da kömmt gleich Piracmon,
mein Mann,
Der dient uns;
#### Eliante.
Man muß ihm die Heimlichkeit erzehlen.
#### Marine.
Er weiß sie schon, denn ihm konnt ich sie nicht ver-
heelen.
#### Eliante.
So bald, Marine?
#### Marine.
Ja, die ersten Tage schon.

### Der vierdte Auftritt.
Piracmon, Eliante, Marine.
#### Marine.
Wir haben deine Hülf hier nöthig; komm mein Sohn,
Jtz

Itzt trotzt und pocht Crispin; denn wie ich dir berichtet,
Hat er, daß er der Mann der Dame sey, erdichtet.
### Piracmon.
Das weiß ich alles; nun!
### Marine.
    Der unterschobne Mann
Glaubt, daß Licander tod, und nicht mehr leben kan;
Drum will er Glück und Lust, als rechter Mann ge-
        nüssen.
### Piracmon.
Seht doch den Galgenstrick!
### Marine.
    Was soll man daraus schlüssen?
Er will zum Gouverneur, sich zu beklagen gehn.
### Piracmon.
Vielleicht läßt sich durch List, sein Anschlag noch ver-
        drehn.
### Marine.
Wir wissen nichts zu thun in der vertrackten Sache,
Darum gieb du uns Rath, was man dabey wol mache.
### Piracmon.
Verzieht! : : : ich find etwas; : : : es soll schon
       gehn; : : : schöpft Muth,
Man muß ihm eine Furcht einjagen; merkt ihrs?
### Marine.
         Gut.
### Eliante.
Was soll die Furcht?
### Piracmon.
    Ich hoff ihn dadurch abzuschröcken,
Denn auf die Art, wie mir die Ding in Kopfe stecken,
         So

So weiß ich, daß er gern, was man ihm reicht ergreift,
Eh er was unternimmt, das euch zuwider läuft.
Doch helft mir auch dabey.
### Marine.
Das soll gewiß geschehen.
### Eliante.
Sollt alles fruchtlos seyn, will ich zum Sterben gehen,
Daß meine Ehre nur gerettet wird;
### Piracmon.
Gemach!
So weit kömmts nun wol nicht, folgt mir nur einzig
nach;
Ich weiß es schon, wie wir die Sache karten können,
Daß dieß ungleiche Band der Gouverneur muß tren-
nen.
Ich sag es ihm, Crispin sey euch zur Frau nicht werth,
Er wäre pöbelhaft, und lebte zu verkehrt.
Was ihr sollt thun, wird euch alsdenn von mir be-
deutet;
Da kömmt der Gouverneur, von unserm Narrn be-
gleitet,
Entfernet euch geschwind, er muß uns hier nicht sehn.

## Der fünfte Auftritt.
Der Gouverneur, Crispin, des Gouverneurs
Gefolge.
### Crispin.
Mein Herr, ich lüge nicht, es ist gewiß geschehn.
### Der Gouverneur.
Wie, unser Grundgesetz so freventlich zu schmähen?
Da habt ihr meine Hand, es soll euch Recht geschehen.
### Crispin.

#### Crispin.
Ihr macht mich recht vergnügt;
#### Der Gouverneur.
Ihr seyd ihr Mann allein,
Euch soll sie unterthan, euch nur gehorsam seyn.
Warum haßt sie euch doch? ihr wißt doch gut zu
leben!
Wo kömmt ihr Eckel her?
#### Crispin.
Ey, das befremdt mich eben.
#### Der Gouverneuer.
Ihr seht nicht häßlich aus, o nein, es läßt vielmehr,
Euch gegentheils recht hübsch;
#### Crispin.
Pfui doch, Herr Gouverneur;
Ihr macht mich ganz beschämt.
#### Der Gouverneur.
Sagt, sind in eurem Lande,
Sich alle Mädgen denn auch gleich im Widerstande?
#### Crispin.
O nein, da bitten sie uns selbst um Blick und Kuß,
Ein Mädgen, wenns bey uns zu lange warten muß,
Verehlicht es sich selbst.

## Der sechste Auftritt.
### Piracmon, die vorigen.
#### Piracmon.
Herr, eine fremde Zeitung,
Crispins Frau · · ·
#### Crispin.
Nun, was giebts, was hat das zur Bedeutung?

### Der Schiffbruch

**Piracmon.**
Ach, ach, die arme Frau, es ist mit ihr geschehn,
Sie ist gestorben, ach! ich hab es selbst gesehn,
Sie hat, um mit Crispin nicht in der Eh zu leben,
Durch einen Gift-Trunk sich den Augenblick vergeben,
Und von dem harten Recht sich auf die Art befreyt.

**Crispin.**
Bin ich schuld, daß sie stirbt? die Frau ist nicht gescheid.

**Der Gouverneur.**
Ihr habt Recht;

**Crispin.**
Dieß zeigt doch ein schlecht Herz mit dem allen,
Ich thue, was ich kan, um ihr nur zu gefallen,
Was seit acht Tagen ihr und mir erfreulich war;
Und hierauf stirbt sie, ey! das ist recht undankbar.

**Piracmon.**
Ihr dauret mich, doch laßt nicht drum den Muth
entfliehen.

**Crispin.**
Der Ehre meines Betts das Sterben vorzuziehen!
Ich bin doch jung ... seh schön ... und hab ein
frisch Gesicht,
Wie der Herr Gouverneur, selbst gütig von mir spricht,
Die Schönsten konnt bey mir mein Reitz zur Lieb er-
wecken,
Sie kamen Haufenweis zu mir von allen Ecken,
Sie sahen mein Gesicht, und kamen ausser sich,
Kurz, Jungfer, Frau und Magd, und alles liebte mich.
Wol tausend wußt ich sonst die Sinnen fast zu rau-
ben,

Durch

oder Crispins Leichenbegängniß.

Durch eine Stellung nur; ich schwörs bey Crispins
Glauben.
### Der Gouverneur.
Der kleine Unglücksfall erfreuet mich recht sehr.
### Crispin.
Es freut euch, sagt mirs doch, warum Herr Gou=
verneur?
### Der Gouverneur.
Ach! ihr erlangt dadurch die größte aller Ehren;
Eu'r Angedenken wird in Zukunft ewig währen.
### Crispin.
Wie!
### Der Gouverneur.
Daß man noch von euch bey unsern Enkeln
spricht,
Ich sags, ein ander Glück gleicht diesem Glücke nicht.
### Crispin.
Wie so?
### Piracmon.
Vor allen sagt mein Freund, könnt ihr gut lesen?
### Crispin.
O ja;
### Piracmon.
Das ist nur noch ein Haupt Umstand gewesen.
### Crispin.
Allein sagt mir, warum fragt ihr darnach so sehr?
### Der Gouverneur.
Man bring den Augenblick mir das Gesetzbuch her!
### Crispin.
Sagt kurz, ohn dieses Buch, was die Gesetze wollen;
Ich werd ein neues Weib vermuthlich nehmen sollen.

### Der Schiffbruch

**Der Gouverneur.**
Verziehet, gleich sollt ihr was das Gesetz begehrt,
Leßt hier den achten Punkt, seht, was er euch gewährt.

(Crispin liset ganz vergnügt:)
Stirbt ein Mann oder die so er als Frau
  verehret,
So wird den Augenblick der Holzstoß an-
  gezündt,
Der lebt, läuft in die Glut, daß sie ihn mit
  verzehret,
Damit sein grosses Herz der Nachwelt sey
  belehret,
Der hat Herz, wer nicht Furcht bey diesem
  Tod empfindt,
Weil doch ein Fremder hier nicht größre
  Ehre find.

(Crispin nachdem er es gelesen hat.)
Ist das der schöne Grund, weswegen ich soll lachen?

**Der Gouverneur.**
Verdankts dem Himmel, Freund, der euch beglückt
  will machen.

**Crispin.**
Für die Begegnung, wie! sollt ich ihm dankbar seyn?
Viel lieber sinn ich drauf, mich schleunig zu befreyn;
Ich mich verbrennen? ach! ihr grausamen Barbaren,
Ihr seyd unmenschlicher als Türken und Corsaren.
Wenn ihr euch so verbrennt, seyd ihr gewiß nicht klug,
Ich bleibe länger nicht, und das ist euch genug.
Lebt wohl! (er wirft das Gesetzbuch nieder und
  will entlaufen.)

Pirac

oder Crispins Leichenbegängniß. 277

Piracmon.
Gedenkt nur nicht auf die Art zu entfliehen.
Der Gouverneur.
Holla, Soldaten! sucht mit Zwang ihn einzuziehen.
(die Wache schliesset ihn.)
Crispin.
Was soll das Spielwerk denn?
Der Gouverneur.
Das ist kein Spielwerk; nein,
Wollt ihr wol in die Glut mit Zwang geworfen seyn?
Piracmon.
Glaubt mir, ihr müßt euch hübsch in diese Bothschafft
schicken,
Sterbt, und laßt als ein Narr doch keine Zagheit
blicken,
Es geh gut oder schlimm, ihr müßt doch endlich dran.
Crispin.
Ich unglückselger Kerl, was fang ich itzund an?
Der Gouverneur.
Wie, weint ihr?
Crispin.
Ach!
Der Gouverneur.
Ihr siegt; ja Freund, ihr siegt, ich
schwöre,
Gedenkt an euren Ruhm!
Piracmon.
Gedenkt an eure Ehre!
Crispin.
Ey, weg mit Ehr und Ruhm, bin ich nicht auf der
Welt.

T 3               Der

Der Schiffbruch

Der Gouverneur.
Was sagt die Nachwelt einst?
Crispin.
Sie sagt, was ihr gefällt.
Der Gouverneur.
Springt selber in die Glut, laßt euren Muth uns lesen.
Crispin.
Doch, ist denn Eliant schon meine Frau gewesen?
So weit wars ja noch nicht, sie werdens mir verzeihn,
Und nunmehr soll ich doch dafür bestrafet seyn?
Der Gouverneur.
Das thut nichts, ihr müßt dran;
Crispin.
Wie werd ich doch gequälet!
O, hätt ich meinen Hund, statt meiner, doch vermählet,
O, hätt ich doch, ehr ich in meinen Tod getanzt,
Das herrliche Geschlecht Crispins erst fortgepflanzt!
Piracmon.
Les't hier nur des Gepröngs Beschreibung in acht
Reihen,
So könnt ihr alles sehn.
Crispin.
Ach, welche Tyranneyen!
Piracmon.
Weint nicht, weil sich das nur für alte Weiber schickt,
Verzieht, weil man euch bald mit Blumen-Kränzen
schmückt,
Wir werden mit Music frolockend euch begleiten,
Bis an den Holzstoß;
Crispin.
Ach, verdammte Grausamkeiten!
Pirac=

#### Piracmon.
Dann steigt ihr froh hinauf, und stellt euch erst zur Schau,
Hernach so bindt man euch an eure todte Frau,
Ihr habt gewiß noch nicht so viele Lust gesehen,
Das Volk wird um euch her in schönen Tänzen gehen.
Und euer Nam erhöht bis an den Himmel seyn;
Ihr selber werdet euch ganz unerhört erfreun;
Und gleich durch die Musick fast aus euch selber kommen,
Hat das Gepränge nun sein Ende dann genommen,
Bringt man vier Fackeln her, und zündt den Holzstoß an,
Der brennt, bis daß man euch zu Pulver reiben kan,
Denn eure Asche wird in Krügen aufgehoben,
Nach dem beherzten Tod wird Groß und Klein euch loben.

#### Der Gouverneur.
Fort! , , ,

#### Crispin.
Aber treibet denn den Vorsatz nichts zurück?

#### Piracmon.
Nein, ihr müßt in die Glut, und zwar den Augenblick,
Wir brauchen nicht erst lang den Holzstoß zu bereiten,
Er steht schon fertig da.

#### Crispin.
Was für Behutsamkeiten!

#### Piracmon.
Man kan hier deren vier auf allen Märkten sehen,
Ja, man hat einige gar vor den Häusern stehn,
Vier Schritte kaum von hier weiß ich den besten stehen.

Crispin.
Der Henker hohle mich, wo ich mit hin will gehen;
Ich frage nichts nach Pracht.
Der Gouverneur.
Es bringt euch aber Ehr.
(Crispin fällt den Gouverneur zu Fusse.)
Erbarmt euch meiner doch! o, helft, Herr Gouverneur!
Der Gouverneur.
Kan man den schönen Tod, wie ihr, dermassen scheuen?
Crispin.
Die Schwachheit hab ich nun.
Der Gouverneur.
Pfui, was für Spielereyen!
Crispin.
Sterbt ihr mit Lust?
Piracmon.
Ja, wenn man vollends uns verbrennt,
Man stirbt vergnügt in dem so edeln Element.
Crispin.
Was glaubt ihr aber denn, wenn ihr so müßt vergehen?
Der Gouverneur.
Daß neu gebohren wir aus unsrer Asch entstehen.
Crispin.
Ich glaube nichts, mein Herr, drum bitt ich, laßt mich
los!
Der Gouverneur.
Verzagter! diese Schmach für unser Recht ist groß;
Ihr Piracmon , , ,
Piracmon.
Mein Herr!

Der

#### Der Gouverneur.

Besorgt das Fest geschwinde,
Damit ich das Gepräng alsbald bereitet finde,
Euch kan ich doch wohl traun?

#### Piracmon.
Herr, ich weiß meine Pflicht.
#### Der Gouverneur.
He, Wache, folgt ihm nach, vergeßt vor allen nicht
Das Tanzen, die Musick und was sonst mehr von-
nöthen.

#### Crispin.
O Himmel! man will mich recht Opernmäßig tödten!
Ach, das verdammte Recht! ach, das verdammte Reich!

#### Piracmon.
Folgt mir, es ist nun Zeit, kommt und bereitet euch.

#### Crispin.
Wohl, so bereit ich mich im Feuer zu vergehen,
Der Himmel stärke mich, es ist um mich geschehen.

### Der siebende Auftritt.
#### Der Gouverneur allein.
Der Rasende sieht nicht sein Glück vollkommen ein,
Er hat ein niedrig Herz, weil es den Tod kan scheun.
Möcht ihn der Himmel doch erleuchten und erheben,
Und auch die nöthge Kraft bey seiner Schwachheit
geben!
Daß er die eitle Furcht nur überwinden kan,
Allein, wer kömmt zu mir? was wollt ihr?

## Der achte Auftritt.
#### Der Gouverneur, ein Insulaner.
##### Der Insulaner.
Herr, ein Mann
Hat einen Brief an euch, und weil wir ihn nicht kennen,
So frag ich, ob ihr ihn, den Zutritt wollt vergönnen.
##### Der Gouverneur.
Ja.

## Der neunte Auftritt.
#### Der Gouverneur, Licander.
##### Licander.
Herr, ihr werdet hier ein fremdes Herz gewahr,
Das ohne Hoffnung ist, ohn Hülf und in Gefahr.
Ich als ein Spiel des Winds, dem Schiffbruch jüngst
entkommen,
Kam in die Insel, die nicht weit von ihr, geschwommen.
Itzt schickt der Gouverneur mich hier zu euch zurück,
Er sendet euch den Brief, mein Herr, und wünscht euch
Glück.
##### Der Gouverneur.
Gebt her, ich sags euch zu, ich werde seinen Willen,
Und was er nur verlangt, so gut ich kan, erfüllen.

### Der Gouverneur liefet den Brief.
Der Edelmann, welchen ich euch zuschicke, ist
durch einen Sturm in meine Insel verschlagen worden; sein Name ist Licander, er
hat zugleich Schiffbruch mit einer Person
gelitten, die Eliante heißt, und in die er
sterblich

oder Crispins Leichenbegängniß. 283

sterblich verliebt ist. Solltet ihr etwann
von ohngefähr Nachricht von dieser liebenswürdigen Person erhalten, so erlöset sie
doch ihren Liebhaber, und macht, daß er sie
wieder findet; benachrichtiget ihn davon,
ich bitte euch; es ist nicht unmöglich, daß
sie der Sturm an eure Ufer geworfen hat;
sorget dafür, ich werde es mit einer immerwährenden Erkenntlichkeit vergelten.

Brisaph
Gouverneur von der Insel
de Santoriada.

Der Gouverneur, nachdem er gelesen hat.
Ja, ich kan euren Wunsch vergnügen ohne Müh,
Von Ellanten kan ich Nachricht geben;

Licander.
                        Wie!
Könnt ich wohl hier, die ich verehre wieder sehen?
Wie ist mein Herz vergnügt! vor Lust möcht ich ver-
gehen!
Vollendet nun mein Glück, zeigt mir mein ander Herz.

Der Gouverneur.
Wenn ich sie euch ließ sehn stürbt ihr gewiß für
Schmerz;
Denn sie ist todt;

Licander.
Mein Herr, was! Ellant erkaltet?

Der Gouverneur.
Ich weiß, die Post ist schlimm, die ihr von mir erhaltet,
Allein

Allein mein Freund ihr Tod ist leider zu bekannt
In Kurzen wird sie auch mit ihrem Mann verbrannt.

### Licander.

Wie! sie verehlicht, ach! was wollt ihr mir bedeuten?
Grausame lohnst du so für meine Zärtlichkeiten?
Ach!

### Der Gouverneur.

Unterdessen hört die Sache nur erst gar,
Ich sage, daß die Eh nicht ganz vollzogen war,
So sprach auch selbst der Mann, den ich hier vorge-
nommen,
Und unserm Landgesetz in allem nachzukommen,
Verbrennen wir den Mann, dünkt euch das Recht wohl
scharf?

### Licander.

Erlaubt, daß ich mich mit ins Feuer werfen darf,
Ihr seht, da mir der Tod den besten Schatz entleibet,
Daß mir auch auf der Welt der Tod nur übrig bleibet.
Der ist mein schönstes Glück, der ist mein Wohl allein.

### Der Gouverneur.

Es würde damit nicht der Mann zufrieden seyn,
Denn ihn erhebt ein so glorwürdiges Geschicke.

### Licander.

Was hör ich? Himmel, ach! o, unbeständges Glücke!
Mein Liebstes find ich hier, ach, aber, welche Noth!
Den so kostbaren Schatz den raubt mir nun der Tod.

### Der Gouverneur.

Ihr daurt mich.

Der

oder Crispins Leichenbegängniß. 285

### Der zehnde Auftritt.
Der Gouverneur, Licander, ein Insulaner.
#### Der Insulaner.
Alles ist bereitet zum Gepränge,
Der Scheiterhaufen, Tanz und Fackeln und Gesänge,
Indessen scheint der Mann fast ohne Trost zu seyn;
#### Licander.
Ach, bey den Worten nimmt ein neuer Gram mich ein,
Da ein geheimer Dunst mir Geist und Sinnen blendet,
Mein Auge sieht nicht mehr, wohin es sich auch wendet.
#### Der Gouverneur.
Er fällt in Ohnmacht, seht! ob ihr ihm helfen könnt,
Er muß nicht sehn, wie man das Ehepaar verbrennt,
Sein zu lebhafter Schmerz könnt es leicht unterbrechen,
Führt ihn von hier, ich muß den Oberpriester sprechen.

### Der eilfte Auftritt.
Marine, Piracmon.
#### Piracmon.
Hier ist es.
#### Marine.
Zu wem muß der Gouverneur denn gehn?
#### Piracmon.
Zum Oberpriester halt, so viel ich konnt verstehn.
#### Marine.
Doch, deucht dir alles gut?
#### Piracmon.
Was willst du damit sagen?
#### Marine.

### Marine.
Der Holzstoß ist ja bloß zum Lachen aufgeschlagen,
Nicht wahr?

### Piracmon.
Ja wohl;

### Marine.
Mir wills noch zweifelhaftig seyn,
Denn also wird es nicht der Gouverneur verstehn;
Der Oberpriester muß den Holzstoß selbst anzünden,
Sag, was für Nutzen wir bey deiner List nun finden?
Die Eliante stieg auf dein Wort auf den Stoß.

### Piracmon.
Wenns Zeit ist, mach ich sie von der Gefahr auch los;

### Marine.
Du suchst dem Gouverneur vermuthlich vorzukommen?

### Piracmon.
Der ist selbst mehr als der Grospriester eingenommen,
Und in dem Punkte mag er nicht gern spaßhaft seyn;

### Marine.
Wenn nun das Feuer ﹡ ﹡ ﹡

### Piracmon.
Ach, ich steh für alles ein,
Und Eliante weiß auch schon, was vor soll gehen.

### Marine.
Nein, ich begreif dich nicht,

### Piracmon.
Oh, du wirst es schon sehen.
Ich will, kömmt erst der Tropf, denn er weiß nichts
davon,
Daß er gleich ﹡ ﹡ ﹡ doch ich hör die Instrumente schon,
Da

oder Crispins Leichenbegängniß. 287

Da kömmt das Opfer her geziert mit Blumenkränzen;
Komm, wohne mit mir bey den lustgen Trauertänzen.

### Der zwölfte Auftritt.
#### Das Leichenbegängniß.

Ein Scheiterhaufen steht mitten auf der Bühne; auf dem Scheiterhaufen liegt Eliante; über ihr liegt eine Decke, die mit Blumen bestreuet ist. Hinter dem Scheiterhaufen stehet ein prächtiges Grabmahl, auf diesem ist Amor vorgestellt, welcher Crispins Bildniß hält, dem Oberpriester und der Oberpriesterin folgen der Gouverneur und andere Insulaner mit brennenden Fackeln. Diese begleiten den Crispin bis an den Scheiterhaufen in einem schönen Aufzuge unter Musick.

Der Oberpriester, die Oberpriesterin, der Gouverneur, Eliante auf dem Scheiterhaufen, Crispin, Piracmon, Marine, mehrere Einwohner der Insel singen und tanzen.

#### Crispin.

Weint, weint ihr Augen weint! du Zunge werde stumm!
Ein Theil von dem Crispin bringt itzt den andern um.
Doch ich beweine nicht so sehr bey meinem Grabe,
Den Theil, den ich verlier, als den, den ich noch habe.
Lebendig soll ich itzt verbrannt seyn; o Geschick!
Mein Herr, ist er gleich todt, hat ein weit schöner Glück.

(Der

Der Schiffbruch

(Der Oberpriester und die Großpriesterin
singen zugleich.)
Crispin, trotz itzund das Verhängniß,
Das deine Frau dir erst geraubt.
Vereinge dich mit ihr um durch dein Leichbegängniß;
Du branntest ja für sie, da sie noch frisch und roth,
Nun brenne, brenne auch mit ihr nach ihrem Tod.

(Die Priesterin.)
Von langer Wittwerschafft empfindt er keine
Schmerzen,
Er folgt der Frau ins Grab voll Muth.
O, segnet dieses Lands Gewohnheit doch von Herzen,
Brennt in einer neuen Glut.
Wenn HimensFackeln hier einmal verloschen sind,
So werden sie aufs neu von Amorn gleich entzündt

(Marine singt:)
Da Crispin in die Flamme rennet,
So trotzt er muthig das Geschick,
Denn er verherrlichet sein Glück,
Da er sich mit der Frau verbrennet.
Dem Tod ist keiner vorzuziehn;
Auf, singet, tanzt und ehret ihn!

(Der Chor wiederhohlt.)
Auf, singet, tanzt und ehret ihn!

(Die Oberpriesterin.)
Ja, seine Lust läßt sich aus seinen Augen schlüssen,
Wie froh, wie herrlich ist sein Muth!
Ich weiß, wir sehn ihn in der Glut,
Und er wird doch dabey nicht eine Zähr vergiessen.

Dem

Dem Tod ist keiner vorzuziehn;
Auf, singet, tanzt und ehret ihn!
(Der Chor.)
Auf, singet, tanzt und ehret ihn!
(Marine.)
Ihr Männer lernt von ihm die Gaben,
Wie ihr mit Weibern sterben könnt,
Den Phönix, der sich itzt verbrennt,
Müßt ihr aus seiner Asche graben.
Dem Tod ist keiner vorzuziehn;
Auf, singet, tanzt und ehret ihn!
(Der Chor.)
Auf, singet, tanzt und ehret ihn!
Crispin.
O Himmel, gleicht wohl was dem grausamen Verfahren?
Die herrliche Musick die könnte man ersparen;
Man rühmet hier mein Glück, man lacht, man tanzt wie toll,
Es wundert mich, daß ich dabey nicht singen soll.

### Der letzte Auftritt.

(Licander drängt sich durch die Versammlung.)
Ihr werdt bey meinem Schmerz mich nicht mehr halten können,
Ich will die Schöne sehn und auch mit ihr verbrennen,
Der Mann genüsset dieß Vergnügen nicht allein.
(Crispin ohne ihn zu sehen.)
Folgt eurem Vorsatz nur und springt für mich hinein.

### Licander.
Was sehe ich? Himmel, ach! mein Schröcken ist ab-
scheulich,
Betrüg ich mich wohl nicht? ist er es selbst? ja, freylich;
Es ist Crispin; . . wie Schelm, wie du bist es so gar,
Der mir die Schöne raubt, die mir bestimmet war?

### Crispin.
Wie Herr, seyd ihrs? ach ihr seyd würdig anzubeten,
Ihr kommt zu rechter Zeit mein Plätzgen zu vertreten;
Ihr Herren seht, da kömmt der rechte Ehmann gleich!

### Der Gouverneur.
Ey, wir erkennen hier niemand dafür als euch.

### Crispin.
Ihm blos zu Lieb hab ich die Ehe nur erdichtet.

### Der Gouverneur.
Was hilft das Reden? fort! die Sach ist gleich ver-
richtet;
Fort, steigt hinauf!

### Crispin.
Ach, ach! verziehet noch etwas;

### Der Gouverneur.
Nein;
Es gilt hier kein Verzug.

### Crispin.
Ich werd im Feuer schreyn.

(*Licander nahet sich dem Scheiter-
haufen.*)
Ach, was für Reitzungen vergehn hier mit einander?
Ich weiche nicht von hier.

(*Elian-*

oder Crispins Leichenbegängniß.

(Eliante auf dem Scheiterhaufen.)
Licander, ach Licander!

Crispin.

O Wunder!

Licander.

Himmel, ach!

(Der Gouverneur zu Crispin.)
Nun, was ist dieses da?
Wie, eure Frau lebt noch?

Crispin.
Ich danks dem Himmel; ja!
Das Gift hat nicht gewirkt.

Der Oberpriester.
Geht denn das Ding von Herzen?
Ich glaub, ihr wollt hier mit dem Oberpriester scher-
zen,
Herr Gouverneur,

(Eliante steigt vom Scheiterhaufen.)
Verzeiht der Liebe diesen Streich,
Aus Unschuld spielte sie nur den Betrug vor euch,
Um mich Licandern nur als Gattin zu bewahren,
Verletzt ich euer Recht durch dieses mein Verfahren,
Er war mein Mann.

Der Oberpriester.
Eur Mann? warum habt ihrs versteckt,
Und dieß Geheimniß mir nicht im Vertrautt entdeckt,
Ich hätt entweder nicht dieß andre Band gebunden,
Wo nicht, doch längre Zeit zum Aufschub noch ge-
funden.
Wells so ist, übergeb ich diesen Mann euch gleich,

U 2                                         Der

Der andre ist auch wohl nicht würdig gnug für euch;
Vermöge meiner Macht wird diese Eh getrennet.
Ich knüpf ein neues Band, das ihr nicht brechen könnet,
Gefällts euch gleichfalls nicht also, Herr Gouverneur?

    Der Gouverneur.
O ja;
    Der Großpriester.
  So lebt nunmehr vollkommen glücklich;
    Eliante.
           Herr,
Mein Leben gebt ihr mir aufs neu itzt in Licandern.
    Crispin.
Man seh die Bosheit nur, nun nimmt sie doch den
      andern!
    Der Gouverneur.
Schweigt Feiger! aber ihr grosmüthger Ehemann,
Genüsset alle Lust, die man hier finden kan;
Da ihr den Tod verlacht, verdient ihr lang zu leben.
Der gütge Himmel wird euch Heil und Segen geben,
Mein Wünschen geht dahin;
    Eliante.
     Herr, was für Gütigkeit!
    Der Gouverneur.
Ich habe nicht so viel als ihr wohl würdig seyd,
Doch Herr Crispin : : :
    Licander.
  Der ist mein Diener;
    Der Gouverneur.
        Wie, Verräther!
           Mich

Mich und auch deinen Herrn betrügst du Missethäter?
Er muß bestrafet seyn,

### Crispin.
Verzeiht Herr Gouverneur,
Denn meine Angst war ja schon Strafe gnug vorher;
Ich habe, glaubt mirs nur, verteufelt ausgestanden.

### Der Gouverneur.
Das will ich hören, ist bey mir mehr Zeit vorhanden,
Marin und Piracmon erzehlt es dann an mich!
Beglückte Liebende liebt euch nun ewiglich!
Ihr andern nehmet Theil durch Jauchzen an der Freu-
de;
Singt, tanzt so gut ihr könnt; ergötzt und rührt sie
beyde!
Und bricht der Morgen nur erst wiederum herein,
Soll auch nach unserm Recht Crispin verehlicht seyn.

### Crispin.
Gut, doch ich will dabey es so gehalten wissen,
Daß wir den Ehcontrackt vor einen Richter schliessen,
Und daß die Frau verspricht, daß sie vor mir nicht stirbt,
Daß endlich euer Recht mir nicht den Tod erwirbt.

(Der Oberpriester singt.)
Ihr Fremden die ihr dieß im Lachen Thorheit nennet,
Daß mit dem Todten sich der Lebende verbrennt,
Und so die Zahl der Bürger schwächt,
Ich sage selbst, ihr habt nicht Recht.

\* \* \*

Der Schmerz, der schröcklich scheint, ward unter uns
erfunden,
Wir haben insgesamt uns auch hierzu verbunden,

Damit es eine Frau nur rührt,
Wenn sie den Ehemann verliert
          (Hier wird getanzt.)
         (Die Oberpriesterin singt.)
Wollt ihr das Ungewitter meiden,
So macht euch nicht die Sache schwer,
So schifft nur auf dem Liebes Meer,
Da läßt sichs lieblich Schiffbruch leiden.

       \* \* \*

Die Liebe will vom Ufer scheiden,
Sie schwört ein ewig Glücklich seyn,
Fährt man mit ihr in Hafen ein,
So läßt sichs lieblich Schiffbruch leiden.
         (Crispin singt zu den Zuschauern:)
Dieß Spiel gemacht zu Scherz und Freuden
Kan heut auf einmal untergehn;
Doch werdet ihr es gerne sehn,
So kan es niemals Schiffbruch leiden.

## Ende dieses Lustspiels.

# V.

# Die Irrthümer

Ein

# Lustspiel

von einem Aufzuge

aus dem Französischen

des Herrn Brueys

übersetzt.

## Personen:

Die Präsidentin von Baumenau.

Nerine, ihr Kammermädgen.

Festesitz, Marianens Vater und Herr von dem
  Gasthause zum Großtürken genannt.

Mariane, Festesitz Tochter.

Liebmann, Marianens Geliebter.

Der Baron von Reichenthal, Erbherr auf
  Armenheim.

Cathrine, ein Dienstmädchen im Gasthause.

Erhard, Liebmanns Diener.

Jacob, ein Aufwärter im Gasthause.

Männer in rothen und Männer in grauen Mänteln.

Ein Commissarius.

Thorwächter.

  Der Schauplatz ist auf einem Saale in dem Wirthshause zum Großtürken.

Der

### Der erste Auftritt.

Die Präsidentin in Mannskleidern, Nerine.

#### Die Präsidentin.

Ich glaube Nerine, daß mich niemand erkannt hat.

Nerine. Ey, wer zum Henker sollte wol so spät, in einer solchen Tracht, und in dem Wirthshause zum Großtürken, die Frau Präsidentin von Baumenau, erkennen.

Die Präsidentin. Der Treulose! du siehst Nerine, zu was mich seine Untreue bringet.

Nerine. Glauben sie aber denn, Madame, daß Liebmann eine von des Hauswirths, des Herrn Festsitzes Töchtern, zu heyrathen gedenket?

Die Präsidentin. Freylich glaube ich es; weiß ich denn nicht, daß, ohngeachtet der Verbindungen, in die er sich mit mir eingelassen, ohngeachtet alles dessen, was ich für ihn gethan habe, der Betrüger so kühn ist, Marianen zu lieben? weiß ich nicht noch darzu, daß er hier ist, und daß hier schon Anstalten zur Hochzeit gemacht werden? brauche ich wol zu meinem Schlusse noch etwas mehr.

Nerine. O, ich geb es zu, daß Liebmann jung, liebenswürdig, ja was noch mehr, ein Soldat ist, und ich beken-

bekenne auch, daß es einer Frau, wie sie, sehr schmerzhaft fällt, wenn sie siehet, daß ihr ein junges Mägdgen von achtzehn Jahren vorgezogen wird, die überdieses nur zehntausend Thaler mit krieget; aber das sollte ihnen doch den Argwohn benehmen, daß jedermann spricht: Mariane würde an den Baron von Reichenthal, Erbherrn auf Armenheim, dem allerlächerlichsten Kerl von der Welt, verheyrathet werden.

Die Präsidentin. Mit einem Worte: Liebmann ist hier im Hause, er liebt Marianen, ich weiß es; es wird von der Hochzeit gesprochen, und ich bin gewiß, daß man mich nicht mit Lügen berichtet hat.

Nerine. Was haben sie denn nun aber im Sinne, Madame? wollen sie ihn auf den Degen heraus fordern? oder was verlangen sie sonst?

Die Präsidentin. Was ich verlange, Nerine? ich verlange die Ehverschreibung, die mir Liebmann gegeben hat, gültig zu machen; ich habe sie bey mir Nerine, und zwar gut versiegelt, und in bester Forme.

Nerine. Oh, sie haben recht, wenn man so was hat, so muß man es wohl verwahren; denn solche Verschreibungen hat nicht ein jeder wer da will; allein, was wollen sie denn nun mit dem kostbaren Papiere, und den vier Kerls, die sie da in den Baumgarten versteckt haben, gegen ihren so werthen Liebmann, anfangen?

Die Präsidentin. Ich will ihn entführen.

Nerine. Ihn entführen?

Die Präsidentin. Ja, ihn entführen.

Nerine. Ein Frauenzimmer will eine Mannsperson entführen!

Die

Die Irthümer.

Die Präsidentin. Warum das nicht? entführen nicht die Mannspersonen das Frauenzimmer? das muß einerley seyn.

Nerine. Wenn sie ihn nun aber entführet haben, Madame, was wollen sie denn hernach thun?

Die Präsidentin. Was ich thun will? eine schöne Frage! er soll mich heyrathen; müssen wir das nicht auch thun, wenn sie uns entführen.

Nerine. Oh Madame, das ist nicht einerley.

Die Präsidentin. Einerley oder nicht; darüber lache ich nur. Von allen meinen Liebhabern habe ich nur noch den einzigen Liebmann übrig; er gehöret mir, und ich will ihn durchaus haben. Wolltest du wol, daß ich so lange warten sollte, bis er des Gastwirths Tochter geheyrathet, damit ich ihn hernach einen Proceß an den Hals werfen könnte, und bey dessen Verhöre jederman etwas zu lachen machte? Nein, nein, die Sache ist beschlossen, ich will ihn entführen; damit ich nun nicht erkannt werde, und auch selber in meinem Vorhaben besser zurechte komme, so habe ich mich dergestalt verkleidet. Doch, ich höre jemanden; gehe hin, und sage den vier Leuten, daß sie, einer nach dem andern, ganz sachte hinauf in das Zimmer gehen, das ich bestellet habe; so bald Liebmann allein über diesen Saal gehet, so will ich schon meine Sachen so einfädeln, daß er mir nicht entwischen soll; ich will auf meiner Seite ein wenig untersuchen, was in dem Hause vorgehet.

Nerine. Was das für eine wunderliche Frau ist!

## Der zweyte Auftritt.
**Mariane, Liebmann, Cathrine, Erhard.**

*Mariane.* Ja, Herr Liebmann, ich muß es endlich gestehen, ich würde verzweifeln, wenn man mich von ihnen trennen sollte, und ehe ich den Baron heyrathete, für den mich mein Vater bestimmt hat, so wüßte ich nicht ; ; ; ;

*Liebmann.* Sie bezaubern mich ganz, anbetenswürdige Mariane, inzwischen werden doch aber schon Anstalten zu ihrer Hochzeit gemacht.

*Mariane.* Seyn sie versichert, daß dieses meinem Vater nicht so von statten gehen soll, als er denket, und ich wollte mich lieber Zeitlebens in ein Kloster begeben, als daß ich ; ; ; ;

*Cathrine.* Ein herrliches Mittel! hernach darf sich Liebmann nur aufhenken, so sind wir aller Weitläuftigkeit überhoben.

*Mariane.* Mich mit diesem Barone zu verheyrathen? ach Liebmann, was sollte ich wol anfangen?

*Cathrine.* Allein ohngeachtet alle der guten Gesinnungen, alle der schönen Auslegungen der Liebe, die sie eins gegen das andre machen, (denn sie folgen der löblichen Gewohnheit der Verliebten) so werden sie noch diesen Abend Frau Baroneßin heissen, wenn sie sich nicht in der Geschwindigkeit entschlüssen.

*Liebmann.* Ich will noch einmal mit ihrem Herrn Vater sprechen, vielleicht mache ich ihn weichherzig, und bringe ihn auf meine Seite!

*Cathrine.* Das ist ein vergeblicher Anschlag; ich kenne den Herrn Festesitz aus dem Grunde; ich bin

schon

## Die Irthümer.

schon funfzehn Jahr in seinen Diensten. Denken sie nur, daß er der halsstarrigste Mann von der Welt ist; er ist eingenommen, und hat sich einmal den häßlichen Baron in Kopf gesetzt; der Henker wird ihn nicht wieder davon abbringen können.

Liebmann. Was sollen wir denn anfangen, Erhard?

Mariane. Was ergreift man für ein Mittel in diesem Unglück Urbine?

Erhard. Mit alle dem, so sehe ich nur ein einziges; es kan aber auch nicht fehlschlagen.

Mariane. Was ist es für eins?

Liebmann. Rede doch mein lieber Erhard.

Erhard. Herr, der Anfang muß damit gemacht werden, daß sie die Jungfer entführen, nachdem wollen wir schon weiter sehen, was wir für einen Weg gehen müssen.

Liebmann. Das ist gut gegeben.

Mariane. Ich soll mich entführen lassen? wie Herr Liebmann , , ,

Liebmann. Schönste Mariane, wenn uns nun nur noch dieses einzige Mittel übrig ist, unser Glück zu machen, warum wollen sie denn , , ,

Mariane. Nein, Liebmann, nein, ich kan hierein nicht willigen.

Erhard. Nun gut Herr, so lassen sie die Jungfer eine Baroneßin werden, weil sie Lust darzu hat.

Mariane. Den Baron heyrathen, oder entführt zu werden! was ist das für ein Zustand, Cathrine!

Cathrine nachdenklich.) Eine Entführung! ja, ich stimme mit ein, das ist zu viel; doch mit dem allen

Jungfer, so behauptet man, daß ihre Mutter wäre entführet worden; ja, man hat mich gewiß versichert, ihrer Großmutter wäre es auch widerfahren, sie sind also aus einem Geschlechte, in welchem sich keine Person verheyrathen kan, wenn sie nicht entführt wird.

Mariane. Allein, die Ehre, Cathrine?

Cathrine. Ey was die Ehre, ist die nicht auffer Gefahr? hat ihre Mutter nicht in ihr Eheverbündniß gewilliget? haben sie nicht von diesem Herrn eine Verschreibung? Gehn sie, gehn sie, wie viel Mägdgen sind heut zu Tage ehrliche Frauen, die sich haben entführen lassen, ohne, daß sie so viele Vorsicht gebraucht.

Mariane. Ach, Cathrine! was für einen Rath giebst du mir?

Liebmann. Schönste Mariane, wenn sie mich lieben, so gedenken sie, daß es blos darum geschiehet, um niemals wieder von ihnen getrennet zu werden.

Erhard. Bedenken sie Madmoisell, daß sie kein ander Mittel ergreifen können.

Cathrine. Ich finde dem ohngeachtet noch eine Schwierigkeit dabey.

Mariane. Was für eine?

Cathrine. Ihr Herr Vater, der ihnen nicht trauet, hat alle Thüren verschlossen; ja er hat noch mehr gethan, er hat allen seinen Leuten befohlen, sie nicht ausgehen zu lassen; und das ist eben der Teufel.

Erhard. Es mag seyn, wir wollen mit Gewalt durchbrechen.

Cathrine. Nicht doch, wir müssen kein Lermen machen; man würde gewiß um Hülfe schreyen. Oben
sind

sind Advocaten, Procuratores, ein Commissarius, und wer noch mehr da ist; der Himmel weiß ob sich nicht die Gerechtigkeit gleich ins Spiel mengen würde.

Erhard nachdenklich.) Es fällt mir ein guter Gedanke ein, allein, es ist hier der Ort nicht, ihnen denselben zu sagen; höre einmal, Cathrine, ob ich Unrecht habe? (er sagt ihr etwas ins Ohr.)

Cathrine. Das ist vortreflich; allein, ich höre jemand; es ist ihr Vater; gehn sie in meine Kammer, Madmoiselle, ich will schon nachkommen, und ihnen sagen, was er vorhat; doch vor allen Dingen kein Wenn, kein Aber und kein Denn; ich mag euch nicht gern in meinem Vornehmen stören lassen; sie, Herr Liebmann gehen, und geben ihren Leuten Nachricht, damit die Kutsche auf das baldigste vor der Gartenthüre ist; du, lauf geschwinde dahin, wo du wohl weißt ‧ ‧ ‧ Nu, du verstehst mich ja wohl; geh, und komm den Augenblick wieder zu uns.

Erhard. Ich will augenblicklich dahin laufen.

Mariane zum Liebmann.) Wir müssen gehen; sehen sie wol Eraste, was ich für sie thu.

Liebmann. Jemehr sie für mich thun, je stärker machen sie meine Liebe und Erkenntlichkeit; leben sie wohl, schönste Mariane, ich verlasse sie, aber meine Liebe ist ihnen ein sicherer Bürge ‧ ‧ ‧ ‧

Cathrine. Ey, zum Henker, reisen sie doch ab; sie können sich alles diesen Abend noch sagen.

Liebmann zu Cathrinen.) Ich verlasse mich auf dich; gieb wenigstens wohl Achtung ‧ ‧ ‧ ‧

Cathrine treibt ihn fort.) Ey ja doch, ja, gehen sie nur, und bekümmern sie sich um nichts. (zu

Marianen) Sie aber müssen diesen Weg nehmen, damit sie nicht den Herrn Festesitz und seinen Baron von Armenheim begegnen. Ich höre sie schon, fort! . . . Nun endlich sind sie doch weg.

## Der dritte Auftritt.
### Festesitz, der Baron, Cathrine.

Festesitz. Trage Sorge Urbine, daß jederman zufrieden sey, und gieb wohl Achtung, daß meine Tochter nicht ausgehet, und daß man mich mit dem Herrn Baron hier allein läßt, denn wir haben etwas mit einander zu reden.

Cathrine. Schon gut Herr, seyn sie nur ruhig, es soll alles gut gehen.

## Der vierdte Auftritt.
### Der Baron, Festesitz.

Der Baron. Nun Herr Schwiegervater, lassen sie uns ein wenig von unsern Angelegenheiten sprechen; mit Ihrer Erlaubniß, was geben sie dem ersten männlichen Erben, den ich mit Marianen erzeugen werde, voraus?

Festesitz. Zum Henker, Herr Baron, ich habe ihnen ja schon alles erzählt, ich sage es also noch einmal kurz und gut, ich habe zwey mannbare Töchter, ich gebe ihnen die artigste von beyden, ich sehe nicht ein, was sie mehr von mir verlangen können, zumal da ich dem allen einen Brautschatz von dreyßig tausend Gulden beyfüge: das können sie unter ihre männliche und weibliche Erben theilen, wie sie wollen.

Der

## Die Irthümer.

Der Baron. Ist aber dieses Geld richtig gezehlet, denn ich mag mich nicht gern auf guten Glauben verheyrathen.

Festesitz. Ey, zum Henker, mein Herr, erkundigen sie sich nach meinen Umständen, ich bin ein angesessener Mann, und ihr Geld liegt schon alle abgezehlt.

Der Baron. Sehr wohl; mitlerweile aber sich ihre Tochter zurechte macht, diesen Abend eine Frau Baronessin und eine von den ersten Damens des Armenheimischen Geschlechts zu werden, so lassen sie uns ein wenig den Contrackt aufsetzen.

Festesitz. Recht so, mein Herr, wir wollen ihn aufsetzen, wir wollen ihn gleich aufsetzen, sie denken mir zu rechter Zeit dran.

Der Baron. Was giebt man ihnen denn für einen Titel, Herr Schwiegervater, der ein bisgen vornehm klingt?

Festesitz. Ey, das braucht keines Redens, wir setzen in den Contrackt; Mariane, Tochter des Herrn Festesitzes, Eigenthümer des Groß-Türken, klingt dieses nicht vornehm genug?

Der Baron. O ja; wenn wir aber Festesitz und Eigenthümer weglieſſen, und nur blos setzten: Mariane, Tochter des Groß-Türken? He! was sagen sie dazu?

Festesitz. Ey, gut, setzen sie, wie es ihnen gefällt, wenn meine Tochter nur Baronesse wird, das übrige bekümmert mich nicht.

Der Baron. Es geschieht nur darum, daß unsere Kinder desto sicherer Junkers und Fräuleins sind;

sind; denn ich stehe ihnen für einen zahlreichen Stamm.

Festesitz. Sehr wohl, sie sind Herr, und das wird ihre Sache seyn.

Der Baron. Ich weiß nicht; allein es ist mir eben noch etwas eingefallen, das von Rechtswegen mit in den Contract sollte.

Festesitz. Ey, was denn, Herr Baron?

Der Baron. Ihre Tochter ist schon von vielen Leuten geliebkoset worden, und deutsch von der Sache zu reden, Herr Schwiegervater, so hat sie in ihrem Hause eben keine gar zu gute Exempel gesehen.

Festesitz. O! zum Henker, deswegen habe ich mich wohl vorgesehen; wenigstens hat sie mit keinem Narren zu thun, und ob ich gleich nur ein Gastwirth bin, so weiß ich doch gut zu leben. Ey bey meiner Ehre, mich soll man so leicht nicht in Sack verkaufen, habe ich nicht zu Felde gedient?

Der Baron. Das ist wahr; aber es geht die Rede, daß Marianen ein gewisser Liebmann im Kopfe stecke.

Festesitz. Ah, das ist nur eine Verläumdung; zwar leugne ich nicht, daß ich sie einigemahl in meinem Baumgarten zusammen angetroffen; allein ich habe es ihr hart verboten, ihn wieder vor sich zu lassen; und überdieses ist Liebmann ein ehrlicher Mensch, ein Officier, der dem Könige gut dienet, und den ich seit meinem letzten Feldzuge gekannt habe.

Der Baron. Wie es ihnen beliebt; doch nichts aufs Spiel zu setzen, damit sie, wenn sie meine Frau seyn wird, meiner Ehre keinen Schaden thun kan, so

bin

bin ich auf eine Vorsicht gefallen, die, wie ich glaube, wohl noch keinem einzigen Manne in den Sinn gekommen ist.

Festesitz. Was ist denn das für eine Vorsicht?

Der Baron. Ich will ausdrücklich diesen Artickel in den Ehe-Contrackt setzen lassen: Daß, ob wir gleich zusammen verheyrathet wären, so wollten wir doch, was die Ehre beträfe, von einander abgesondert bleiben.

Festesitz. Wegen der Ehre abgesondert?

Der Baron. Ja, eben so, wie man von dem Vermögen abgesondert ist; so wird sie ihre Ehre für sich, und ich werde die meinige für mich haben, und ein jedes kan hernach mit seiner Ehre machen was es will; He! ist das nicht gut ausgesonnen?

Festesitz. Zum Henker, Herr Baron, was sind sie für ein listiger Kautz! Potzvelten, wäre mir doch bey meiner Verheyrathung diese Bedingung auch eingefallen : : : Doch genug!

Der Baron. Nun wohlan, weil wir in so weit mit einander eins sind, so fehlt nichts mehr, als daß wir den Contrackt aufsetzen lassen, und das will ich schon besorgen. Leben sie so lange wohl, Herr Schwiegervater, und denken sie wenigstens darauf, daß der Brautschatz abgezählet ist, wenn ich wiederkomme.

Festesitz. Gehn sie nur, Herr Schwieger-Sohn, gehn sie, sie sollen gewiß zufrieden seyn.

## Der fünfte Auftritt.

### Festesitz allein.

Bey meiner Ehre, es leben die Barons! denn daß

sie Verstand haben, wird mir ein jeder zugeben; was für ein Glück ist das für meine Tochter, daß sie einen Baron zum Manne kriegt, und zwar einen Baron von Armenheim! Zum Henker, ich werde um viel angesehener, als meine Collegen. sie werden alle bey dem Donnerschlage vor Verdruß bersten; doch, ich muß mit Marianen reden, damit ich sie so weit bringe, daß sie den Herrn Baron gut empfängt, und ihr Glücke nicht verscherzet, denn es ist wohl wahr, daß ihr Liebmann ein wenig im Kopfe steckt. Holla, he! Cathrine, Cathrine! die Vettel läßt mich unter dem Vorwande, daß sie schon lange bey mir dienet, immer eine Stunde schreyen. Cathrine! ⸺ Cathrine! ⸺

## Der sechste Auftritt.

### Festesitz, Cathrine.

**Cathrine** schreyet eben so!) Herr, Herr!

**Festesitz.** Willst du denn, daß ich mich heiser schreyen soll? warum antwortest du denn nicht, wenn man dich ruft?

**Cathrine.** Ey Herr, sie schreyen so stark, daß man nicht hört was sie haben wollen; was befehlen sie?

**Festesitz.** Laß mir den Augenblick Marianen herkommen, ich habe ihr was zu sagen.

**Cathrine.** Ich will es ihr sagen, (bey seite) der Henker hole den Zufall, er kömmt gerade zur ungelegenen Zeit.

**Festesitz.** Was murmelst du da zwischen den Zähnen? geh geschwinde, und hohle sie.

Cathrine bey seite.) Was soll ich ihm sagen? (laut) Herr, sie hat itzo nicht Zeit.

Festesitz. Sie muß sich welche nehmen, und den Augenblick herkommen; denn ich will sie durchaus sehen.

Cathrine bey seite!) Ich wollte, daß der Mann beym Guckuck wäre, (laut) Herr, sie ist ja in ihrem Zimmer eingeschlossen.

Festesitz. So will ich dann zu ihr gehen.

Cathrine. Warten sie doch, Herr, warten sie! (bey seite) das ist ein verdammter Streich.

Festesitz. Weswegen soll ich denn warten? ich geh zu zu ihr, ich sage dirs. (er will fortgehen.)

Cathrine. Sachte Herr, (bey seite) ich möchte toll werden; (sie führt ihn zurück) Herr, sie können sie itzo unmöglich zu sehen kriegen.

Festesitz. Und weswegen denn?

Cathrine lacht.) Was gilts, sie denken gewiß vor sie zu kommen.

Festesitz. Ja freylich.

Cathrine. Ich aber sage nein.

Festesitz. Ey ja, ja, bey allen Henkern ja, sag ich; ich jage euch gleich aus meinem Hause Jungfer Cathrine, wo ihr mir nicht den Augenblick sagt ,,,

## Der siebende Auftritt.

### Festesitz, Cathrine, Jacob.

Jacob. Ach Herr, kommen sie geschwinde, es sind im Garten drey ganze Kutschen voll artige Herren und schöne vornehme Jungfern, die sie gern sprechen wol-

wollen; sie sagte: wenn es seyn könnte, so wollten sie diesen Abend hier speisen; sie würden ihnen schon eine gute Mahlzeit zurichten lassen. Potztausend, wie hungrig sehn sie aus!

Cathrine. Gehn sie geschwind Herr, und versäumen sie ja eine so schöne Gelegenheit nicht.

Festesitz. Ich will gleich hingehen; du vergiß nicht, daß du meiner Tochter sagest, sie solle in meine Stube kommen, ich würde den Augenblick da seyn; sie soll aber ja nicht aussenbleiben; (zu Jacob) du, komm mit mir, und vernimm, was ich dir befehlen werde. (sie gehen ab.)

Cathrine. Ach, ich komme wieder zu mir selber; Zeit meines Lebens hab ich mich noch in keiner solchen Verwirrung befunden; itzt muß ich zu Marianen gehen, und sie warnen, daß sie ihrem Vater nicht in Weg läuft; doch da kömmt sie. Ach, wie artig sieht sie nicht in der Verkleidung aus.

## Der achte Auftritt.

Catharine, Mariane (in Mannskleidern.)

Mariane. Ich hörte meinen Vater hinaus gehen, deswegen lief ich gleich voller Furcht zu dir, damit er mich nicht in meinem Zimmer überraschet.

Cathrine. O! bey meiner Treu, in der Tracht sollte sie der Klügste nicht kennen; wie artig lassen ihnen nicht Liebmanns Kleider; gewiß sie können itzo gehen, wohin sie wollen, ohne daß sie etwas zu befürchten haben.

Mariane. Nein, Cathrine, diese Verkleidung stillet meine Furcht ganz und gar nicht; mein Haß zu
dem

dem Barone und meine Liebe zu Liebmannen müssen sehr stark seyn, weil sie mich zu einer so dreisten Unternehmung verleiten können.

Cathrine. Bey meiner Treu, Jungfer, es ist itzo eben die rechte Zeit nachzugrübeln, da sie auf dem Sprunge stehen, einen Mann zu nehmen, der sich für sie schickt; machen sie, wenn es ihnen gefällig ist, keine Uberlegungen mehr, oder ich geh meiner Wege.

Mariane. Nun gut, Urbine, es mag seyn, ich will alles thun, was du mir sagen wirst; allein, sey versichert, daß ich meine Unbesonnenheit mit einer ewigen Entfernung bestrafen werde, wenn dieser Vorsatz wider meine Ehre und wider meine Wünsche ausschlägt.

Cathrine. Meintwegen; wir müssen aber keine Zeit verlieren; Liebmann ist wohl schon wieder da; er sagte mir, er wollte mit seinen Leuten vor der kleinen Gartenthüre seyn: ohnfehlbar lauret er auf sie; gehen sie doch zu ihm.

Mariane. Ich zittre und bebe; ja ⸱ ⸱ ⸱

Cathrine. Ey, weg mit der Furcht, ich bitte sie; denken sie nur darauf, wie sie vor ihres Vater Stubenthür vorbey schleichen wollen; er könnte leicht drinnen seyn; mich haben sie nicht dabey nöthig, und durch mich möchten sie nur erkannt werden; reisen sie geschwinde, ich will hier bleiben, damit kein Verdacht ist; und daß wir desto sichrer gehen, so will ich die Lichter auslöschen.

## Der neunte Auftritt.

Festesitz, Mariane, Cathrine.

In diesem Auftritte machen Marianens stumme, ungedultige und bewegliche Geberden, dem Herrn Festesitz glaubbar, worzu ihn Cathrine bereden will.

Mariane zu Cathrinen.) Ach Himmel, Cathrine, da ist mein Vater! er hat die Thüre zugeschlossen, was soll ich nun anfangen?

Festesitz hat ein Licht in der Hand, und sieht keines von beyden.) Ich höre auf der Treppe ein Geräusche, ich muß doch sehen, was es ist; aber wer zum Teufel hat denn die Lichter ausgelöscht?

Cathrine sagt inzwischen, daß Festesitz die Lichter wieder anzündet zu Marianen.) Es ist alles verlohren, Jungfer, sie können nicht hinaus kommen; werden sie aber deswegen nicht bestürzt, ihre Tracht bringt mich auf eine List, bleiben sie nur da, und stehn sie mir gut bey; gehn sie brav zornig herum und stellen sie sich böse.

Festesitz wird Cathrinen gewahr.) Was ist das? Cathrine allein, und das in Finstern? O, o, mit einem Officier! wie du Vettel?

Cathrine. Stille Herr! reden sie nicht so laut, oder sie sind verlohren.

Festesitz sachte, ganz zitternd.) Wie, Raben-Aas, ich will aber laut reden.

Cathrine. Stille, sage ich ihnen; wo er sie höret, so sind sie ein Kind des Todes. (heimlich zu Marianen.) Setzen sie ihren Huth fein tief in die Augen ...

Feste-

## Die Irthümer.

Festesitz. Ich bin um Hals! ◦ ◦ ◦

Cathrine. Ja, ja, um Hals; sehn sie wohl diesen jungen Officier da!

Festesitz. Ey, nun, ja.

Cathrine heimlich zu Marianen.) Fort, thun sie zornig, fluchen sie, schelten sie, (laut zu Festesitz) ich möchte ihn gern besänftigen, (zu Marianen) sehr gut.

Mariane. Sehr schlecht.

Festesitz zitternd.) In der That, er sieht ganz verdrüßlich aus.

Mariane heimlich).  Grausame Liebe! wohin verleitest du mich!

Festesitz zu Urbinen.) Ich will wissen, was das ist.

Cathrine. Zum Henker, nehmen sie sich wohl in Acht, daß sie ihm nicht zu nahe kommen; ich hörte so von ungefähr, daß er sich mit fünf oder sechs Freunden berathschlagte, sie zu masacriren.

Festesitz. Mich zu masacriren? mich? und weswegen denn?

Cathrine. Denken sie noch wohl an den Abt, der dieser Tage mit einem Musketierer, einem Officier von den Dragonern, und drey Weibern herkam?

Festesitz. Ja; nun, warum?

Cathrine. Das ist eben der Officier von den Dragonern; muchsen sie nicht, sage ich ihnen, er will ihnen nur sagen, daß sie von ihrem Weine bald alle gestorben wären.

Festesitz. Ey was; bin ich denn Schuld, wenn sich eins bey mir vollsäuft?

**Mariane** geht mit spanischen Schritten auf Urbinen zu.) Was soll die Erzehlung heissen, Cathrine? (bey Seite) Wie unglücklich bin ich!

**Cathrine** zu Marianen.) Gut. Ach Herr, retten sie sich. Wenn er sie erkennt, und seine Freunde ruft, so ists um sie geschehen.

**Festesitz** erschrocken.) In der That, ich habe auf der Treppe von Rothmänteln reden hören.

**Cathrine** bey Seite.) Braf, das ist Eraste mit seinen Leuten; (laut) habe ichs ihnen nicht gesagt? ich habe ihn heilig versichert, daß sie nicht hier wären, und ich will ihm das noch einmal sagen.

**Festesitz.** Allein, warum waren denn die Lichter ausgelöscht?

**Cathrine.** Warum? - - - weil ich befürchtete, er möchte sie kennen; wollen sie sich denn nicht von hier wegpacken? (zu Marianen) Ich schwöre es ihnen zu mein Herr, daß Herr Festesitz ausgegangen ist. (heimlich) Machen sie doch braf Lermen, (zu Festesitz) gehen sie doch ihre Wege. (zu Marianen) Er ist gestern aufs Land gereiset. (heimlich) Fort, ziehen sie vom Leder, (zu Festesitz) laufen sie, sage ich ihnen.

**Festesitz** heimlich zu Cathrinen.) Ich will meinen Schwiegersohn, den Baron suchen. Der hat Herz; wenn ich den bey mir habe, so fürchte ich mich für nichts.

**Cathrine.** Nehmen sie sich dafür wohl in Acht, sie kennen den Zeisig noch nicht, er prügelte das ganze Geschlechte Armenheim zusammen; machen sie sich nur fort, und lassen sie die Thüre offen; ich will schon

sehn,

sehn, daß ich ihn fortschaffe; verlassen sie sich auf
mich. Ach! ums Himmels willen! da legt er schon
die Hand an den Degen, machen sie sich geschwinde
aus dem Staube, oder sie sind des Todes; , , , ,
Nun, endlich ist er doch fort; die Thüre ist offen,
und itzo sind wir frey.

### Der zehnte Auftritt.
#### Mariane, Cathrine.

Mariane. Nun komme ich wieder zu mir selber.
Cathrine. Gehen sie itzt geschwinde fort, daß
uns der Streich nicht noch einmal begegnet; da ist
ohnfehlbar Liebmann, der sie erwartet; denn das sind
allem Ansehen nach die Rothmäntel, die ihr Vater gehöret hat; ich gehe von ihnen; leben sie wohl.

### Der eilfte Auftritt.
#### Mariane, die Präsidentin.

Die Präsidentin zu den Leuten in grauen
Mänteln.) Da geht Eraste hin, er ist allein, ich erkenne ihn an seiner Kleidung; bemächtigt euch seiner
Person, und bringt ihn in mein Hauß, in das oberste Zimmer das nach den Garten dieses Hauses zuge-
het; ich will euch von ferne nachfolgen. (Allein.)
Endlich habe ich dich Verräther; nun sollst du mir
nicht wieder entwischen; ich will doch sehen, mit was
für Kühnheit du, die mir erwiesene Untreue verfech-
ten wirst.

Der

## Der zwölfte Auftritt.
Liebmann, Erhard in Begleitung der Rothmäntel.

*Liebmann.* Gut, da geht Mariane, und zwar ohnfehlbar an den Ort, den ich mit ihr verabredet habe; folgt ihr ohne Geräusche nach, und bringt sie dahin, wo ich euch gesagt habe.

*Erhard.* Ja, gehet ihr nur voran; ich und mein Herr wollen das Hintertreffen vorstellen, und verhindern, daß uns niemand nachkömmt.

## Der dreyzehnte Auftritt.
Cathrine, Festesitz welcher nachkömmt.

*Cathrine.* Mariane muß schon weit weg seyn; wenn ich nun nicht in Verdacht kommen will, so ist es Zeit Lermen im Hause zu machen. Helft! helft! Herr Festesitz! Jacob! Peter! Anne! helft, helft, helft!

## Der vierzehnte Auftritt.
Festesitz, Cathrine.

*Festesitz.* Was giebts? was Teufel hast du vor, daß du so schreyest?

*Cathrine.* Ach! Herr!

*Festesitz.* Was?

*Cathrine.* Ach! Herr!

*Festesitz.* Nun?

*Cathrine.* Mariane = = =

*Festesitz.* Nun, Mariane = = =

*Cathrine.* Ich wollte sie eben suchen, und zu ihnen

## Die Irthümer.

nen bringen, wie sie mir befohlen haben; da hörte ich gleich auf jener Seite ein Geschrey; aber ein Geschrey = = und in einem Augenblicke hörte ich wieder nichts.

**Festesitz.** Was will denn das sagen?

**Cathrine.** Das will so viel sagen, Herr, daß vielleicht der Officier von den Dragonern, die Rothmäntel = = Ach! die arme Mariane!

**Festesitz.** Was, meine Tochter wäre entführt?

**Cathrine.** Diese Art Leute sind sehr rachgierig, mein lieber Herr.

**Festesitz.** Ach, Spitzbübin, du hast mit zu ihrer Entführung geholfen.

**Cathrine.** Ich, Herr? Ey, wenn sich das so verhielte, würde ich mich denn nicht mit ihr fortgemacht haben?

**Festesitz.** Das ist auch wahr; allein auf welche Seite sind sie zugegangen, und wie sind sie heraus gekommen?

**Cathrine.** Wie ich glaube, so sind sie heraus gekommen = = sie sind durch die Thüre heraus gekommen, die sie offen gelassen haben.

**Festesitz.** Das muß den Augenblick der Commissar wissen, er speiset eben diesen Abend oben zu guten Glücke. Diebe! Herr Commissarius, Diebe! Diebe!

**Cathrine lustig.)** Er hat in nichts Verdacht auf mich; inzwischen, daß er zum Commissario klagen geht, so muß ich zusehen, ob unsre Verliebten in Sicherheit sind. Ach ums Himmels willen, ich seh Liebmannen, weßwegen kömmt denn der wieder her? (zu Liebmannen) Wer Henker bringt sie denn in dieses Hauß?

Der

## Der funfzehnte Auftritt.

Cathrine, Liebmann, Erhard, die Thorwächter.

Liebmann. Ich habe der Macht nachgeben müssen, meine liebe Cathrine.

Cathrine. Was wollen denn die Thorwächter hier thun? was ist ihnen begegnet?

Erhard. Ein grosses Unglück; sie begegnen uns als verdächtigen Leuten; ist das wohl nicht unbillig?

Liebmann ganz niedergeschlagen.) Mariane setzet mich in Verzweiflung Urbine? Gewiß, sie liebet mich nicht, und ich kan ihr Verfahren nicht zusammen reimen.

Cathrine. Ey mein Herr, reden sie doch deutlicher.

Liebmann. Ja, Mariane hat den Verstand verlohren, oder die Grausame hat den gefaßten Entschluß bereuet; o Himmel! wie unglücklich bin ich! meine liebe Urbine, es ist nicht mehr Zeit das geringste zu verbergen, und , , ,

Cathrine. Aber ich frage sie noch einmal, was will denn das alles sagen?

Erhard. Das will ich dir sagen; wenn du kanst wirst du es wohl verstehen. Kaum wollten sie die Leute, die mein Herr mit hergebracht, in die Kutsche bringen; so fieng sie gleich wie alle Teufel an zu schreyen. Der gemeine Pöbel lief gleich zusammen; in einem Augenblicke war alles voller Bratspiese, Prügel und Hellebarden. Ich that nebst meinem Herrn, dem Anfalle mit einer bewundernswürdigen Unerschrockenheit Widerstand. Peitsche zu Kutscher, riefen
wir

# Die Irthümer.

wir immerfort; der Kutscher peitschte wacker zu, und sie schrie was sie konnte. Endlich da wir die Kutsche aus den Augen verlohren, und uns der grossen Menge, die uns umringt hatte, nicht erwehren konnten, so wurden wir am Thore durch diese Herren arretirt, die uns, wie du wol siehest, auf die höflichste Weise wieder hieher bringen.

Cathrine. Der Henker hole das närrische Mädgen mit ihrem Schreyen! das war eben die rechte Zeit.

Liebmann. Ach, meine liebe Cathrine, Mariane würde gewiß mehr Standhaftigkeit bewiesen haben, wenn sie mehr Liebe gehabt hätte.

Cathrine zu den Thorwächtern.) Wenn es euch gefällt meine Herren, so geht nur wieder hin, wo ihr hergekommen seyd; ich bin für diese Leute Bürge.

Ein Thorwächter. Wir müssen sie erstlich in unsern Freundes und Nachbarn, des Herrn Festesitz Hände, liefern.

Liebmann. Da kömmt er.

Erhard. Was zum Teufel, mit einem Comissario!

## Der sechzehnte Auftritt.

Liebmann, Erhard, Cathrine, Festesitz, der Commissar, Jacob, die Thorwächter.

Der Commissar hat eine Serviette in der Hand.) Nur fort, nur fort, was giebts? wir müssens untersuchen; es ist doch grausam, daß man keinen Augenblick ohne Arbeit seyn kan, (zu Jacob) du, hole mir meinen Gerichtsrock; (zu den Thorwächtern) und was habt ihr denn anzubringen?

Ein

**Ein Thorwächter.** Wir sahen, mein Herr, daß aus des Herrn Festesitzes Hause ein Mädgen entführt ward; wir hörten sie schreyen, wir nahmen deswegen gleich diese zwey Entführer gefangen.

**Festesitz.** Oh, oh, mein Herr, sind sie das?

**Liebmann.** Ja, mein Herr, ich bins; es ist wahr, ich habe ihre Tochter entführet, weil sie grausam waren, und mir dieselbe versagten. Ich liebe sie, ihre Mutter hat sie mir versprochen, wir haben Eheversprechungen untereinander errichtet, und ich bin im Begriffe sie zu heyrathen.

**Der Commissarius.** Ey, ey der Herr läßt sich billig finden; da er sie heyrathen will, so hat die Sache ihre Richtigkeit; mich haben sie nun nicht weiter nöthig.

**Festesitz.** Warten sie noch ein wenig, Herr Commissarius; dieser Herr will zwar wol meine Tochter heyrathen, aber ich habe sie schon dem Baron von Reichenthal versprochen, er ist itzo eben bey dem Notario, und läßt den Contract aufsetzen.

**Der Commissarius.** Sie können sie doch nicht an zwey geben, und der Herr kömmt mir vor, als wenn er zum ersten Hahn im Korbe bey ihr wäre.

**Cathrine.** Es ist wahr.

**Festesitz.** Alles das wollen wir schon hernach sehen, aber itzo will ich vor allen meine Tochter wiederhaben.

**Liebmann.** Sie ist ohnfehlbar in meinem Hause, der Herr Commissarius kan sich die Mühe nehmen, und sie daselbst suchen; Erhard soll ihn begleiten; es ist nicht weit von hier.

Die Irthümer.

Der Commissarius. So wollen wir dann gehen: allein ich bitte, lasse sie hinauf sagen, daß sie mit dem Essen auf mich warten. (bey seite) Der Gang muß mir wenigstens die Abendmahlzeit bezahlen.

Festesitz. Ihr Befehl soll geschehen; du Urbine, gieb diesen Leuten zu trinken; sie haben mir einen wichtigen Dienst geleistet, deswegen muß ich dankbar seyn.

Cathrine. Ich will gleich gehn; (bey seite) Ich komme aber den Augenblick wieder, daß ich sehe, wie alles ablaufen wird.

## Der siebenzehnte Auftritt.
Der Baron, Festesitz, Liebmann.

Der Baron. Nun, Schwiegervater, hat der Contract seine völlige Richtigkeit; er ist mit allen gehörigen Clausuln abgefasset; ich gebe meinen Namen und meine Baronschafft, dem ersten von meinen männlichen Erben.

Festesitz. Ey ja, hier ist gerade von männlichen die Rede; sehn sie da den Herrn, der will die Weiblichen haben.

Der Baron. Wer? der Herr? Ich kenne ihn, er ist ein artiger Herr; er muß beym Teufel mit auf meiner Hochzeit seyn; ich will ihn darzu bitten.

Festesitz. O, er wird vorm Henker mehr als zu gewiß darauf seyn.

Der Baron. Wie so?

Festesitz. Eben hat er ihre Verlobte entführet.

Der

Der Baron. Wie, meine künftige Haus=Ehre entführet?

Liebmann. Ja, mein Herr Baron, allein ich habe sie hierdurch gar nicht beleidiget; ich liebte Marianen eher, als sie auf die Gedanken kamen, sie zu heyrathen. Wir waren eins dem andern versprochen, und habe mich itzo nur eines Gutes bemächtigen wollen, das mir zugehöret, und von welchem man mich nicht anders, als mit Verlust meines Lebens trennen kan.

Der Baron. Nun Schwiegervater, urtheilen sie aus dem schönen Anfange, ob ich nicht eine dünne Nase gehabt habe, daß ich die Clausul von Trennung der Ehre in den Contract setzen lassen? ey, ey, so dumm sind die von Armenheim nicht. Hier ist die Hand, Herr Festesitz, sie können sich nunmehro beschwägern, mit wem sie wollen. (spöttisch) Die Töchter des Großtürken sind nur für die Großveziers gut genug; verstehn sies? Ich bin ihr Diener. (er geht ab.)

## Der achtzehnte Auftritt.

Festesitz, Liebmann, Jacob, Cathrine.

Jacob ganz Athemlos.) Ach Herr, da ich des Commissars Rock hohlte, so hörte ich Jungfer Marianen, wie alle der Teufel in der Frau Präsidentin von Baumenau ihrem Hause schreyen.

Festesitz. Halts Maul! du weißt nicht, was du sagest.

Cathrine. Geh, geh, du dummer Schöps, du bist ein Narr.

Jacob.

## Die Irthümer.

*Jacob.* Ich muß es freylich wohl seyn, denn alle Welt sagt mirs; ich bin ein dummer Teufel; ja! ich gestehe es selbst: unterdessen aber so schreyet ihre Tochter doch, ja sie will gar aus dem Fenster herunter in ihren Garten springen; allein ich will laufen, und ihr sagen, daß sie sich noch ein wenig gedulten sollte.

*Liebmann.* Du irrst dich Jacob, sie ist in meinem Hause, und der Herr Commissarius ist eben hin und hohlt sie. Hier ist Erhard schon.

## Der neunzehnte Auftritt.
### Erhard und die vorigen.

*Erhard zu Liebmann.)* Ach, zum Henker, Herr, wir haben schöne Sachen gemacht.

*Liebmann.* Wie so?

*Erhard.* Sie werden es den Augenblick sehen. Da kömmt eben der Comissarius, der bringt ihnen die Person, die wir entführt haben.

## Der zwanzigste Auftritt.
### Festesitz, Liebmann, die Präsidentin, der Commissar, Erhard, Cathrine.

*Liebmann zur Präsidentin, indem er sie für Marianen hält)* Kommen sie, schönste Mariane, ich habe alles gestanden, und ‒ ‒ ‒ (er erkennet sie) Ach Himmel!

*Festesitz.* Die Frau Präsidentin von Baumenau, in Mannskleidern.

*Die Präsidentin zu Liebmann.)* Ja, ich bin es, Betrüger, darfst du mir noch wohl in die Augen sehen.

## Die Irthümer.

sehen. Durch was für einen Zufall, Treuloser, hast du mir entwischen können, und wie hast du so geschwind deine Kleidung verändert? Rede!

Cathrine. Was für ein Mischmasch ist denn das?

Liebmann. Ich begreife nichts davon.

Die Präsidentin. Da stehst du nun beschämt, Ungetreuer, anitzo erkennest du dein boshaftes Verfahren = = = Mich zu entführen! Undankbarer.

Jestesitz. Nun, Herr Commissarius, was will denn das alles sagen?

Der Commissarius. Nun, ich bringe ihnen die Person her, die ich in dieses Herrn Behausung gefunden habe.

Die Präsidentin. Bösewicht, du hast mich ohn geachtet meiner Verkleidung gekannt, und du hast mich nur deswegen entführen lassen, damit du mich an Wiedersetzung deiner Heyrath verhindern möchtest.

Jestesitz. Ey nicht doch, er gestehet ja, daß er Marianen entführt hat; und die muß er mir entweder wiederschaffen, oder sich aufhängen lassen.

Liebmann. Ich weiß nicht mehr, wo ich bin.

Erhard. Das ist ein greulicher Irthum.

Jestesitz. Kommen sie, Herr Commissarius, diesen Schelmen wollen wir auf die Tortur bringen lassen.

Erhard. Ich bins zufrieden, doch das bedinge ich mir, daß man mich nur mit Champagner Wein martert.

Der Commissarius. Die Sache wird je länger, je verwirrter; weil ich sie gern zu Ende haben möchte,

te, und so viele andere entwickeln sich von sich selbst, da
ichs am wenigsten haben will.

## Der ein und zwanzigste Auftritt.
### Jacob und die vorigen.

**Jacob.** Ich sage es ihnen noch einmal, Herr, wenn sie ihrer Tochter niemand zu Hülfe kommen lassen, so springt sie aus dem Fenster; kommen sie nur, und sehn sie einmal zu; sie hat schon angesetzt.

**Festesitz.** Sehn sie nur, Frau Präsidentin, der Kerl sagt, daß meine Tochter in ihrem Hause wäre.

**Die Präsidentin zu Liebmann.**) Ungetreuer, ist sie dir gar bis in das Zimmer nachgefolgt, in welchem ich dich verwahren lassen?

## Der zwey und zwanzigste Auftritt.
### Die vorigen, Nerine, Mariane in Mannskleidern, Erhard.

**Erhard.** Bey meiner Treu, da sind alle Vögel aus dem Gebauer.

**Nerine.** Ich sahe Madame, daß sie betrogen wären, und weil sich die Jungfer zum Fenster hinunter stürzen wollte, so wollte ich sie lieber wieder zu ihrem Vater führen; denn ich glaube, ein Frauenzimmer ist es nicht, die ihnen itzo noth thut.

**Die Präsidentin.** Ein Frauenzimmer!

**Festesitz zu Cathrinen.**) Ist das nicht noch der Officier von den Dragonern?

**Mariane.** Ich werfe mich zu ihren Füssen, Herr Vater.

Jeſteſtz. Meine Tochter auch in Mannskleidern!

Mariane. Vergeben ſie einer heftigen Liebe, Herr Vater, Kraft dieſer Verſchreibung ♦ ♦ ♦

Die Präſidentin. Ach, nun ſehe ich, wie es zuſammen hängt; ich wollte dich entführen Undankbarer; dieſe Kleidung hat mich betrogen, und ich habe nur dieſes junge Ding entführet.

Liebmann. Ach! Madame, ihrer Verkleidung wegen, habe ich eben den Fehler begangen.

Erhard. Da ſieht man, was aus den Nachts-Hiſtorien kömmt.

Der Commiſſarius. Nun, werden wir bald davon ein Ende machen?

Die Präſidentin. Freylich mein Herr, die Sache ſoll bald entſchieden ſeyn; (zu Marianen) ſie, gute Freundin, kan ihre Hand nur demjenigen geben, den ihr Herr Vater für ſie beſtimmet hat; (zu Liebmann) ſie aber, mein Herr, werden mir doch, glaube ich, ungeweigert die ihrige reichen?

Liebmann. Ich, Madame? ich bitte um Verzeihung, ich werde gewiß dieſe Ehre nicht haben.

Der Commiſſarius zur Präſidentin.) Ja, Madame, der Herr muß ſie heyrathen, weil er ſie entführet hat! dieſes iſt ja ganz natürlich, und die Rechte bringen es auch ſo mit ſich.

Mariane zu dem Commiſſario.) Warten ſie ein wenig, mein Herr, wenn ich bitten darf; ich habe eine Eheverſchreibung von ihm; hier iſt ſie!

Die

Die Präsidentin zu Marianen.) O, ich habe gleichfalls eine nuin kleines Närrgen, die gültiger ist, als die ihrige.

Liebmann zu Erhard.) Schelm, hast du mir nicht gesagt, ich hätte dieserwegen nichts zu besorgen.

Erhard. Ja Herr, das habe ich gesagt, und es ist auch wahr, gehn sie nur ihren ordentlichen Weg, und fürchten sie nichts.

Liebmann. Sie haben eine Verschreibung von mir, Madame?

Die Präsidentin. Wolltest du das wohl läugnen, Treuloser; aber siehe, da ist sie wohl versiegelt.

Der Commissarius. Das Ding wird Ernst; zwey Verschreibungen!

Die Präsidentin. Ich könnte schon als Präsidentin ein Vorrecht vor ihr fordern; allein, die erste Verschreibung muß schon so gültiger seyn als die andere; der Datum mag alles entscheiden, darauf lasse ichs ankommen; da, mein Herr, lesen sie und urtheilen sie davon. (heimlich) Du wirst gut bezahlet werden.

Erhard zu Marianen.) Beunruhigen sie sich nicht, lassen sie sie nur machen.

Der Commissarius, nachdem er gelesen hat.) Aber Madame, betrügen sie sich nicht?

Die Präsidentin. Nein, mein Herr, ich betrüge mich gewiß nicht.

Der Commissarius. Diese Verschreibung ist sonderbar.

**Die Präsidentin.** Sie ist nach allen gehörigen Regeln eingerichtet, mein Herr; ich habe sie selbst vorgesagt, lassen sies nur gut seyn, ich verstehe mich darauf; ich habe so viele gesehen, daß sie ein Notarius nicht besser machen sollte.

**Der Commissarius.** In der That, Madame, ich sehe gar wohl, daß das keine Schreibart eines Notarii ist.

**Die Präsidentin.** Ja, mein Herr, sie ist noch besser als notarisch.

**Der Commissarius.** Sie haben Recht, denn es muß sie ein Opern-Notarius gemacht haben.

**Die Präsidentin.** Was soll das heissen, mein Herr? hält man sich über eine Person meines gleichen auf?

**Der Commissarius.** Nein, Madame; aber verlangen sie, daß ich einmal die Eheverschreibung lese, die sie mir gegeben haben?

**Die Präsidentin.** Ob ich es will? ja freylich; lesen sie, mein Herr, lesen sie, und das braf laut.

**Der Commissarius.** Hören sie mir nur zu, zu gutem Glücke weiß ich die Schreibart ein wenig aufzulösen; (er stimmt an) la, la, la, la.

**Die Präsidentin.** Lesen sie, mein Herr, sage ich, und scherzen sie nicht.

**Der Commissarius.** So will ich lesen, Madame. (er singt)

    Hier ist keine Wahl zu machen,
    Laßt uns lieben, laßt uns lachen,
    Nichts als Ruh sey uns bekannt.

**Die Präsidentin.** Was sollen die Narrenspossen

sen bedeuten, mein Herr? das ist ja nicht meine Verschreibung.

Der Commissarius. Haben sie nur Gedult, Madame, sie wird vielleicht am Ende kommen. (er singet weiter)

> Himen wehrt den zarten Trieben,
> Und tilgt Amors Reitz und Brand,
> Wollt ihr euch beständig lieben,
> O, so flieht das Eheband!
> Laßt euch mit der Eh nicht ein,
> So gedenket nicht ans Freyn.

Die Präsidentin. Ich sage es ihnen noch einmal, mein Herr, sie bringen mich ganz auf.

Der Commissarius. Sie aber Madame, spassen mit mir, daß sie mir ein Liedgen statt einer Eheverschreibung geben.

Die Präsidentin. Ein Lied! lassen sie einmal sehen. (zu Liebmann) Ach Verräther!

Erhard. Bey meiner Treu, Madame, das ist noch ein Irthum von meiner Art.

Die Präsidentin. Ha Schelm, den Streich hast du mir gespielt, als du einen Brief von mir an den Treulosen abgehohlet hast.

Erhard. Das ist wahr, Madame, ich habe ein Papier für das andre genommen.

Die Präsidentin drückt sich den Huth in die Augen.) (bey seite) Ich bin hintergangen allein ich will mich schon rächen; (zu Liebmann) Sie, Herrchen, sollen in kurzen von mir reden hören. (sie gehet mit Nerinen ab)

Erhard spöttisch.) O Madame, wir kennen ih-

re Güte viel zu sehr, als daß wir uns für ihre Drohun-
gen fürchten sollten, wohl aber für ihre Übereilung, denn
mit der läßt sichs nicht gut fechten.

## Letzter Auftritt.

Die vorigen ausser der Präsidentin und Merinen.

*Liebmann.* Nun, mein Herr, wollen sie denn gar
nicht in die Liebe willigen, die ich für ihre liebenswür-
dige Tochter empfinde?

*Mariane.* Herr Vater, ich bitte sie um alles, was
ihnen das Angenehmste auf der Welt ist, schlagen sie
mirs doch nicht ab, meine Lebenszeit glücklich zu machen.

*Liebmann.* Ehe sie mir Marinen nehmen, so nehmen sie mir lieber das Leben; ich bitte mir nichts von
ihnen aus, mein Herr, als ihre Hand.

*Erhard.* Wenn sie die Barons so sehr lieben, so
wird es mein Herr den Augenblick seyn, sie haben nur
zu befehlen; man kan sich in unsern Lande zu allem
machen, was man will.

*Festesitz.* Was rathen sie mir, Herr Commissarius?

*Der Commissarius.* Daß sie ihre Tochter dem
Herrn lassen, ich meinen Oberrock ausziehe, und wir
uns zusammen an den Tisch setzen.

*Festesitz.* Bey meiner Treu, das ist schön gesprochen; ich willige auch in Ansehung der alten Bekanntschafft darein; (zu *Liebmann*) kommen sie, Herr
Capitain, hier ist die Hand, schlagen sie ein; ich verzeihe
ihnen alles; nun wollen wir gehn und trinken.

## Ende dieses Lustspiels.

VI. Der

# VI.
## Der
# faule Bauer,
## Ein
# Lustspiel
## von
## einem Aufzuge.

**Perſonen:**

Licidas, der faule Bauer.

Daphne, ein in ihn verliebtes Mädgen.

Cloe, ein junges Mädgen, ſeine Verſprochene.

Filimen, Cloens Bruder.

Damaren, in Daphnen verliebt.

Der Schauplatz iſt ein luſtiges Dorf, mit Bäumen und Raſenbänken ausgezieret.

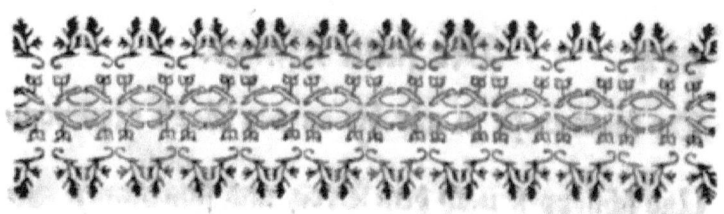

### Der erste Auftritt.
(Licidas, liegt auf den Rasen und schläft.)
Daphne, Cloe.
#### Daphne.
Du haſt doch Recht gehabt, da liegt er, geh hübſch ſachte!
#### Cloe.
O, komm doch lieber weg! wenn Licidas erwachte,
Und uns beyſammen ſäh, dächt er gewiß von mir,
Ich ſchlich ihm nach, und wär um ſeinetwillen hier.
#### Daphne.
Ey, er ſchläft viel zu ſtark; und hier kömmt uns der Schatten,
Weit beſſer beym Geſpräch, als anderswo zu ſtatten;
Hier fühlen wir den Stich der falſchen Mücken nicht,
Die treibt uns Zephir ab; und wenn die Sonne ſticht,
So rauſchet er ganz ſanft durch dieſe Lindenblätter,
Und kühlt uns lieblich ab, und macht uns ſchönes Wetter.
#### Cloe.
Komm mit mir an den Teich; dort iſt es auch recht kühl;
Dort hab ich oftermals mit manchem Fiſch mein Spiel,
Da werf ich Brod hinein, das ich mir mitgenommen,
Da

## Der faule Bauer.

Da kommen sie zu mir bis an den Rand geschwom-
men,
Und schnappen nach dem Brod, und schwimmen wie-
der fort;
Und in dem kleinen Bach weiß ich dir einen Ort,
Wo schöne Krebse sind; da greif ich in die Löcher,
Und hole sie heraus; sie haben rechte Fächer,
Darinnen sitzen sie;

### Daphne.
O, laß das Krebsen seyn,
Für Knaben schickt sichs wol, doch uns läßt es nicht
fein.

### Cloe.
Was sich für Knaben schickt, schickt sich für uns noch
besser;
Ihr Recht ist zwar sehr groß, doch unser Recht ist
grösser;

### Daphne.
Woher weißt du denn das?

### Cloe.
Theils hab ich es gehört,
Theils aber hat es mir mein eigner Witz gelehrt.

### Daphne.
Gnug, du mußt das nicht thun, was Mädgens nie-
mals thaten,
Wer wird um einen Krebs, denn in das Wasser wa-
ten?
Doch kneipen dich nicht oft die Krebse braf?

### Cloe.
O nein,
Und kneipt mich einer ja, werf ich ihn wieder ein.

Doch

## Der faule Bauer.

Doch, warum strafft du mich? läuffst du mit meiner
Schwester
Nicht stets in Pusch, und suchst mit ihr da Vogel-
nester?
### Daphne.
Ja, das ist wol erlaubt, allein das Krebsen nicht.
### Cloe.
Nun hör ich, daß dein Mund bald so, bald anders
spricht.
Das Krebsen nennst du schlimm, das Nestersuchen
billig;
Zum Loben bist du faul, zum Schelten bist du willig.
Für dich ist alles recht, mich aber tadelst du,
Was du mir nicht erlaubst, geb ich dir auch nicht zu.
Und Thirsis sagte jüngst ihr würdet nie was finden,
Indem die Männer sich viel besser drauf verstünden.
### Daphne.
O, wir verstehen uns so gut darauf, als sie,
Wir finden Nester gnug, und ohne viele Müh.
### Cloe.
Er sagte, daß ihr euch die Vögel selbst nicht gönntet,
Weil ihr beym Suchen nicht die Mäuler halten könntet,
Und wenn ihr plappertet so flögen sie davon;
Sie schwiegen hübsch dabey.
### Daphne.
Ja, ja, das weiß man schon,
Doch laß die Possen itzt, ich muß was anders fragen;
Du wolltest mir erst ja vom Licidas was sagen,
Was ists denn Cloe? sprich!
### Cloe (sieht sich um.)
Ich fürchte, daß ers hört.
### Daphne.

**Daphne.**
Ich habs ja schon gesagt, er schläft, du sprichst ver-
kehrt;
Seintwegen hast du nicht das mindste zu besorgen,
Denn er schläft viel zu fest; hör nur, vorgestern
Morgen
Traf ich ihn schlafend an, bey unserm grossen Bach;
Ich sang ein Lied, und er ward doch davon nicht
wach.
Drauf neckt ich meinen Hund; der bellte und ich
lachte;
Doch, Cloe, glaubst du wol, daß er davon erwachte;
Nach vielen Rütteln erst erhob er endlich sich;
Was liegt dir also denn im Kopfe, Cloe? sprich!
**Cloe.**
Denk nur mein Vater hat ⸱ ⸱ ⸱ (sie sieht sich
furchtsam um) Ach, wenn ers nur nicht höret;
Ich fürchte, daß er mich in dem Erzehlen störet.
**Daphne.**
Das ist vergebne Furcht; er schnarcht, hör es nur
an!
Ich wette, daß man ihn beym Fusse zupfen kan,
Und er doch immer schläft, und kein Empfinden spüret.
**Cloe.**
So hör, mein ⸱ ⸱ ⸱ (sie sieht sich wieder um)
Halt, ich seh, daß sich an ihm was rühret!
**Daphne.**
Und was denn? ich seh nichts.
**Cloe.**
Sieh nur, das rechte Bein!
Er streckt es erstlich aus, nun zieht ers wieder ein.
**Daphne.**

### Der faule Bauer.

**Daphne.**
Das thut man oft im Schlaf, und wie ich sonst ge-
höret,
So wallet stets das Blut, so lang das Schlafen
währet;
Es treibt gar einige, vom Lager aufzustehn,
Die, wenn sie rumgeschwärmt, gleich wieder schlafen
gehn.

**Cloe.**
Und stossen die sich nicht?

**Daphne.**
Ja, freylich, das ist richtig.
Allein, sie fühlen nichts; man nennt sie Mondensüch-
tig,
Denn ihre Schwärmerey geschicht beym Monden-
schein.

**Cloe.**
So muß Menalt gewiß auch Mondensüchtig seyn;

**Daphne.**
Warum denn der?

**Cloe.**
Er kam vor ohngefähr sechs Wochen,
An meiner Schwester Streu, und zwar des Nachts
gekrochen.
Er hat unfehlbar doch auch nichts davon gewußt;

**Daphne.**
Ach nein;

(Cloe freudig.)
Das wäre mir gewiß die gröste Lust,
Wenn einer auch zu mir einmal gekrochen käme,
Ich wüßte nicht, was ich mit ihm denn unternähme,
Ich

Ich knippt ihn auf die Haut, und nackt ihn sonst noch
braf,
Was gilt es, er vergäß aufs Kneipen gern den Schlaf.
Daphne.
Glaub, Licidas thäts nicht.
Cloe.
Gewiß, das Ding ist wichtig;
Doch, sind die Männer oft mit Fleiß nicht Monden-
süchtig?
Daphne.
Halt mit den Fragen ein, sonst muß ich lachen;
Cloe.
Nun!
Du sollsts ein andermal mir schon zu wissen thun.
Daphne.
Ja, ja, sag mir nur erst, was du mir sagen wolltest.
Cloe.
Mein Vater, Daphne, sprach, daß dus nicht wissen
solltest.
Daphne.
Ey, ist das Ding denn von so grosser Wichtigkeit?
Cloe.
Ja freylich, er empfahl mir die Verschwiegenheit;
Er sagte noch dabey, sie wäre für die Jugend,
Zumahl für Mädgen stets die allergröste Tugend.
Daphne.
Er hat ganz Recht, doch wenn man eine Freundin
hat,
So findet gegen sie die Tugend keine statt;
Man kan es ihr vertraun durch Worte, durch Ge-
berden,

Und

Und sich nicht scheun, dadurch je lasterhaft zu werden.
Weil ich nun deine best und liebste Freundin bin,
So sage mir es nur, was liegt dir heut im Sinn?
### Cloe.
Denk nur, ich soll ‒ ‒ ich soll ‒ ‒ sind das nicht tol-
le Sachen?
Ich soll ‒ ‒ ‒
### Daphne.
Was sollst du denn?
### Cloe.
Ach! ‒ ‒ ich soll Hochzeit machen.
### Daphne.
Du, Hochzeit! und mit wem?
### Cloe.
Ach, glaubst du wol so was?
Ach! ‒ ‒ mit dem garstigen ‒ ‒ ‒
### Daphne.
Wie heißt er?
### Cloe.
Licidas.
### Daphne.
Wie, mit dem Licidas?
(Cloe sieht sich um.)
Ja; ‒ ‒ rede nur hübsch sachte!
(Daphne vor sich.)
O weh, man nimmt mir den, den ich zu kriegen dachte!
Hier muß ich listig seyn.
### Cloe.
Was sagst du, Daphne? sprich!
Nicht wahr, gesteh es nur, es ist dir leid um mich,

Du

Du siehest es nicht gern, daß ich mich soll entschlüß-
sen,
Den Licidas . . .
                Daphne.
                Gewiß; wen muß das nicht verdrüssen?
Du arme Cloe, ach! was denkt dein Vater wol,
Daß sein geliebtes Kind, unglücklich werden soll?
                Cloe.
Er sagt, ich würde reich bey diesem Ehebande,
Es hätte Licidas das schönste Vieh im Lande,
Sein Boden wär voll Korn, sein Stall voll Stroh
und Flachs,
Er hätte noch dabey den besten Wiesenwachs,
Und kurz, daß es ihm nicht an einem Stücke fehlte,
Und was er sonsten mir noch alles her erzehlte.
                Daphne.
Genug, du daurest mich; ich wein bey deiner Noth;
Wenn du ihn heute nimmst, so bist du morgen todt.
                Cloe.
Was sagst du, Daphne?
                Daphne.
                Ach, dein Zustand macht mir Schmerzen,
Du armes liebes Kind, es geht mir recht zu Herzen.
                Cloe.
Nein, ist es denn gewiß?
                Daphne.
                Ach, leider; freylich, ja!
                Cloe.
Es ist doch noch wol Rath zu meiner Rettung da?
                Daphne.
Kein andrer, als daß du der Heyrath widerstehest;
Doch

Doch bitt ich dich, daß du, wenn du zum Vater geheſt,
Ihm nichts davon entdeckſt.
### Cloe.
Ach nein; der garſt'ge Mann!
Ich ſeh nicht ein, was ihn dazu bewegen kan,
Er ſpricht, er hat mich lieb, und will doch, ich ſoll
ſterben.
### Daphne.
Er denket nur dadurch viel Reichthum zu erwerben,
Denn wenn du ſtürbſt, ſo hätt auch Licidas nicht
Ruh,
Er folgte dir aus Gram, dann fiel ihm alles zu.
### Cloe.
Doch, wodurch ſtirbt man denn, das möcht ich gerne
wiſſen?
Erzehle mir es doch, ich bitte dich!
### Daphne.
Durchs Küſſen.
### Cloe.
Durchs Küſſen? ſiehſt du nun, ertapp ich dich ein-
mahl!
Nein, dieſe Lügen iſt zu trocken und zu kahl;
Hiermit kömmſt du nicht aus.
### Daphne.
Warum denn, loſe Kleine?
Ich lüge dir nichts vor, ich rede, wie ichs meyne,
Und was mein Herze denkt, ſagt jederzeit der Mund.
### Cloe.
Wie, du vertheidigſt dich? mach es doch nicht ſo
bunt!
Nein, ſolche Lügen ſind mit Händen zu ergreifen.

Z 3 Wüßt

Wüßt deine Mutter das, wie würde sie nicht keifen!
Du schlägst bey meiner Tren doch ganz aus ihrer
Art;
Die arme gute Frau, die alles für dich spart.
Nun giebst du ihr den Lohn, und legest dich aufs lü=
gen.

Daphne.
Was, Närrgen, thu ich dir?

Cloe.
Ey, du willst mich betrügen!
Ich hab es schon versucht; = = = vom Küssen stirbt
man nicht: = = =
Ey sieh, nun schämst du dich! wie roth wird dein
Gesicht!

Daphne.
Du hast es schon versucht?

Cloe.
Ja, wohl zu hundertmalen.
Mit zwanzig Lämmern läßt sich nicht ein Kuß be=
zahlen.
Es schmeckt so schön, so süß! mir wässert noch der
Mund;
Ich glaub, ein Kranker wird durch einen Kuß ge=
sund.

Daphne.
Wen hast du denn geküßt?

Cloe.
Wie listig kanst dus machen!
Du fragst mich aus, daß du hernach kanst drüber la=
chen;
Mir fallen itzund noch des Liebsten Reden ein.
Er

### Der faule Bauer.

Er küßte mich und sprach: "Du must verschwiegen seyn,
"Und keinem Menschen was von unsrer Lust entdecken,
"Sonst sollst du keinen mehr von meinen Küssen
schmecken.

#### Daphne.
Nicht wahr, mein Kind, du hast den Licidas geküßt?
Nicht wahr, ich rathe gut?

#### Cloe.
Ich weiß nicht, wie du bist!
Wie, Daphne, sollte mich ein solch Gerippe küssen?
Am ganzen Licidas ist nicht ein guter Bissen.
Er schläft ja, wo er geht! sein gelb, sein lang Gesicht,
Sein dürrer Sperlings-Fuß! gewiß, ihn küß ich
nicht.
So bald ich ihn nur seh, hab ich im Leibe Schmer-
zen.

(Daphne vor sich.)
Nunmehro fällt mir doch ein grosser Stein vom Herzen.
Zur Cloe.) Wer ists denn, gieb mirs doch verblümt
nur zu verstehn!

#### Cloe.
Der kleine . . .

#### Daphne.
Mache fort!

#### Cloe.
Der kleine Flumen.

#### Daphne.
So!

**Cloe.**
Ja, mein Kind, ich ließ ihn oft bey unsern
Spielen
Bald da, bald dort ؛ ؛ ؛

**Daphne.**
Und was?

**Cloe.**
An mir sein Müthgen kühlen.
Er hat mich ؛ ؛ ja, er hat mich hundertmal geküßt,
Und dennoch leb ich noch; da siehst du wie du bist,
Du Lügenmäulgen du! gewiß, du sollst dich schä-
men.

**Daphne.**
Ja, wenn sichs so verhält, darf michs nicht Wunder
nehmen,
Daß du so mit mir sprichst; doch höre nur auf mich!
Der grossen Knaben Kuß führt heimlich Gift bey sich,
Aus Haß zu uns, sind sie um uns nur so geschäfftig;
Der kleinen Knaben Kuß ist aber nicht so kräftig.

**Cloe.**
So haben die kein Gift?

**Daphne.**
Ja, doch es ist nicht stark.

**Cloe.**
Die losen Knaben, ey, sind auch gewiß recht arg!
Allein wie wissen sie das Gift uns beyzubringen?

**Daphne.**
Ey nun, sie sind voll List, und List kan alles zwingen.

**Cloe.**
Nähm ich den Licidas, wär ich wol auch nicht frey,
Das böse Gift brächt er mir auch ohnfehlbar bey?

**Daphne.**

### Der faule Bauer.

**Daphne.**
Ja freylich willst du mich noch weiter Lügen strafen?
**Cloe.**
Du hast ganz Recht, er mag für mich nur ewig schla-
ſen,
Ich nehm ihn nimmermehr; ich will zum Vater gehn,
Dem sag ichs ungescheut, es lieſſe gar nicht schön,
Daß er itzund an mir solch Unheil sucht zu stiften.
(ſie will gehen)
(Daphne will sie aufhalten.)
So bleib doch hier!
(Cloe läuft fort.)
Nein, nein, ich laß mich nicht vergiften.

## Zweyter Auftritt.
**Daphne, Licidas schlafend.**
**Daphne.**
Das Mädgen spricht so klug als wär ſie 18. Jahr,
Ha, ihre Unschuld wird von der Natur fürwahr,
Eh noch ein Jahr verläuft, zu ihrer Lust verdrungen.
Doch nun bin ich beglückt, mir iſt die Liſt gelungen.
Itzt muß nur Licidas von mir erwecket ſeyn,
An ſeinem Worte hängt des Zweckes End allein.
Nun mag es Cloe nur dem Vater immer ſagen,
Wie ſchwer iſt doch für uns der Jungfern-Stand
zu tragen,
Wenn erſt in Herz und Bruſt die Liebe brennt und
glüht!
Man will, man will auch nicht; man fliehet nicht, und
flieht.

Sie geht zu Licidas.) Schläfft du noch Licidas? :: zu meinem Mißvergnügen,
Hört er nicht; :: ich muß ihn nur bey der Zehe kriegen,
Dadurch, hab ich gehört, wacht man sonst leichtlich auf.
Hörst du nicht Licidas?
(Licidas spricht im Schlafe.)
Huß, Sultan, hurtig, lauf!
Dort läuft ein Pferd davon,

Daphne.
Gewiß, er redt im Schlafe.
(Licidas fährt fort im Schlafe zu reden, dehnet sich und schläget im Dehnen die Daphne.)
Geh fort, du faules Vieh, sieh, das ist deine Strafe!

Daphne.
Was machst du Licidas? wie gehst du um mit mir?
(Licidas wacht auf.)
Nun, wer weckt mich denn auf? Sieh, Daphne, bist du hier?
(Daphne weinend.)
Ja, du hast mich itzt gleich in das Gesicht geschlagen.

Licidas.
Das kan nicht möglich seyn.

Daphne.
So würd ich dirs nicht sagen.

Licidas.
Was ist es denn nunmehr? es ist im Schlaf geschehn;
Doch

### Der faule Bauer.

Doch itzo bitt ich dich ein wenig wegzugehn,
Weil ich noch schlafen muß, du möchtest mich sonst
stören.
#### Daphne.
Allein, wie lange soll dein ewig Schlafen währen?
Du schläfst den ganzen Tag, du schläfst die ganze
Nacht,
Und nimmst nicht dich, dein Vieh und nicht dein Feld
in Acht.
#### Licidas.
Du sprichst ja wunderlich! mich wird doch niemand
stehlen,
Am Viehe wird mir auch kein einzig Stücke fehlen,
Mein Sultan wacht zu gut; das Thier beißt greu-
lich zu.
#### Daphne.
Ja, ja, dein Sultan ist viel wachsamer als du.
(Licidas gähnend.)
Ey, ich bin auch nicht faul; doch zu gewissen Zeiten
Ruh ich ein wenig aus; = = wiewohl, ich will nicht
streiten,
Geh, laß mich doch allein!
#### Daphne.
Steh auf, ich bitte dich.
#### Licidas.
Was willst du denn von mir, du bist ja wunderlich.
#### Daphne.
Ich wollte mich mit dir ein wenig lustig machen.
#### Licidas.
Itzt schlaf ich, geh und sprich mit denen, welche wa-
chen;
#### Daphne.

### Der faule Bauer.

**Daphne.**
Bist du mir gar nicht gut?

**Licidas.**
Ey ja doch, geh nur hin!
Ich bin dir gut ▪ ▪ ▪ (er gähnt) doch nur, wenn ich
nicht schläfrig bin.

**Daphne.**
Steh nur ein bisgen auf, denn leg dich wieder nieder,

**Licidas.**
O, geh ich werde nur durchs viele Reden müder,
Da mir die Knochen so schon wie zerschlagen sind.

**Daphne.**
Steh auf, ich bitte dich.

**Licidas.**
So heb mich auf mein Kind!
(Daphne hebt ihn in die Höhe)
(Daphne schmeichelnd.)
Du bläst doch wohl ein Lied, wenn ich dich darum
bitte?

**Licidas.**
Ich hab mein Rohr nicht hier, es liegt in jener Hütte.

**Daphne.**
So sprichst du allezeit, du loser Vogel du!
Du bliesest gern, allein du bist zu faul dazu.

**Licidas.**
O nein, ich blase gern, doch wer kan immer blasen?

**Daphne.**
Komm her, und setze dich mit mir auf diesen Rasen,
Und blase mir was vor; ich singe mit darein,

Das

### Der faule Bauer.

Das Lied von Lieb und Treu.

    Licidas.
       Worzu soll das nun seyn?
Was nützt die Tändeley, wer wird beständig pfeifen?

    Daphne.
Sieh her, ich schenke dir die beyden rothen Schleifen,
Wenn du das Liedgen bläßt

   (Licidas besieht sie.)
      Die Schleifen möcht ich wohl,
Doch sage, wer mir nun die Flöte hohlen soll?

    Daphne.
Du selbst;

    Licidas.
   Ich blase nicht; ich hab es längst verschworen,
Die Stunden, die man bläßt sind insgesamt ver-
     lohren.

    Daphne.
Doch die nicht, die du schläfst?

    Licidas.
     Es schläft ja jedermann.
Doch tritt ein bisgen weg, daß ich mich dehnen kan.
    (er dehnt sich)

    Daphne.
Du hast nur deine Lust an meinen Kümmernissen;
Du weißt, ich liebe dich, du willst es nur nicht wissen.
Sprich Licidas, willst du, denn nie empfindlich seyn?
Verschmähst du meine Glut?

    Licidas.
    Und treibst du nicht bald ein?

    Daphne.

**Daphne.**
Wie steht es aber denn mit dein und meiner Liebe?
**Licidas.**
Ey, wenn die Sonne mir doch von dem Halse bliebe!
Sie sticht auch gar zu sehr.
**Daphne.**
Du willst mich nicht verstehn;
**Licidas.**
Sieh jene Buche nur, dort ist der Schatten schön,
Ich muß dahin und mich ein wenig niederlegen,
Leb wohl, in Sommer muß man hübsch den Körper
pflegen. (er gehet langsam ab)

### Der dritte Auftritt.

**Daphne allein.**

Der unempfindliche, verschlafne dumme Knecht,
Den keine Liebe rührt; das Ding geht noch sehr
schlecht.
Zuletzt wird man noch wohl die Knechte selber küssen,
Und sie zur Schleckerey beyn Haaren ziehen müssen.
Doch da kömmt Damaren, den ich nicht lieben kan,
Er quält mich Tag für Tag; ich geh! (sie will ge-
hen)

### Der vierdte Auftritt.

Damaren mit einem Neste, Daphne.

**Damaren.**
Was läufft du dann?
Geliebte

## Der faule Bauer.

Geliebte Daphne! bleib.
### Daphne.
O! was willst du denn wieder?
### Damaren.
Setz dich ein bisgen nur auf diesen Rasen nieder.
Sieh her, ich habe was, das wird dich recht erfreun.
### Daphne.
Ja, ja, ich merk es schon! es wird was Schönes seyn;
Allein, du weißt es ja, ich will von dir nichts haben,
So bleib ich frey, und du behältst hübsch deine Ga-
ben.
### Damaren.
Sieh nicht so sauer aus, du meynst es doch nicht so.
### Daphne.
Glaubst du, es brennt mein Herz wie deins auch lich-
terloh?
Nein, guter Damaren, mein Herz das kan ich zwin-
gen.
Jedoch, ich muß die Heerd in meine Horden bringen;
Es wird bald regnen; halt! es tröpfelt wirklich
schon.
### Damaren.
Sieh, wie du lügen kanst! was hast du nun davon?
Es ist ja klar und hell, ich fühle keinen Regen.
Bleib hier, ich bitte dich um meiner Liebe wegen.
### Daphne.
Du bildest dir noch viel mit deiner Liebe ein?
Nun bleib ich vollends nicht; (sie will gehn, Da-
maren hält sie)
### Damaren.
Worzu soll das nun seyn?
Nimm

Der faule Bauer.

Nimm mein Geschenk nur erst, dann kanst du immer
reisen.

Daphne.
Ey nun, was ist es denn? du mußt mirs erstlich weisen!

Damaren.
Es ist, es ist etwas, was du sonst gerne hast.

Daphne.
Und was!

Damaren.
Ein Wachtelnest.

Daphne.
O, daran zweifl ich fast.

Damaren.
Nein, Daphne, sieh nur her! es sind vier Junge drin-
nen!
So nimm es doch nur hin, was willst du dich besinnen?

Daphne.
O weh, was seh ich?

Damaren.
Nun mein Kind, mach auch
mein Glück,
Glaub, in drey Tagen sind sie alle viere flück.

Daphne.
Du falscher Bösewicht, was spielst du mir für Ränke?

Damaren.
Hab ich nicht mehr verdient, da ich das Nest dir
schenke?
Nimm dich in Acht, es fällt! drum halt es ja recht fest!
Nun

Nun küsse mich!
### Daphne.
Geh fort! das ist mein Wachtelnest.
Ich fands nicht weit vom Teich, wo wir die Schaafe
scheeren,
Die Vögel wollt ich nicht ehr sie recht flicke wären.
Nunmehro nimmst dus weg!
### Damaren.
Das ist ein schlimmer Streich!
Doch siehs recht an, es sieht ein Nest dem andern
gleich.
### Daphne.
Siehst du den Faden nicht den hab ich drum gewun-
den,
Ich zeichnet es damit so bald ich es gefunden.
Nicht wahr, du fandest es im Weitzen?
### Damaren.
Ja, mein Schatz.
### Daphne.
Sag, ist nicht dicht dabey ein kleiner grüner Platz?
### Damaren.
Ja;
### Daphne.
Siehst du, es ist mein, zu deinem Ungelücke!
Was soll ich nun damit? die Wachteln sind nicht
flicke,
Den Streich hast du gewiß mir nicht umsonst gethan.
### Damaren.
So liebest du mich nicht!
(Daphne giebt ihm das Nest und will gehen.)
Frag künftig wieder an!

**Damaren.**
Ich lasse dich nicht weg, sag erst, du willst mich lieben.

**Daphne.**
Diß nicht, allein dich stets, so sehr ich kan, betrüben.

**Damaren.**
Ha, Spröde, spotte mein und meiner Treue nur,
Vielleicht rächt mich an dir noch einmal die Natur,
Sie soll dich ungestalt, dein Antlitz häßlich machen,
Alsdenn will ich dich so, wie du mich itzt verlachen.

**Daphne.**
Dich kennet die Natur so sehr nicht Damaren,
Drum wird dein hitzger Wunsch auch niemals vor sich gehn.

**Damaren.**
So sag doch, wen du liebst! wer wird mir vorgezogen?
Wer kan so glücklich seyn? wem ist dein Herz gewogen?
Red! ich beschwöre dich bey deinem Zorn und Haß.

**Daphne.**
Wohl; weil du mich beschwörst. Kennst du den Licidas?

**Damaren.**
Den faulen Kerl wirst du doch wohl nicht etwann lieben?

**Daphne.**
Warum nicht, Damaren? er herrscht in meinen Trieben;
Durch seines Rohres Klang ward ich zuerst bestrickt,
Der Klang hat meiner Brust Empfindung eingedrückt:

Ich

## Der faule Bauer.

Ich sage solches frey, ohn daß ich mich erröthe,
Du weißt es, Licidas bläßt hier die beste Flöte,
Ich aber singe gern.

### Damaren.
Ja, das ist deine Art.
### Daphne.
So hat uns ja bereits ein gleicher Trieb gepaart.
Kurz: Licidas allein kan Lieb in mir erregen.
### Damaren.
Du liebst den Licidas blos seiner Flöte wegen!
Die garstge Flöte, die!
### Daphne.
Nicht anders Damaren,
Ich eil itzt gleich zu ihm; du, laß mich künftig gehn!
(sie geht ab)

(Damaren allein.)
Sie liebt den Licidas! ich kan mich nicht drein finden;
Der faule Knecht soll sich mit Daphnen nun ver-
binden?
Vielleicht thut sie nur so, die Mädgen sind itzt schlau,
Sie glühen innerlich und stellen sich ganz lau.
O, daß ich mich doch auch auf meiner Pfeife übte!
Vielleicht, daß sie mich auch der Flöte wegen liebte.
Doch da kömmt Licidas sein Bruder Filimen,
Ohnfehlbar weiß er das, was heut soll vor sich gehn.

## Der fünfte Auftritt.
### Filimen, Damaren.
### Filimen.
Glück zu, Freund, hast du nicht den Licidas gesehen?
Mein Vater will, er soll zu Daphnens Vater gehen.

#### Damaren.
Wer weiß, wo der itzt liegt, und wo er schläft und schnarcht,
Glaub, seine Faulheit wird von jedem ihm verargt.
Doch sprich, was soll er denn bey Daphnens Vater machen?

#### Filimen.
Ich weiß es nicht gewiß, doch müssens wichtge Sachen,
Nach meiner Ahndung seyn, wie ichs auch selbst vernahm,
Als Daphnens Vater heut zu meinem Vater kam.
Sie sagten beyderseits, sie wollten sich beschwägern,
Es würden Licidas und Daphne sich nicht wegern.

#### Damaren.
Ich weiß es anders, ja, er soll die Cloe freyn.

#### Filimen.
Die kleine Cloe! wie! das kan nicht möglich seyn;
Denn sie versprach es mir, wenn sie einst freyen sollte,
Daß sie kein ander Herz als meins erwählen wollte.

#### Damaren.
Ey, ey, legst du dich schon aufs lieben, Filimen?

#### Filimen.
Von lieben weiß ich nichts geliebter Damaren,
Ich bin nur Cloen gut, ich mag sie gerne sehen,
Und bin ganz mißvergnügt, wenn ich muß von ihr gehen.
Bisweilen spiel ich auch mit andern Mädgen zwar,
Doch jede Stunde dünkt bey ihnen nur ein Jahr;
Wenn ich die Gänß einmal nicht recht in acht genommen,
Und mich mein Vater schilt und ich seh Cloen kommen,
Vergeß

### Der faule Bauer.

Vergeß ich Keif und Zorn, mein Kummer leget sich,
Und ich bin wieder froh, ist das nicht wunderlich?
#### Damaren.
Ja, ja, ich merk es bald; dein Gutseyn, deine Triebe,
Dein zärtlich Gernesehn das eben ist die Liebe.
#### Filimen.
Das kan nicht möglich seyn; mein Vater sprach wohl
ehr,
Daß nichts verdrüßlicher als wie die Liebe wär.
Sie schlüge meistentheils das frohste Herz darnieder,
Sie wäre nicht gesund, sie machte faule Glieder,
Man stürb auch wohl davon.
#### Damaren.
Dein Vater thuts mit Fleiß;
Mein lieber Filimen, er macht dir nur was weiß.
#### Filimen.
Was hätt er denn davon?
#### Damaren.
Das sind der Alten Grillen,
Sie gönnen uns gar nichts aus blossen Widerwillen,
Weil sie die Liebe kalt und unempfindlich macht.
#### Filimen.
Du hast in Wahrheit recht; das hab ich selbst ge-
dacht,
Denn würde durch die Lieb allein der Tod erworben;
So wär mein Vater ja wohl hundertmal gestorben.
Jedoch wie kömmts, da mich die Cloe so entzündt,
Daß andre Mädgen mir so sehr zuwider sind?
#### Damaren.
Das thut nun die Natur ⹁ ⹁ das Blut, und ⹁ ⹁ ⹁ das
Gefallen;

Genug, ein solcher Trieb, mein Sohn, findt sich bey allen.
Wenn unser Herz erst Gunst zu einem Herzen faßt,
Ist jedes fremde Herz demselbigen verhaßt.
### Filimen.
Sag du mir doch, was ist denn eigentlich die Liebe?
### Damaren.
Sie ist ein Zeitvertreib in sich vereinter Triebe;
Man sieht ein Mädgen gern, daß gern bey ihr allein,
Und hält kein Glück so groß, als das, ihr lieb zu seyn.
Macht ihr nur Freud und Lust sucht ihren Gram zu
mindern.
### Filimen.
Was macht man aber denn mit diesen lieben Kindern?
### Damaren.
Man näckt sie, faßt sie um, drückt ihnen Mund und
Hand ⸗ ⸗ ⸗
Kurz: man macht ihnen oft die beste Lust bekannt.
### Filimen.
Was ist die beste Lust, das möcht ich gerne wissen;
Erzehl mirs Damaren!
### Damaren.
Je nun, das ist das Küssen.
### Filimen.
So hat auch Cloe schon die beste Lust geschmeckt,
Wohl hundert Küsse schon hab ich ihr abgenäckt.
Du glaubst nicht Damaren, wenn wir einmal im Kühlen
Allein beysammen sind und mit einander spielen,
Wie lustig es da gehet; denn bald versteck ich mich;
Da sucht sie um nach mir. Hernach versteckt sie sich.
Doch dann thu ich ganz schlau, als ob ich sie nicht sähe,
Indem ich ganz verwirrt bey ihr vorüber gehe;

Da

### Der faule Bauer.

Da ruft sie: Ich bin hier! da geh ich zu ihr hin:
Da sagt sie mir, daß ich ein hübscher Junge bin,
Da küßt sie mich erst selbst und setzt sich bey mir nieder;
Aus Dankbarkeit geb ich ihr alle Küsse wieder,
Und da sind wir recht froh; doch, wenn der Abend kömmt,
Und unsre Lust zerstört und unsre Freude hemmt,
Da sind wir ganz betrübt und gehn mit bangen Schritten,
Ganz langsam, voll Verdruß nach unsern schwarzen Hütten;
Da seh ich ihr oft nach, und sie sieht sich oft um;
Da steh und gaff ich um und bin, als wär ich stumm,
So lang ich sie kan sehn; dann treib ich ein und esse,
Doch wenig nur, weil ich die Cloe nicht vergesse;
Dann leg ich mich zur Ruh, da traumt mich gar von ihr.
Glaubst dus wohl Damaren, ich seh sie recht vor mir,
Ich zupfe sie beym Arm und ihren Bändermaschen,
Ich seh sie freundlich an, doch wenn ich sie will haschen,
So wach ich wieder auf, da geht es mir recht nah.
Daß ich sie nicht erhascht und gleichwohl vor mir sah.

#### Damaren.
Ja, ja, dieß alles sind der Liebe richtge Zeichen,
Denn sie beschäfftigt uns mit vielen losen Streichen.
Glaubst dus wohl Filimen, ich liebte wirklich schon,
Und wußte selber nicht ein einzig Wort davon.

#### Filimen.
Ich habs auch nicht gewußt, bis du mirs itzt entdecket.

#### Damaren.
Es liegt im Lieben noch so mancherley verstecket;
Du wirst es selber sehn, die Liebes-Kunst ist schwer.

Aa 4

**Filimen.**
Sich Damaren, ey dort kömmt meine Cloe her!
**Damaren.**
Bleib nur mit ihr allein; ich will in Garten gehen:
Ich muß doch wohl einmal nach meinen Kirschen sehen,
Damit der Sperling sie nicht eher kriegt als ich.
**Filimen.**
Ja, ja, der Sperling stiehlt; lauf! ich bedanke mich,
Durch deinen Unterricht bin ich nunmehr weit klüger.

## Der sechste Auftritt.

**Cloe, Filimen.**
(Cloe bey seite, ohne Filimen zu sehen.)
Die Daphne gleichet doch dem grössesten Betrüger,
Mein Vater sagt es selbst; er schwur bey seiner Treu,
Daß eines Mannes Kuß gar nicht vergiftet sey.
(Zu Filimen ganz traurig.) Bist du hier Filimen?
(Filimen freudig.)
                      Ja; doch, darf ich dich fragen:
Was ist dir denn mein Kind? ich hörte dich ja klagen.
Was gilts, dein Vater hat auf dich geschmält?
(Cloe kaltsinnig.)
                                      O, nein.
**Filimen.**
Je nun, wenn dir nichts ist, so laß uns lustig seyn.
Komm Cloe, laß uns gleich einmal Verstecken spielen,
In jenem Püschgen, komm! dort sind wir hübsch
                    im Kühlen.
**Cloe.**
Ich hab itzt keine Zeit.
                                       **Filimen.**

#### Filimen.
Was hast du denn zu thun?
#### Cloe.
Ich muß beym Vater seyn, er pflücket Kirschen;
#### Filimen.
Nun!
Er wird dir doch wol nicht das bisgen Lust verweh-
ren?
#### Cloe.
Ach Filimen, geh weg! ich mag das nicht mehr hö-
ren.
#### Filimen.
Wie, Cloe, sprichst du so mit deinem Filimen?
#### Cloe.
Ich kan ja nichts dafür; geh, oder ich muß gehn.
#### Filimen.
Sieh nur, es fehlt dir was, du willst mirs nur nicht
sagen.
#### Cloe.
Diß ist der häßlichste von allen meinen Tagen,
Die ich bisher gelebt.
#### Filimen.
Was stört dir denn die Ruh?
Wer macht dir solche Quaal? wer wirkt die Seufzer?
#### Cloe.
Du!
#### Filimen.
Ich? Cloe! was sagst du? erkläre mirs!
#### Cloe.
O gehe!

So weit du kanst von mir, daß ich dich nicht mehr
sehe.
### Filimen.
Was geht denn aber vor?
### Cloe.
O, glaubst du wol so was?
Mein und dein Vater will, ich soll mit Licidas = s s
Ach, Filimen, geh fort!
### Filimen.
Ich kan mich nicht drein finden.
Was sollst du denn mit ihm?
### Cloe.
Ach = = Filimen = = verbinden.
### Filimen.
Mit meinem Bruder?
### Cloe.
Ja; = = und was ich noch gewagt,
So hab ichs = = =
### Filimen.
Nun, und was?
### Cloe.
Dem Vater zugesagt.
Seitdem hab ich es schon wohl zwanzigmal bereuet;
Ich schweige blos aus Furcht, daß er mirs nicht ver-
zeihet,
Wenn ich ihm sagen wollt, daß mirs zuwider wär;
Drum geh nur Filimen, und siehe mich nicht mehr,
Sonst fühl ich allezeit, so oft ich dich erblicke,
Den äussersten Verdruß bey meinem Unglücke.
Geh! sey mir nicht mehr gut.

Fili-

### Filimen.

O, was haſt du gemacht?
Von Cloen hätt ich das doch nimmermehr gedacht.
Mein Bruder ſoll hinfort ſtatt meiner, mit dir ſpie-
len?
Denk doch, was ich dabey für Schmerzen werde füh-
len!
Der faule Tagedieb, der ſoll ſo glücklich ſeyn?
Den groſſen ſchlimmen Gaſt, ſoll Cloens Kuß er-
freun?
Nein, iſt es denn dein Ernſt?

### Cloe.

Du haſt es ja vernommen.

### Filimen.

Ich weiß nicht, wie mir wird, mein Herz iſt ganz be-
klommen;
Ich wollte luſtig ſeyn, und mir entfällt der Muth.
Warum ſah ich dich doch? warum warbſt du mir
gut?
Zwar Cloe, höre nur, ich will es dir verzeihen,
Es fällt mir etwas bey; du kanſt den Bruder freyen,
Wenn du doch ſollſt und mußt, und mir deswegen
doch
Noch immer günſtig ſeyn; nicht wahr, ſo geht es
noch?
Ich will mich künftig ſchon in deinen Garten ſchlei-
chen,
Und eher nicht von dir, bis auf den Abend weichen,
Da ſpielen wir alsdann, das Ding iſt recht bequem,
Verſtecken, blinde Kuh, und Pfand, wie ehedem,
Da wollen wir uns recht, wie ſonſt, einander küſſen.

### Cloe.

#### Cloe.
Jedoch, dein Bruder ; ; ;
#### Filimen.
Ey, mein Bruder muß nichts wissen.
#### Cloe.
Mein lieber Filimen, das geht nun nicht mehr an,
Mein Vater sagte mir, es wär um mich gethan,
Wenn ich in Zukunft einst mit fremden Schäfern
redte,
Und nicht den Licidas am allerliebsten hätte,
Es würde dann mein Glück gewiß den Krebsgang
gehn,
Und was er alles sprach, das ich nicht konnt verstehn.
#### Filimen.
Ach Cloe, so mag ich auch länger nicht mehr leben,
Wenn ich dir künftig hin nicht einen Kuß darf geben.
#### Cloe.
So komm, und küsse mich itzt noch zum letztenmal!
#### Filimen.
Ach, sonst that ichs mit Lust, doch itzt thu ichs mit
Quaal. (er küßt sie.)
O Cloe, kan es denn nicht noch einmal geschehen?

(Cloe verwehrt es.)
Nein, nein, es möchte sonst mein Glück den Krebs-
gang gehen.
#### Filimen.
Wie süß ein letzter Kuß doch einem Munde schmeckt!
Ich glaub, daß so viel Kraft in keinem Kraute steckt.

#### Cloe.

### Cloe.
Wer kömmt? es läßt als ob eins mit dem andern streitet,

### Filimen.
Die Daphne kömmt, mein Kind, vom Licidas begleitet.

### Cloe.
Sag ihm vom küssen nichts!

### Filimen.
Wie Cloe, glaubst du dann,
Daß ich bey meinem Schmerz noch so was reden kan?

## Der letzte Auftritt.

(Daphne zieht den Licidas heraus.)

Cloe, Filimen.

### Daphne.
So komm doch einmal her, und bring das Werk zum Ende!

### Licidas.
Ich weiß nicht, wie du bist, halt mir doch nicht die Hände.

### Cloe.
Was habt ihr beyde vor?

### Licidas.
Sieh, Cloe, bist du hier?
Heut wirst du meine Braut.

(Cloe

### Der faule Bauer.

(Cloe kaltsinnig.)
      Mein Vater sagt es mir.
(Licidas gähnend und langsam.)
So werd ich dir zuvor wol erst bedeuten müssen,
Wie ich es künftig will mit uns gehalten wissen.
Vors erste schlaf ich gern, doch du must früh auf-
      stehn,
Und wenn der Morgen graut, nach unserm Viehe
      sehn,
Mich aber wecke nicht! vors andre lerne fassen : : :
Verzieht, ich muß den Mund ein wenig ruhen lassen.

#### Filimen.
Hör einmal Licidas, liegt dir so viel daran,
Daß du die Cloe nimmst?

#### Licidas.
    Und was geht dir das an?

#### Cloe.
Gieb dir nur keine Müh, es wird daraus nichts wer-
      den.
Ich höre schon, es giebt zu vielerley Beschwerden,
Des Bruders Frau zu seyn; drum höre Licidas,
Ich trage von Natur zu dir schon einen Haß,
Ich kan gar nichts dafür; und früher aufzustehen,
Als du, das würde wol niemals von mir geschehen.

#### Licidas.
Je, wenn du mich nicht willst, so ist der Schaden dein,
Ich will viel lieber frey, als so gebunden seyn;
Geh nur, ich zwing dich nicht.

        Cloe.

### Der faule Bauer.

**Cloe.** —
Ist das dein Ernst?

**Licidas.**
Ja freylich.

**Cloe.**
So geb ich dir das Band, das du mir einmal neulich
Bey unsrer Kirms verehrt, auch wiederum zurück,
Hier ist es, nimms! (sie giebt ihm ein Band.)

**Licidas.**
Nein, nein, zerreisse nur den Strick!

(Filimen bindet Cloen ein Band um
den Arm.)
Frey bist du, doch dieß Band soll dich aufs neue binden.

**Cloe.**
Und dich der Blumenstraus, dieß Band will ich drum
winden.

**Daphne.**
Was macht ihr beyde da? ihr Kinder, seyd ihr toll?

**Licidas.**
Sprecht, was man bey dem Spas von euch gedenken
soll?

**Cloe.**
Wir haben uns verknüpft.

**Filimen.**
Wir haben uns verbunden,
Weil wir der Liebe Macht längst beyderseits empfun-
den.

**Cloe.**

### Cloe.
Verurtheilt uns nur nicht, wir sind ein gleiches
Paar;
Da Licidas für mich zu groß und garstig war,
So ist mir der gleich recht.

### Licidas.
Seyd ihr nicht dumme Kinder!
Die Lieb ist ungesund, das Schlafen ist gesünder.

### Daphne.
Nun Licidas, da du der Cloe abgesagt,
So wirst du noch von mir zum letztenmal gefragt:
Willst du mich? rede doch!

### Licidas.
Wir wollens morgen sehen,
Der Abend bricht herein, itzt muß man schlafen gehen.

## Ende dieses Lustspiels.

www.ingramcontent.com/pod-product-compliance
Lightning Source LLC
Chambersburg PA
CBHW051725300426
44115CB00007B/469